FORÇAS ARMADAS E POLÍTICA NO BRASIL REPUBLICANO

Volume 1

FORÇAS ARMADAS E POLÍTICA NO BRASIL REPUBLICANO

Da Proclamação da República à Constituição Cidadã (1889-1988)

ORGANIZAÇÃO
Maria Celina D'Araujo
Lucas Pereira Rezende

Volume 1

FGV EDITORA

FAPERJ
Fundação Carlos Chagas Filho de Amparo à Pesquisa do Estado do Rio de Janeiro

Direitos desta edição reservados à
FGV EDITORA
Rua Jornalista Orlando Dantas, 9
22231-010 | Rio de Janeiro, RJ | Brasil
Tel.: 21-3799-4427
editora@fgv.br | www.editora.fgv.br

1ª edição – 2024; 1ª reimpressão – 2025.

Preparação de originais: Sandra Frank
Projeto gráfico de miolo e diagramação: Abreu's System
Revisão: Fatima Caroni
Capa: Estúdio 513, sobre gravura de Nicolau Facchinetti: entrega da mensagem de deposição a d. Pedro II pelo major Solon em 16/11/1889. Disponível em: Silveira, Urias Antônio da. *Galeria Histórica da Revolução Brazileira de 15 de novembro de 1889 que ocasionou a fundação da República dos Estados-Unidos do Brazil.* Rio de Janeiro: Typographya Universal de Laemmert & C., 1890.

Dados Internacionais de Catalogação na Publicação (CIP)
Ficha catalográfica elaborada pela Biblioteca Mario Henrique Simonsen/FGV

Forças armadas e política no Brasil republicano, volume 1 : da Proclamação da República à Constituição Cidadã (1889-1988) / organização: Maria Celina D'Araujo, Lucas Pereira Rezende. – Rio de Janeiro : FGV Editora, 2024.
280 p.

Inclui bibliografia.
ISBN: 978-65-5652-296-8

1. Brasil – Forças armadas – Atividades políticas. 2. Brasil – Forças armadas – História. 3. Brasil – Política e governo – 1889-1988. I. D'Araujo, Maria Celina. II. Rezende, Lucas Pereira. III. Fundação Getulio Vargas.

CDD – 322.50981

Elaborada por Mariane Pantana Alabarce – CRB-7/6992

Sumário

Apresentação 7
Maria Celina D'Araujo; Lucas Pereira Rezende

Introdução. Relações civil-militares:
da preocupação política à constituição de área epistêmica 21
Hector Luis Saint-Pierre

1. O Exército e a pacificação do Império do Brasil (1822-1889) 35
Adriana Barreto de Souza

2. Os militares e o golpe republicano de 1889 53
Celso Castro

3. O Exército brasileiro: a construção de um poder político 69
José Murilo de Carvalho

4. O integralismo e os militares: lógica interna e relações externas 85
Leandro Pereira Gonçalves; Odilon Caldeira Neto

5. O levante de 1935, o comunismo e as forças armadas 105
Paulo Ribeiro da Cunha

6. A criação do Ministério da Aeronáutica e a invenção da
Força Aérea Brasileira 127
André Barbosa Fraga

7. Revoltas militares e instabilidade da Terceira República (1946-1964) 143
Maud Chirio; Mariana Joffily

8. Limitações aos mandatos presidenciais sob o regime militar:
uma solução para as divisões políticas no seio das forças armadas 157
Octavio Amorim Neto; Igor Acácio

9. O golpe de 1964, os atos institucionais e o fechamento do regime 179
Maria Celina D'Araujo; Mariana Joffily

10. A atuação da Justiça Militar durante a era Vargas (1930-1945) e a ditadura militar (1964-1985) ... 197
Angela Moreira Domingues da Silva

11. Os militares e a abertura política no Brasil (1974-1985) ... 211
Carlos Schmidt Arturi

12. Uma Constituinte heterônoma frente às forças armadas ... 225
David P. Succi Junior; Mariana da Gama Janot; Samuel Alves Soares

Referências ... 247

Autores ... 273

Apresentação

Maria Celina D'Araujo
Lucas Pereira Rezende

Prezadas(os) leitoras(es),

A eleição de Jair Bolsonaro à presidência da República em 2018 e as movimentações políticas das forças armadas brasileiras desde meados dos anos 2010 trouxeram de volta ao centro do debate político do Brasil o papel que os militares têm nas vidas social, política e jurídica do país. Surpresa para alguns, zero novidade para muitos, a interferência dos militares na política brasileira não pode ser pensada exclusivamente como resultado da movimentação política do ex-capitão do Exército e de seu general vice-presidente, Hamilton Mourão. Precisa, sim, ser entendida como parte de um envolvimento histórico dos militares em assuntos políticos desde nossa Independência e, particularmente, durante a República. Pensamos, então, em organizar esses dois volumes sobre as forças armadas na história republicana brasileira como forma de prover uma visão compreensiva dos militares em dois períodos. O primeiro, da Proclamação da República, marcada pelo primeiro golpe de Estado promovido pelas forças armadas no país, até o fim da ditadura militar, entendendo como os militares atuaram no momento da consolidação da vida republicana. E, em sequência, um volume inteiro pensado para a Nova República, indo da Constituição de 1988 até a eleição de Bolsonaro, período no qual teríamos uma nova página de comprometimento com a democracia por parte das instituições brasileiras – o que incluía (ou deveria incluir) as forças armadas.

Para o volume 1, nosso primeiro exercício foi no sentido de reunir uma série de capítulos sobre assuntos que necessariamente terão de ser manuseados por todos que se interessem pelos temas militares no Brasil. Foi nossa preocupação eleger as questões que julgamos essenciais e procurar especialistas em cada uma delas, reunindo, assim, de autores veteranos do campo a uma série de jovens especialistas, especialmente mulheres, passando por diferentes gerações de competentes acadêmicos. Nossa escolha dos autores convidados passou também pela decisão de trazer exclusivamente cientistas civis, não por preconceito ou concepção de que militares não sejam capazes de refletir sobre si mesmos, mas por escolha deliberada como forma de desconstruir alguns mitos sobre o pensamento e a reflexão sobre as forças armadas no Brasil. Mostramos assim que é falsa a inexistência de civis altamente capacitados para discutir os militares e suas instituições, quebrando-se ainda um arcaico protagonismo masculino para o campo das relações civil-militares e estudos de defesa no Brasil.

Assim, de início, o livro parte de uma escolha dos organizadores, que se responsabilizam pelas muitas omissões. Muito mais poderia ser incluído, mas teríamos um livro sem fim, pois a discussão acadêmica, por definição, é sempre incompleta e provisória.

A rica seleção de textos que apresentamos não significa que o que é dito aqui precisa ser lido como receituário do que deve ser entendido como a forma correta de ler os fatos, conceitos e teses aqui narrados. Não trazemos doutrinas; ao contrário, oferecemos abordagens originais aos temas examinados que permitem às(aos) leitoras(es) eleger o enfoque que melhor se adapte ao seu entendimento a partir de parâmetros críticos e científicos. Está longe de ter a pretensão de ser algo como uma bula ou como respostas únicas, finais, mas tem, sim, a intenção de ser uma seleção abrangente, intelectualmente responsável, instigante e criteriosa, sempre acatando a visão particular dos colaboradores, mesmo que suas interpretações não sejam partilhadas por outrem ou pelos próprios organizadores. Exemplo mais claro de um debate em aberto na recente política brasileira é a interrupção do mandato da presidente Dilma Rousseff em 2016 – a governante da Nova República que mais oposição recebeu dos quartéis, em especial depois da criação da Comissão Nacional da Verdade (CNV), em fins de 2011 (tema que é tratado no volume dois dessa coletânea). Essa interrupção foi chamada de golpe pura e simplesmente, de golpe parlamentar ou de *impeachment*. Esse embate terminológico, entre outros, está presente nesta coletânea, que respeita a liberdade acadêmica e entende que fatos podem ser revistos à luz de novos conceitos, e que novos conceitos podem alertar para a relevância de certos fatos pouco comentados ainda pela literatura especializada.

Para a introdução deste primeiro volume, Hector Luis Saint-Pierre faz um balanço do campo das relações civil-militares, que orienta todo o olhar que buscamos trazer nesses dois volumes. Saint-Pierre faz uma regressão importante das sociedades humanas, em especial nas Américas, com seus povos originários pré-colombianos, com foco no que hoje compreendemos enquanto Brasil. O autor parte de um período no qual a ideia da guerra era indissociável do exercício político cotidiano, no qual o indivíduo tupinambá exercia simultaneamente posições sociais e ocupava a função de guerreiro, de homens em armas. Se nos tempos contemporâneos os regimes democráticos são estabelecidos com separação nítida entre militares e vida político-social, Saint-Pierre também nos mostra a fluidez do campo das relações civil-militares ao longo do tempo e de como, hoje, chegamos a um descompasso de desequilíbrio conceitual e prático evidentes no Brasil.

A evolução dos desenhos políticos nacionais com a criação do Estado moderno levou, cada vez mais, à necessidade da separação de campos, definindo, em essência, militares e civis. Era preciso garantir que os cidadãos em armas não se voltassem contra os demais grupos societais, abarcados no conceito amplo de civis, e do jogo político doméstico, criando um problema de governabilidade que se concretiza no campo das relações civil-militares. A riqueza desta introdução está em como o autor apresenta a construção dessa tensão na América Latina e sobre como a construção deste campo do conhecimento em nossa região difere daquela canônica definida no século XX, pelo controle civil dos militares, a partir, em especial, da discussão inaugurada por Samuel Huntington nos Estados Unidos da América na década de 1950, e que acabou por consolidar o campo epistêmico na academia. A conclusão inquietante de Saint-Pierre aponta para a necessidade de voltarmos ao momento de ruptura ontológica social na América Latina de definição dos campos militares e civil, no qual foram definidos os papéis que os militares – em especial no Brasil, como colocam quase todos os autores deste volume, particularmente no capítulo do saudoso José Murilo de Carvalho – ainda insistem em se autoproclamar formuladores e mantenedores do conceito de nação.

O recorte temporal desta coletânea foi limitado à República, posto que é a partir daí que as forças armadas, em especial o Exército brasileiro, começam a despontar como atores políticos de primeira grandeza no cenário político nacional. Com maior ou menor ênfase, as forças armadas foram, desde então, o outro lado da moeda da vida política nacional. Mas essa interface não começou ali. É o que nos mostra o primeiro capítulo, de autoria de Adriana Barreto de

Souza, "O Exército e a pacificação do Império do Brasil (1822-1889)". A autora vai aos primórdios da construção do Exército nacional após a Independência e demonstra que essa instituição se formou ao longo do Império como *primus inter pares* da elite política ao patrocinar ações de combate para a manutenção de um governo central, apesar de discórdias e embates, por vezes cruéis, com populações e elites locais. Como aconteceu em diversos países até o final do século XIX, nobreza e armas eram lados de uma mesma moeda e os exércitos não eram pautados pela profissionalização. Dessa forma, a instauração da República tira a nobreza do poder, mas não retira os generais da política. Não por acaso, nossos dois primeiros presidentes foram homens das armas: os marechais Deodoro da Fonseca e Floriano Peixoto. Não por acaso, também, a transição para um poder civil se deu sem maiores contestações depois que a República havia sido consolidada, pela força, com o apoio da principal facção da elite política, a oligarquia de São Paulo.

O processo que redundou na Proclamação da República é, na sequência, estudado por Celso Castro no capítulo "Os militares e o golpe republicano de 1889". Castro demonstra como jovens militares, em geral oriundos da Escola Militar da praia Vermelha, autodenominada pelos alunos como *Tabernáculo da Ciência* [sic], buscaram dar nova dimensão política à instituição militar. Queriam ir além de um pacto com as elites em que figuravam como parceiros de uma ordem entendida por eles como decadente e procuravam imprimir a noção de progresso ao país pelas mãos do positivismo de Auguste Comte. Nessa corrente de pensamento, a Proclamação da República era um passo inadiável. Jovens oficiais conseguiram impor sua agenda num atribulado momento em que embates entre os militares e o Gabinete Imperial impunha tomadas de decisões difíceis para d. Pedro II.

Em seu último texto inédito, escrito especialmente para esta coletânea, pouco antes de seu falecimento em agosto de 2023, o imortal da Academia Brasileira de Letras José Murilo de Carvalho traça em "O Exército brasileiro: a construção de um poder político" uma linha de continuidade desses jovens militares que protagonizaram o golpe da República com o tenentismo, os revoltosos de 1930 e os golpistas de 1964. Não que haja uma continuidade em termos de coerência desses atores ou de projetos políticos em comum, mesmo porque vários deles estiveram presentes em eventos específicos em lados opostos, ou oscilando de posição contra e a favor do governo. No cômputo geral, contudo, e por caminhos diversos, todos estiveram sempre do mesmo lado, isto é, ao lado de um projeto que visava dar mais prestígio e poder político para a corporação militar. Não se trata, portanto, de um projeto *sui generis*, mesmo porque em outros países da América Latina ocorreram processos parecidos. Provavelmente, contudo, ao olharmos com a lente de 2024, 60 anos depois do golpe que nos legou duas décadas de regime ditatorial, nenhum outro país da região conseguiu manter essa preeminência dos militares no sistema político de forma tão autônoma, reincidente e duradoura quanto o Brasil.

Revoltas, levantes, marchas, ações congêneres e até uma pretensa revolução comunista (Levante Comunista de 1935) foram parte da vida militar, em especial do Exército, nos anos iniciais da República brasileira. Para além disso, ideologias políticas definidas entraram nos quartéis com sucesso e permanência. Este é o caso do integralismo, objeto do capítulo 4, de autoria de Leandro Pereira Gonçalves e Odilon Caldeira Neto. Com o texto "O integralismo e os militares: lógica interna e relações externas", os autores remontam à criação da Ação Integralista Brasileira (AIB) no início dos anos 1930 e percorrem suas ligações com os militares, especialmente a sedução entre parte deles por uma doutrina de recorte fascista e anticomunista. Ao propor a criação de milícias em moldes militares com infantaria, cavalaria, engenharia, artilharia e aviação, a AIB planejava criar milícias armadas para a defesa da ordem interna, enquanto as forças armadas ficariam destinadas à defesa externa. O integralismo foi peça-chave para o golpe de 1937 por meio do Plano Cohen, um simulacro de projeto de governo comunista encontrado no Estado-Maior do Exército. A AIB foi entendida por Getúlio Vargas como uma soberania concorrente ao Estado nacional e, por isso, foi legalmente impedida em seus anseios militares. O *putsch* de 1938 marcou o fim da aliança política dos integralistas com o governo Vargas, mas não significou o expurgo do integralismo e do fascismo dos quartéis. Integralistas notórios estavam presentes no golpe de 1964 e alcançaram postos importantes na ditadura militar. Contudo, ao contrário do que a AIB propugnava, os generais de 1964 tornaram um aspecto da defesa interna a principal função dos militares: o combate ao comunismo.

Da mesma forma que o integralismo é uma categoria analítica pela qual se pode observar uma faceta da vida militar no Brasil, o mesmo se pode falar do comunismo, tão combatido pela AIB. Para abordar esse tópico, temos o capítulo 5, de Paulo Ribeiro da Cunha, com o título "O levante de 1935, o comunismo e as forças armadas". Para surpresa de muitos comandantes, quando se deu o levante de 1935, explicitava-se que a ideologia comunista entrara nos quartéis de forma organizada e disciplinada, enquanto na sociedade era ainda um projeto disperso e descoordenado. De fato, duas fortes ideologias que se contrapuseram ao liberalismo no início do século XX, o comunismo e o fascismo, permearam grande parte do imaginário político de civis e militares. Enquanto o integralismo, o fascismo brasileiro, enfatizava a ordem e o nacionalismo, o comunismo apontava para a igualdade universal e, como tal, seduziu setores sociais das mais diferentes camadas, sempre com ênfase na questão dos trabalhadores explorados e injustiçados. Esse clamor chegou aos quartéis. A intensa ação do Partido Comunista e da Internacional Comunista junto à caserna era explícita, e a capacidade de organização clandestina de grupos e editores militares ligados ao comunismo era efetiva. Com hipóteses diversas, o que vemos neste capítulo é que o comunismo foi um fator desestabilizador para as forças armadas, assentadas na obediência e disciplina. Embora sua capilaridade social e seu realismo político fossem precários, a discussão de um Exército subordinado a um partido político internacional despertou a ação organizada do anticomunismo nos quartéis e na sociedade. A influência do comunismo nas forças armadas foi real, embora sua amplitude tenha sido superdimensionada pelo discurso dos militares e seus apoiadores – algo que sobreviveu no imaginário castrense até a atualidade, tendo sido explorado pela retórica bolsonarista.

Um tema menos abordado pela historiografia quando se trata de forças armadas é a Aeronáutica, sua criação e seus enlaces com o poder. É disso que trata o capítulo 6, "A criação do Ministério da Aeronáutica e a invenção da Força Aérea Brasileira", escrito por André Barbosa Fraga. O autor retrata a criação da Força Aérea no Brasil num momento em que a aviação atingia patamar inédito como meio de transporte, mas, principalmente, como recurso para a guerra e a segurança. Fraga destaca aspectos técnicos e formais, e salienta o cuidado de Vargas em escolher um civil como primeiro ministro da pasta, criada em 1941, o importante petebista gaúcho Salgado Filho. O mito de origem na nova força foi também um civil, Santos Dumont, e não um herói militar de nossa história romantizada, como acontecia com o Exército e a Marinha. Lembremos que voar era também uma atividade glamorosa entre a elite daquela época.

A aviação era uma nova área de produção de conhecimento, emprego de tecnologia, de inovação, de guerra e lazer. Exigia que o Ministério da Aeronáutica criasse uma nova carreira e novas escolas para a formação de pilotos militares e civis, estabelecendo, assim, uma formação profissional com amplo recrutamento. Em termos políticos, com a queda do Estado Novo, em 1945, a Aeronáutica teve parte de sua cúpula capturada pela oposição a Vargas. O partido União Democrática Brasileira, UDN, fez do brigadeiro Eduardo Gomes seu candidato às eleições presidenciais em 1945 e 1950. A Aeronáutica teve papel central na crise de 1954, que levou ao suicídio de Vargas, e buscou protagonismo no governo Juscelino Kubitschek por meio de dois levantes. Agente central também no golpe de 1964 e na ditadura militar, foi, das três forças, a que mais expulsou militares de seus quadros no momento posterior ao golpe, quando foi feita a "depuração" nos quartéis, como nos relata Fraga.

O capítulo seguinte, "Revoltas militares e instabilidade da Terceira República (1946-1964)", de Maud Chirio e Mariana Joffily, aborda exatamente um período em que a Aeronáutica já era parte da instituição militar que, por vários caminhos, conseguiu produzir crises e instabilidade ao regime democrático da Carta de 1946. O capítulo começa lembrando como a academia e grande parte da sociedade foram tomadas de surpresa pelo golpe de 1964 liderado pelos militares. Na prática, os que defendiam a continuidade do governo de João Goulart não se deram conta do quanto a conspiração militar tinha amadurecido nos quartéis desde a eleição de Getúlio Vargas em 1950. As autoras mostram que as fissuras dentro das forças armadas e dentro de cada força eram intensas, mas nem sempre, ou quase nunca, eram superpostas, configurando o que chamam de uma "nebulosa militar". Temas como petróleo, desenvolvimentismo, liberalismo e nacionalismo poderiam produzir clivagens variadas, todas repercutidas com intensidade dentro do Clube Militar, cujas eleições internas para sua presidência ganhavam as primeiras páginas dos grandes jornais na época. Pronunciamentos e atitudes apoiados por militares contra a posse de presidentes eleitos foram constantes em 1951, 1956 e 1961 – neste último caso, a posse de um vice.

Forças políticas de várias cores assediavam os quartéis e os chamavam para a disputa eleitoral. Contra a diretiva do Góis Monteiro, que, nos anos 1930, afirmou que o Exército não deveria fazer a política da sociedade, como explicado no texto de José Murilo de Carvalho, era isso o que de fato acontecia. A política entrava nos quartéis, produzia desconfianças na cúpula, protestos nos baixos escalões e ameaçava a disciplina, valor sem o qual as forças armadas se tornariam ineficientes e, logo, supérfluas para suas missões precípuas da defesa nacional.

O embate ideológico, com coerência questionável, acabou por consolidar um grupo que se definia organicamente e, acima de tudo, por ser anticomunista. Estes foram os vencedores em meio a um ambiente social dividido: aqueles que supunham que as reformas de base de João Goulart eram possíveis e desejáveis e aqueles que viam nas reformas indício do avanço do comunismo. As forças armadas voltaram a fazer a política da sociedade, desta feita com apoio dos quadros mais conservadores e autoritários da Aeronáutica e da Marinha. Uma vez no poder, as clivagens políticas não desapareceram, e mecanismos foram produzidos pela ditadura para assegurar a estabilidade e a chefia da República, além de acomodar as fortes tensões internas. Este é o tema de Octavio Amorim Neto e Igor Acácio no capítulo 8, "Limitações aos mandatos presidenciais sob o regime militar: uma solução para as divisões políticas no seio das forças armadas".

O regime militar brasileiro foi o mais longevo dos governos militares listados pelos autores em vários países do globo, e que se instauraram pela América Latina a partir dos anos 1960. A duração desses governos tem a ver com o uso da força bruta, mas, principalmente, pela construção de uma arquitetura institucional que permitiu gerir a competição acirrada entre as forças e dentro da cúpula militar. Um elo, e o mais importante para os autores, foi a limitação do mandato presidencial, evitando o personalismo do poder e permitindo um acordo para a rotatividade entre grupos dentro dos quartéis. Era visível, desde o início da ditadura, que havia os mais radicais, que protagonizaram maior repressão, e aqueles menos radicais, vulgarmente conhecidos, respectivamente, como duros e moderados. No cômputo geral, ambos se uniam pela lógica de preservar o regime de exceção com aparência de legalidade, combater o comunismo e preservar uma imagem coesa das forças armadas frente à sociedade. O estabelecimento de mandatos e a manutenção de um Legislativo em funcionamento na maior parte do tempo produziu uma institucionalidade que operou como forma de atenuar as disputas entre as facções militares.

Para o entendimento do impacto do golpe de 1964 e como se configurou a ditadura é preciso compreender o ordenamento jurídico trazido pelos governos militares, fundamentados nos atos institucionais, incluindo aí o mais rigoroso instrumento da ditadura, o AI-5. Esse tema é explorado por Maria Celina D'Araujo e Mariana Joffily no capítulo 9, "O golpe de 1964, os atos institucionais e o fechamento do regime". As autoras apresentam como o pensamento de libertar o país da esquerda, que retornou com o antipetismo nos anos bolsonaristas, foi um importante norte instrumental para as instituições repressoras da ditadura militar. Ainda que buscassem travestir de legalidade a opacidade de seus atos, os atos institucionais simbolizaram o que houve de mais arbitrário nas quebras dos direitos civis, políticos e humanos entre 1964 e 1985.

D'Araujo e Joffily discorrem então sobre como o regime foi paulatinamente convergindo para um aparato cada vez mais excepcional e repressor, desde o golpe em 1964 até a *ultima ratio* do AI-5, em fins de 1968, que culminou consolidando o aparato repressor que garantiu a estabilidade do regime na década seguinte, até o início do processo de abertura no final dos anos 1970. Os atos institucionais, para além da ambiência da legalidade, firmaram os militares como agentes protagonistas da ditadura garantindo a submissão do poder civil – ainda que tenham contado, durante todo o período, com apoio de parte da elite civil, incluindo os principais meios de comunicação do país. Ainda que em 1969 outros 12 atos institucionais tenham sido editados, nenhum caracterizou tanto os anos de chumbo quanto o de nº 5. Apenas a partir da presidência do general Emílio Garrastazzu Médici, com o aparato repressor estabilizado, os atos institucionais deixam de ser emitidos, mas seus efeitos no estado de exceção foram duradouros por sua ampla ação, posto que podem ser divididos em diferentes categorias conforme apresentado nesse capítulo.

No texto seguinte, "A atuação da Justiça Militar durante a era Vargas (1930-1945) e a ditadura militar (1964-1985)", Angela Moreira Domingues da Silva discorre acerca de aspectos da Justiça Militar nos períodos de ditadura do século passado. Sendo, ao lado das justiças do Trabalho e Eleitoral, uma das três justiças especiais do país, a Militar existe de maneira ininterrupta desde 1808, sendo, portanto, a mais antiga das três no país. Foi criada ao espelho da Justiça Militar de Portugal e, ainda que tenha convivido com diferentes constituições e ordenamentos políticos, a crítica ao seu excessivo arcaísmo e protecionismo aparece de forma contínua, em especial desde a Proclamação da República. Um dos aspectos colocados já no processo constituinte inaugural da República, em 1890, foi, conforme Janot, Succi Júnior e Soares enfatizam no último capítulo deste livro, também um tema pouco valorizado na Assembleia Constituinte que redigiu a Constituição de 1988.

Domingues da Silva discute, então, como a estrutura da Justiça Militar herdada do Império, que, por sua vez, foi herdada do período colonial, permaneceu operando até 1920, e cuja alteração estrutural permanece até hoje, mais de um século depois, ainda vigente. O impacto do tenentismo na Justiça Militar fez ainda com que houvesse uma aproximação dessa institucionalização jurídica com temas de ordem política e temas relacionados à segurança nacional, temas esses que seguem permeando a agenda da caserna e de sua justiça até os dias atuais. Merece destaque como o ordenamento jurídico-militar cresceu e se manteve como importante agente de mediação de disputas políticas domésticas durante a era Vargas. A Constituição de 1934 manteve, por exemplo, a Justiça Militar contra delitos castrenses, mas também manteve o espaço de julgamento de civis em crimes ligados à segurança nacional. É mister notar que, mesmo quando o ordenamento jurídico envolvendo os militares moldou-se aos contextos democráticos, depois do Estado Novo, a ação da Justiça Militar, como braço autônomo do Poder Judiciário, continuou tendo ampla conexão com a vida civil e política. É essa estrutura varguista centrada na segurança nacional que chega ao período da ditadura militar, desta feita com poderes ampliados, com novo Código Penal Militar (1969) e com expansão das capacidades da Justiça Militar conforme o capítulo primeiro do segundo volume desta coletânea.

Após 10 anos de ditadura militar, pressões internas e externas às forças armadas começavam a demandar um processo de abertura política. Diferentemente de outros países latino-americanos que colocaram fim aos seus regimes autoritários nas últimas décadas do século XX, Carlos Schmidt Arturi apresenta, no capítulo 11, "Os militares e a abertura política no Brasil (1974-1985)", como o Brasil foi o país onde houve um maior controle da caserna sobre o processo de transição. Na sua última década de vida, a ditadura começou a ser desconstruída de forma "lenta, gradual e segura", tal qual proposto pelo presidente do período, o general Ernesto Geisel. Tal decisão se deu pela própria disputa interna de poder dentro do regime. Os castelistas, herdeiros do general Castelo Branco, o primeiro presidente da ditadura, temiam o crescimento do poder paralelo dos órgãos de repressão frente aos próprios militares, além de temerem, por sua visão liberal-conservadora, a manutenção de um longevo regime militarizado. E, por fim, havia ainda a preocupação, por parte das lideranças militares da linha dura, de queda da legitimidade da ditadura com o fim do chamado milagre econômico brasileiro.

A partir de um estudo sobre as elites políticas militares e civis do período, assim como da oposição, o capítulo conclui que, como consequências da transição tutelada pelas forças armadas, o primeiro governo civil após o regime, de José Sarney, sofreu fortes constrangimentos por parte dos militares. E, dificultando ainda mais a consolidação do regime democrático na Nova República, a continuidade da elite civil autoritária na vida política e de regimes excepcionais e benevolentes às forças armadas legaram ao Brasil a manutenção da centralidade dos militares na política nacional até os dias atuais, confirmando a dependência de trajetória iniciada a partir do golpe republicano.

Essa autonomia militar é, na sequência, explorada no capítulo "Uma Constituinte heterônoma frente às forças armadas", de David P. Succi Junior, Mariana da Gama Janot e Samuel Alves Soares, que encerra o primeiro volume desta coletânea discutindo como a construção da Constituição Cidadã de 1988 tratou a caserna de maneira excepcional, permitindo-lhe a manutenção de sua autonomia. O período da Constituinte foi, então, marcado pelos aspectos de tutela dos militares, pela eleição indireta para presidente, pelo garantismo do governo pouco legítimo de José Sarney, com o falecimento de Tancredo Neves e, por fim, pela autonomia das forças armadas do poder político civil de então.

Esse desequilíbrio das relações civil-militares deu-se, segundo Succi, Janot e Soares, por uma série de motivos, e foi o responsável pela dificuldade da consolidação do regime democrático na Nova República, em temas ligados: à transição tutelada; ao fato de o poder civil enxergar os militares como instância última de ferramenta política, quando as instituições civis não são suficientes para resolver determinada questão – o que leva o poder civil a não limitar a autonomia militar; à falta de interesse da classe política, através dos poderes Executivo e Legislativo, por assuntos da defesa nacional, o que leva a um sequestro dessa agenda pelas forças armadas; à sensibilidade do poder civil aos temas de segurança pública, o que o faz manter os militares como *ultima ratio*, e ao autoproclamado poder de proteção do Estado e da sociedade contra ameaças internas. Tudo isso levou à incapacidade de consolidação do controle civil sobre os militares, o que permitiu que o papel das forças armadas abarcasse aspectos que deveriam ser do poder político, levando a um poder de fato maior do que o estabelecido pela Constituição. Isto as faz agentes de um ordenamento social injusto e excludente, cujo ápice aconteceu durante o governo de Jair Bolsonaro.

Após uma revisão do texto constitucional, de suas revisões e de leis complementares, o trio de autores conclui que a manutenção dessa autonomia não apenas impede que as relações civil-militares sejam mais equilibradas no Brasil, mas também tem por consequência a própria incapacidade de consolidação da democracia no país – o que foi reavivado com o retorno das forças armadas ao protagonismo político a partir do início da segunda década do século XXI.

A conclusão do capítulo final reafirma, em essência, nosso propósito com a organização deste livro, que é a urgência de um olhar crítico não apenas para a atuação política dos militares, mas também para uma reavaliação necessária sobre as próprias instituições, instrução, doutrinas e *ethos* corporativo das forças armadas brasileiras.

Retomando a inquietante introdução de Saint-Pierre neste volume, buscamos aqui apresentar textos que nos permitam um olhar crítico para as relações civil-militares no Brasil contemporâneo, e a raiz dos reflexos da caserna na vida política desde o golpe militar que inaugurou a República brasileira. Se, como apresenta Saint-Pierre, é preciso repensarmos os papéis sociais que os militares têm no país, é também urgente que tenhamos cada vez mais civis atentos aos aspectos da defesa nacional, que não podem, não devem e precisam urgentemente deixar de ser assunto exclusivo dos militares. A apreciação crítica dos papéis assumidos pela caserna ao longo do primeiro século da era republicana nos mostra os limites evidentes das forças armadas de pensarem não apenas a defesa nacional e o uso da força dentro e fora dos contornos fronteiriços do Brasil. Mostra-nos também o desafio de construir relações civil-militares equilibradas, forças armadas democratizadas e um maior interesse e participação da sociedade civil nos temas ligados à defesa nacional brasileira.

Ao revisitar os anos entre a Proclamação da República e a promulgação da Constituição de 1988, os capítulos deste volume trazem à tona os aspectos históricos, formativos e contínuos do protagonismo militar na política brasileira, o que fundamenta a discussão do volume 2 desta coletânea, que trata do papel das forças armadas na Nova República até sua chegada ao poder novamente, através do voto, via Jair Bolsonaro e Hamilton Mourão – ambos militares da reserva.

Agradecemos a todas(os) as(os) autoras(es) que gentilmente contribuíram para este livro, assim como à Fundação de Amparo à Pesquisa do Estado do Rio de Janeiro (Faperj), que financiou a publicação desta coletânea, e à FGV Editora, pela bela publicação que ora lhes apresentamos. Esperamos que as(os) leitoras(es) deste volume aproveitem esses textos que, com tanto afinco e atenção, selecionamos. Pensar o papel dos militares na vida política nacional não é apenas exercício histórico e reflexivo, mas também preparatório para a formação de visões críticas e bem-fundamentadas sobre o que queremos para a consolidação da democracia e o futuro da agenda política brasileira.

Dedicamos este livro ao querido José Murilo de Carvalho, um democrata que, mesmo nos difíceis anos da ditadura militar, jamais se furtou a produzir reflexões que inspiraram e orientaram gerações de pesquisadores do Brasil e suas forças armadas.

Desejamos a todas(os) uma boa leitura!

Maria Celina D'Araujo
Lucas Pereira Rezende

Introdução
Relações civil-militares: da preocupação política à constituição de área epistêmica

Hector Luis Saint-Pierre

A reflexão sobre militares acompanha a trajetória do pensamento da humanidade desde seus primórdios. Pinturas rupestres informam a preocupação daqueles humanos com a guerra e com os instrumentos bélicos empregados nessa empresa que mostra, desde aquele momento, o acompanhamento dialético da tecnologia e a letalidade humana. Para os gregos antigos, a guerra fazia parte das relações internacionais e a ela se dedicavam com engenhosidade e coragem, mas apenas sazonalmente, quando a guerra não prejudicasse a safra nem os negócios. O cidadão e o hoplita que com suas próprias armas se apresentava a defender sua *polis* eram o mesmo, o eventual guerreiro e o político que depositava seu voto na ágora conviviam pacificamente no mesmo corpo: o cidadão-guerreiro. Florestan Fernandes joga luz sobre aspectos semelhantes na América do Sul antes de esta assim ser denominada (Fernandes, 2006). Na sua original tese sobre os Tupinambá ele destaca o lado sombrio das comunidades originais, para as quais a guerra e os ciclos da vingança dão sentido ao vir a ser da sua existência (Montoya, 2019). O guerreiro tupinambá que procurava no sangue do inimigo lavar a ofensa familiar era também aquele que, com os mesmos artefatos tecnológicos, desta vez aplicados à caça, alimentava a tribo, mas também contribuía com as decisões coletivas. O guerreiro, o caçador e o político eram o mesmo tupinambá.

Todavia, nesses casos meramente mencionados, a relação entre civis e militares não era problemática, pois nem sequer existia. As sociedades ainda não tinham destacado uma parte de si como sendo outra, armada e especializada para as tarefas da guerra. Não se pensava no controle civil sobre o soldado porque este não existia, a não ser ocasionalmente. Obviamente, os cidadãos em condições de combater estavam preparados para essas ocasiões e contavam para isso com suas próprias armas.

Na antiga Grécia, o combatente e sua tecnologia para a guerra estavam indissociavelmente integrados entre si e com sua sociedade, mas, não demorou muito para que a própria lógica de acumulação do capital, como apontam Alliez e Lazzarato (2020), acabasse por separar o grego do seu armamento e o guerreiro da sua sociedade. Homero mistifica o guerreiro grego no herói, cujas qualidades exacerbadas só podem ser encontradas num semideus, um guerreiro extraordinário que quando volta da guerra é um político comum entre os seus, com os vícios de qualquer grego (Homero, *Ilíada* e *Odisseia*). No período da decadência (século III a.C.), os diálogos platônicos mencionam o caráter específico do guerreiro e uma primeira, porém notória, advertência sobre o perigo decorrente de fundamentar o direito na força (Platão, *Diálogos*, especialmente Trasímaco). Esparta já se caracterizava pela sua própria *paideia* e a organização da sua sociedade em torno de uma *arete* centrada na coragem, na rusticidade e na sobriedade que dava forma ao *ethos* guerreiro do espartano (Jaeger, 1986). O aumento da extensão do Império romano acabava agoniando tributariamente e ameaçando militarmente todos os povos nas suas fronteiras, mas, como todo império, percebia aqueles povos oprimidos como uma ameaça existencial para o próprio império. Essa permanente ameaça pela constante expansão imperial definia a situação de excepcionalidade (como diriam os adeptos da teoria da securitização) que concedia ao militar prerrogativas extraordinárias. Algumas vitórias militares consolidavam o caminho mais curto e rápido para subir e triunfar na carreira política. O pavor, entre os senadores, de ver a figura triunfal do cônsul retornando com suas tropas vitoriosas a Roma e ovacionados pelo povo fundou a máxima do Rubicão. Os exércitos romanos deveriam ficar além das margens do rio que limitava a cidade para nela nunca entrar. Cruzar com o exército o Rubicão significava a possibilidade de o senado perder o controle sobre o instrumento da força e, nesse caso, *alea jacta est*.

O Estado moderno é a construção institucional que fornece forma jurídica à decisão soberana em um momento histórico. Ele se funda na concentração monopólica legítima da violência que se exerce sobre uma comunidade de pessoas em determinado território (Weber, 1979). Esse Estado, criado pela materialidade do capital e a forma da guerra (Alliez e Lazzarato, 2020), despatrimonializa e concentra em si os instrumentos administrativos e da força. Com eles definirá uma univocidade normativa que regerá em todo o território e ordenará a sociedade sob a garantia da força. Esses instrumentos passam a ser executados por funcionários que prestam seus serviços de maneira impessoal para o Estado, eles são o burocrata e o militar. Essa concentração monopólica da violência na Europa se realiza por carga impositiva sobre a produção (Tilly, 1996), e isso será uma importante diferença relativamente à formação dos Estados e à organização dos exércitos na América Latina.

Fundamento da problemática relação entre civis e militares

Os belíssimos e policromados murais de Bonampak e as litografias de Toniná em Ocosingo, ambos sítios arqueológicos no estado de Chiapas, sul do México, derrubaram com eloquência as teses que defendiam o caráter pacífico dos povos originários da Mesoamérica. Nesses registros históricos, de uma cultura sofisticada, complexa e estratificada, é possível observar a variedade de artefatos tecnológicos empregados para a guerra, certamente construídos por artesãos sob demanda da classe dos guerreiros e obedecendo a táticas de combate. As diferenças sociais, ostensivas nessas representações, tanto de classes quanto de hierarquia dentro delas, evidenciam a violência com que um grupo, com emprego da força, se apropriou dos meios de violência para se distinguir e garantir seus privilégios sobre o conjunto da comunidade.

Justamente, a questão ontológica da relação entre civis e militares funda-se em uma drástica divisão, no seio da sociedade, resultado da apropriação forçada e acúmulo, por parte de um grupo dela, dos instrumentos da violência física. Com a influência argumentativa do uso da força legitimam seu exercício monopólico da violência em nome de toda a sociedade. Dito de outra forma, ante o fato consumado, os cidadãos aceitam que apenas uma parte deles nessa sociedade estejam legalmente armados. A justificação é a segurança de todos os cidadãos. Aqueles cidadãos armados passam a ser considerados militares e se constituem no instrumento específico da força dessa sociedade para desempenhar uma dupla funcionalidade: por um lado, a defesa das decisões soberanas de intentos de imposição forçada de vontades externas à sociedade e, por outro, a necessidade de garantir a obediência social a essas decisões e brindar segurança aos cidadãos dentro dessa sociedade, conferindo previsibilidade normativa ao funcionamento social. Por ser o instrumento da força para defender as decisões soberanas legitimadas pela sociedade, esse instrumento não é, em teoria, deliberante. Quer dizer, essa parte da sociedade armada, enquanto instrumento estrutural do Estado, não decidiria nem poderia influenciar as decisões soberanas do governo da sociedade. Mas, por estar *fora* dos vaivéns políticos próprios da deliberação, pode se considerar *acima* das crises políticas, garantidora da estabilidade deliberativa e capaz de interferir para definir os limites desse vaivém.

O risco de que esse grupo armado possa agir arbitrariamente e, em última análise, empregar a violência contra a parte desarmada da sociedade, inclusive para sequestrar a prerrogativa deliberante – e, portanto, política da sociedade –, tornou o relacionamento entre a sociedade desarmada (civis) e a parte armada (militares) problemático. Desde o momento em que um grupo legalmente armado pode ameaçar o processo de decisão política, seja para sequestrá-lo ou para influenciá-lo, ele se constitui num problema de governabilidade. Portanto, desde que as sociedades complexas separaram um grupo como profissionais da violência legal, o relacionamento entre civis e militares transformou-se num problema de governabilidade política. Esses profissionais, pela eventualidade de colocar sua vida em risco para defender a sociedade, sentem-se acima dela, seus protetores, seus guias e depositários dos valores ancestrais que patrocinaram a estrutura dessa sociedade cindida.

De problema político a questão epistemológica

Enquanto fenômeno histórico, os acontecimentos militares e os conflitos bélicos foram sempre um proeminente objeto da história. Talvez seja pela dramaticidade desses acontecimentos traumáticos, que desde muito cedo, apavoraram a humanidade e chamaram sua atenção deixando marcas indeléveis na memória social. Não é casual que o primeiro texto de história, no sentido moderno da palavra, tenha sido sobre a apoteose desse drama humano no mundo grego. Não que tenha sido a primeira referência escrita, o já citado Homero gravou em palavras e na bela e didática forma do mito o conflito bélico que narrou na *Ilíada* e *Odisseia*. Mas foi Tucídides que colocou as primeiras bases metodológicas da historiografia com seu *Guerra do Peloponeso*. Outras ciências se dedicaram a estudar e aperfeiçoar a guerra e a formação do militar. Quase todas as ciências, técnicas e artes tiveram um desenvolvimento quase simbiótico com a guerra. Conhecimentos acadêmicos como a arquitetura, a medicina, a química, a física, as matemáticas, a geografia, a metalurgia e as engenharias, as medicinas humana e animal, se concitaram para melhorar a eficiência letal desse instrumento, mas, por sua vez, também aquelas foram dialeticamente incentivadas, promovidas e financiadas pela guerra e seus atores específicos, os militares. O empenho dessas ciências na formação, caráter, saúde e armamento do guerreiro fez com que este se sentisse à frente do seu tempo. Com efeito, com o requinte do conhecimento acadêmico, esse guerreiro foi sendo munido com artefatos que reuniam o melhor e mais avançado que a tecnologia da sua época poderia oferecer para matar o outro.

No caso da América Latina, agropecuária e comercial, sem indústria nem sistema educacional, seus oficiais militares, alguns deles formados na Europa, equipados com os mais modernos armamentos que a indústria europeia poderia fornecer e que exigiam conhecimento específico para seu uso, foi-se construindo uma distância abismal das suas sociedades (Rouquié, 1984). Esse abismo infranqueável, fortalecido pelo caráter total que assumiu a instituição militar, somado à autonomia desta com relação ao próprio Estado, fez com que a corporação militar olhasse para sua sociedade como um "outro", o "paisano" que, se não controlado, pode se configurar numa ameaça à visão de mundo da caserna.

A cisão da comunidade em uma minoria armada e uma maioria desarmada delimitou um relacionamento assimétrico problemático, particularmente quando aquela parte armada e não deliberante, por se considerar em um estágio mais "avançado" que o conjunto da sociedade, também se sente legitimada a decidir ou interferir nas decisões políticas: fica configurado, assim, um relacionamento entre civis e militares problemático. Problemático ao ponto de concitar a atenção das ciências sociais e transformá-lo em objeto epistêmico.

Breve história da problematização das relações entre civis e militares

Os exércitos latino-americanos surgiram nas guerras da independência da metrópole espanhola por emulação dos exércitos europeus. Os núcleos armados originais foram formados pelas milícias com que as oligarquias agropecuárias controlavam suas propriedades e assassinavam os povos originais para ampliá-las. Essas oligarquias enviavam seus filhos a se formar como sacerdotes, advogados e militares na Europa. A emulação não foi difícil quanto à forma, mas sim com relação ao financiamento dos instrumentos da violência letal para enfrentar o Exército espanhol, o que se deu por meio de uma dívida contraída com bancos europeus que custou a independência, justamente aquela que se ganharia com as chamadas "guerras da independência". Essa matriz duplamente dependente e funcional da origem dos exércitos latino-americanos (funcionais às oligarquias nativas e ao capital estrangeiro) somada ao emprego da violência legal contra os povos originais, populações negras escravizadas e vagabundos forjou o caráter repressivo e controlador da ordem da dependência das metrópoles; mas, por outro lado, seu papel nas guerras de independência e sua ligação com a modernidade dada pelo armamento, sofisticado para a época, conferiram ao militar a percepção de serem fundadores das nações e, portanto, responsáveis pela sua condução.

Assim, a irrupção dos militares na cena política dos países latino-americanos não é extraordinária, mas uma função fundante e da qual nunca abriram mão. Mas será depois da sucessão pandêmica de golpes militares, especialmente na América do Sul, promovidos contra governos democraticamente eleitos com a justificativa do combate contra o comunismo, que o tema das relações civil-militares assumirá proporção academicamente importante nessa região do continente.

Uma reflexão que se tornou clássica nos estudos sobre as relações civil-militares, originada por esse problema político, foi a de Samuel Huntington. Com efeito, inclusive nos Estados Unidos da América, essa relação "patologicamente" política de um instrumento do Estado com os governos não passou inadvertida para as ciências sociais. Samuel Huntington refletiu academicamente sobre esse problema nos termos do "controle civil sobre os militares" (Huntington, 1996). Para ele, esse controle poderia ser procurado subjetivamente ou objetivamente. O controle civil subjetivo sobre os militares, para Huntington, consiste em destacar "militares do partido", aqueles militares simpatizantes das ideias partidárias, como enlace entre a corporação e a condução política, isto é, trata-se de uma subordinação ao controle civil por concordância com os ideais políticos do governo em questão, em lugar de estrito respeito à funcionalidade institucional. O controle objetivo sobre os militares é decorrência da profissionalização do militar sob um *ethos* de subordinação ao comando civil. Desse ponto de vista, a profissionalização do militar o tornaria um instrumento da força, neutro com relação a ideologias ou valores políticos. Profissionalizados, os militares seriam um instrumento neutro que funcionaria da mesma forma para republicanos, democratas ou até mesmo comunistas.

Não obstante, essa tipologia de subordinação talvez seja adequada à situação norte-americana, mas para a América Latina não é suficiente ou deveria ser mais bem adaptada (López, 1994). A subordinação subjetiva supõe que os militares tenham convicções políticas próprias e que submetam sua organização à sua fidelidade partidária. Todavia, a corporação militar é uma corporação total, com valores e, especialmente, interesses próprios, educação geralmente endógena e autônoma, fechada hierarquia, alguns países com Justiça Militar ainda em tempos de paz, elementos que exigem obediência e lealdade entre eles, o que inclui, em muitos casos, suas famílias, com as quais moram em vilas militares nas quais reina a hierarquia e se cobra a lealdade. Assim, na América Latina em geral, dificilmente a corporação se subordinaria a um compromisso político que não satisfizesse os interesses coorporativos. No caso do Brasil, vários acadêmicos reconhecem na atualidade a existência de um partido militar (Oliveira e Kalil, 2021) que já tinha sido claramente percebido por Oliveiros Ferreira no seu clássico *Vida e morte do partido fardado* (Ferreira, 2000). Ainda assim e não obstante o grotesco exemplo ilustrativo do Brasil de Bolsonaro, alguns líderes da esquerda sul-americana insistem na tese de ter seus militares de partido (talvez pela tradição do velho Partido Comunista ou por não acreditar na possibilidade das mobilizações sociais). O ministro da Defesa da Frente Ampla do Uruguai asseverava que era necessário formar os militares da frente. A resposta veio pela via eleitoral, em 2019, com um general como candidato da extrema direita que abriu espaço político na topografia eleitoral para o triunfo da direita "democrática". Outro exemplo foi dado numa manifestação do ex-presidente da Bolívia, Evo Morales, em visita ao Brasil em 2007, quando manifestou que "precisamos de militares anti-imperialistas", sendo que depois de quase 14 anos governando o país, podendo haver incidido na educação e formação dos militares bolivianos, caiu por um golpe apoiado pelos seus oficiais.

A subordinação objetiva, por sua vez, pressupõe que a profissionalização do militar o neutralizaria politicamente. Todavia, a profissionalização de um funcionário tão especializado, que opera com instrumentos altamente sofisticados e, em muitos casos, com armamentos com complexos sistemas informatizados e de inteligência artificial, abastece de argumentos uma distância maior da sociedade civil pela especialização da sua profissão. Isso torna todo processo de profissionalização impermeável à sociedade civil, inclusive para definir, controlar e avaliar sua educação e formação, especialmente para avaliar a conformidade dessa formação e treinamento relativamente às novas ameaças e ao sistema democrático. Assim, a profissionalização do soldado, longe de garantir sua subordinação, é o caminho mais adequado para aumentar a autonomia dos militares com relação à sociedade civil e, assim, continuarem a prevalecer os interesses e valores internos à corporação em consonância com o "espírito de corpo".

Breve histórico do tema na América do Sul

A subordinação dos militares ao controle civil foi uma das primeiras preocupações políticas absorvidas como tema epistêmico pelos acadêmicos sul-americanos e é facilmente compreensível. Nas décadas dos 1960 e 1970, os militares da maioria dos países sul-americanos, em claro ato de traição à pátria (insubordinação é traição à pátria) foram sequestrando o poder das mãos dos civis, pela força e com apoio dos Estados Unidos da América, para atender aos interesses econômicos e geopolíticos desse império que tinha consolidado sua hegemonia continental depois da Segunda Guerra Mundial. A emulação acadêmica do *hegemon* pelas escolas superiores de guerra (ou semelhantes) dos países sul-americanos, que impuseram a doutrina da segurança nacional para reprimir qualquer manifestação contra o *status quo*, caracterizou os regimes como terrorismo de Estado neste continente, mancomunados pela Operação Condor de cooperação de inteligência militar no Cone Sul.

Entre fins da década de 1970 e início dos anos 1980, muda a política norte-americana para a região, passando a alegar preocupação com os direitos humanos, o que, somado à crise econômica das ditaduras militares, que deixaram clara sua ineficiência também para administrar politicamente os países que tinham sequestrado, e à pressão dos movimentos político-sociais, adubou as mal chamadas "transições democráticas" para o depois corrigido "transições à democracia". Obviamente, esta situação de "desalojo" das alavancas do governo, sem abandonar totalmente o poder, colocou as forças armadas golpistas em diferentes situações com relação a suas sociedades, em conformidade com as específicas situações de cada um dos países. Por sua vez, os políticos começaram a esticar a corda nas negociações para ver até onde poderiam avançar com suas pretensões "democráticas". Finalmente os acadêmicos passaram a estudar essa situação desde os aspectos históricos, políticos, antropológicos, jurídicos etc.

Um grupo importante de acadêmicos começou a analisar os processos transicionais e suas caraterísticas, fundamentalmente pela metodologia da política comparada. Um dos casos que foram bastante estudados nas comparações foi o processo de transição do franquismo à democracia na Espanha. Posteriormente, os casos empregados foram os sul-americanos que, na verdade, apresentavam uma taxonomia que permitia pensar teoricamente em uma tipologia de transições. Desde a mais abrupta e bem-sucedida, como foi a Argentina, até lentas, graduais, seguras e inconclusas como a brasileira. A ciência política sul-americana avançou muito nessas análises desde os trabalhos seminais de O'Donell (1982) e O'Donell e Schmitter (1988). Tiveram seu auge no intento de estabelecer limites à reincidente aparição dos militares nos cenários políticos nacionais.

Uma primeira preocupação da comunidade epistêmica da região foi com a contenção normativo-constitucional. Esperava-se que lei maior mantivesse os militares numa relação de estrita subordinação – como se os golpes de Estado a que a corporação militar nos acostumou na América do Sul não se iniciassem justamente quebrando o pacto societário e pisando a norma constitucional. A subordinação normativa talvez seja a mais formal de todas e, em alguma medida, a mais ingênua. Immanuel Kant, preocupado com a fundamentação metafísica dos costumes (como ele se referia à ética), distinguiu entre o agir "*conforme* a lei" e o agir "*pela* lei". Ele queria distinguir entre as ações morais, aquelas que eram dignas de louvor e aquelas merecedoras de castigo. Se uma pessoa dirigisse um carro, cuja velocidade máxima é de 80 km/h, por uma estrada na qual a velocidade máxima permitida é de 90 km/h, sua ação de dirigir estaria "conforme a lei", isto é, sua ação não feriria a lei, mas não podemos saber se ele o faz porque sentiu o peso do imperativo moral da lei ou simplesmente porque seu carro não é veloz o suficiente. Todavia, aquela outra pessoa amante da velocidade, que conduz um carro muito veloz, na medida em que se mantenha dentro do permitido, estará agindo conforme a lei, mas também "pela lei", por sentir o peso ético do mandato. Essas considerações kantianas podem iluminar o alcance da alegada subordinação formal normativa dos militares ao comando civil: se não há um mando contra os interesses e valores da corporação militar, é muito fácil agir "conforme a lei" que normatiza suas missões. Outra coisa é quando o mando civil ordena alguma ação contrária aos interesses da corporação, ainda que sejam politicamente vitais para a governabilidade. Por essa consideração, Ernesto López (1994) incorpora à tese huntingtoniana a relação weberiana de mando/obediência. O teste crucial da subordinação militar ao comando civil se realiza quando o primeiro mandatário ordena ao instrumento armado uma ação que possa ferir seus próprios interesses (como interferir na carreira, na estrutura educacional, na eliminação da Justiça Militar etc.). Esse teste não precisa ser exageradamente dramático, bastaria ordenar submeter sua estrutura educacional ao Ministério da Educação, algo democraticamente normal para que a condução civil possa ter certeza de que a educação dos militares é coerente com o regime democrático, ou que sua formação é adequada para enfrentar desafios e ameaças atuais. Ou mesmo que, em tempos de paz, sejam julgados pela mesma justiça que julga a todos os cidadãos como corresponde aos iguais ante a lei. Embora os testes aqui anunciados sejam democraticamente necessários, funcionalmente recomendados e aparentemente óbvios, nenhum governo democrático parece capaz de se arriscar a aplicá-los e ter de constatar uma incontornável desobediência. Ainda assim, alguns países conseguiram modificar suas cartas constitucionais para definir com maior precisão o limite de emprego da força letal com leis de defesa e leis de inteligência. Alguns países conseguiram acabar com a Justiça Militar, uma aberração normativa em tempos de paz. Poucos conseguiram levar a cabo uma reforma educativa na formação do militar como requer o sistema democrático. Sem todas essas mudanças efetivas, o controle civil sobre os militares não passa de um "sonho de uma noite de democracia", como escrevemos por aí (Saint-Pierre e Zirker 2002).

Constatado o fato de que a normatividade constitucional não seria suficiente para garantir a subordinação dos militares – poucos dos quais toleraram a justiça de transição ou admitiram a verdade histórica sobre as ditaduras –, os acadêmicos começaram a considerar saídas culturais ou educacionais que pudessem modificar a histórica cultura intervencionista da corporação militar nos cenários políticos nacionais. No caso do Brasil, essa expectativa levou a maioria dos acadêmicos a procurar um diálogo com os militares como forma de estabelecer uma ponte na direção da democracia. Parte desse intento também era pensar a possibilidade de discutir as questões relativas à defesa e ao aperfeiçoamento dos militares na sua aproximação com o regime democrático. Mas, como toda ponte é de duas mãos, na verdade, ela foi utilizada pelos militares para ocupar posições nas áreas acadêmicas, tanto na construção de pós-graduações que os habilitassem à ocupação de espaços de poder político quanto para modular a percepção de civis que passassem pelos seus claustros. Se esses cursos fossem dirigidos a melhorar o desempenho militar na guerra (depois de tudo é para isso que se espera que sirvam), seria aceitável, mas os cursos de pós-graduação acadêmica foram nas áreas de administração, de relações internacionais ou de estudos de defesa, todas áreas nas quais nossas universidades têm se empenhado nas últimas décadas com excelentes resultados. Em momento em que as universidades públicas não conseguiam repor seus quadros aposentados por alegada falta de verba, os militares abriam concurso para contratar professores para os novos cursos que se desviavam da sua missão central. O corolário desse esforço de diálogo (na verdade monólogo) dos acadêmicos com os militares foi que os acadêmicos não conseguiram quebrar o monopólio da reflexão sobre as questões estratégicas, mas os militares, sim, lograram quebrar o monopólio da ciência que cabia aos acadêmicos civis. Não apenas isso, também desembarcaram com sua estratégia de ocupação dos espaços acadêmicos no CNPq e na Capes, preenchendo espaços antes reservados àqueles que fizeram opção existencial pela vida científico-acadêmica. Do ponto de vista político-eleitoral, conseguiram eleger o presidente em 2018 e colocar entre 6.500 e 11 mil militares (as cifras são controversas) no governo militar-bolsonarista, ocupando cargos até de primeiro escalão da administração. Mantiveram as prerrogativas constitucionais, aumentaram sua autonomia e ameaçam, sempre que o julgam necessário, o correto funcionamento do sistema democrático, manifestando-se nas redes sociais e até com *tweets* para colocar limites ao jogo político. A transição à democracia no Brasil não apenas é inconclusa, mas está em claro retrocesso e, tudo indica, se depender dos militares, ela nunca se concluirá.

O tema controle civil sobre os militares deu lugar a outro aparentemente mais neutro: condução civil da defesa. Com efeito, o tema da defesa tinha passado inadvertido para os civis, tanto acadêmicos quanto políticos, que deixaram intacto o monopólio deste tema para os militares, como se a defesa fosse uma questão meramente militar. Mesmo os acadêmicos que começaram a reavaliar a questão das relações civil-militares do ponto de vista da condução civil da defesa o fizeram a partir das considerações sobre os militares e a política militar. Em vários países da América do Sul se iniciaram os chamados "diálogos para a defesa em democracia", alguns países avançaram mais do que outros por caminhos que nem sempre estão livres de serem cobertos novamente pelos preconceitos e manobras dos militares, que não se conformam em dividir o que consideram "seus temas" com os civis. Na verdade, alguns desses diálogos pretendiam ser menos um diálogo entre políticos para discutir a subordinação definitiva dos militares e assumir o controle da questão militar e a condução da defesa, e mais um diálogo com os próprios militares para negociar a governabilidade dos países.

Ainda assim, e novamente por pressão dos militares ofendidos pela pretensão civil, absolutamente legal e legítima, de conduzir a defesa, a proposta passou ao menos constrangedor "condução política da defesa" (como se a condução da defesa pudesse ser não política!), o que abria espaço para o condutor da defesa não ser necessariamente um civil. A ideia é que um militar poderia conduzir politicamente a defesa, e o que ficava como tema de discussão era se devia ser da reserva ou podia ser ainda da ativa. Vários países sul-americanos voltaram a contar com militares, fardados ou não, no cargo de ministro da Defesa.

A questão é que a elaboração de uma concepção estratégica de defesa envolve uma série de questões e de variáveis, entre as quais está o instrumento militar que, embora seja o específico, é apenas uma delas, e em determinadas situações não é a mais importante. A defesa nacional implica a diminuição das vulnerabilidades estratégicas e o incremento das potencialidades nacionais. Estabelecer a articulação de todas as variáveis de políticas públicas, que precisam ser deliberadas para diminuir as vulnerabilidades e aumentar as potencialidades, supera o treinamento e formação específica do militar e requer a participação multidisciplinar de conhecimentos específicos. A pobreza é uma gravíssima vulnerabilidade que os militares, cada vez que sequestraram o poder, mostraram que não apenas carecem de capacidade para resolver, como, na maioria dos casos, foi aumentada. Durante a pandemia mostraram seu total despreparo e negligência no trato da saúde pública, outra importantíssima vulnerabilidade. O pleno emprego é uma necessidade estratégica da defesa, para o qual os militares não têm resposta. O desenvolvimento científico e tecnológico é fundamental para desenvolver as potencialidades estratégicas, mas essa área tem perdido orçamento sucessivamente, enquanto os salários dos militares foram aumentados muito além do funcionalismo estatal civil. A articulação político-diplomática com os países da região que constituem o círculo imediato do interesse estratégico, importante para operar pelas linhas exteriores em caso de conflito, está muito longe da capacidade de ação dos militares. Por tudo isso, a concepção estratégica nacional não pode ficar nas mãos dos militares. Eles podem, isso sim, assessorar com relação especificamente ao instrumento militar adequado à decisão política sobre a concepção estratégica e, ainda assim, dependendo da demanda e deliberação da política. Por isso defendemos que pensar a defesa deve partir da reflexão sobre a concepção estratégica e não a partir do estudo das relações civil-militares, que deverá se adequar às decisões decorrentes daquela reflexão.

Túnel ou caverna?

A solução ideal dos obstáculos decorrentes da problemática relação entre civis e militares seria o retorno à raiz da ruptura ontológica social. A impossibilidade disso em sociedades complexas como as contemporâneas justifica o qualificativo "ideal" para a solução. Não obstante, para aqueles países periféricos e dependentes, como os latino-americanos, que queiram decidir com autonomia, a tarefa de pensar uma concepção estratégica que garanta a liberdade de ação será imprescindível. A incorporação da sociedade como fundamento e finalidade desse pensamento é o caminho ineludível. Uma sociedade bem alimentada e com saúde, com excelente educação e emprego assegurado, com capacidade científica e tecnológica autônoma, com uma indústria pujante e consciente de sua função social, em três palavras – uma sociedade feliz – é condição *sine qua non* para uma defesa eficiente. Em outras palavras, sem uma sociedade que esteja disposta ao máximo sacrifício por defender sua felicidade não há defesa possível. Uma sociedade infeliz não tem o que perder, logo, não tem o que defender. Pode-se pensar que estou propondo sanar a cisão ontológica originária pelo retorno ao cidadão-soldado, mas o que defendo é que uma sociedade justa, consciente e feliz saberá desempenhar-se da melhor maneira possível para encontrar a trincheira da qual conseguirá defender com maior eficiência sua felicidade. A nós, como acadêmicos dedicados a esses temas, cabe encontrar nossa própria trincheira na reflexão e formação de quadros especializados para colocar a política, legitimamente deliberada, no comando da elaboração de uma concepção estratégica de longo prazo, que desenhe a "forma da força"[1] adequada aos de-

1 No sentido que Mary Kaldor (1976:293) dá a esta expressão: "A Forma da Força pode ser definida como a composição entre a técnica de força e relação de força. As técnicas de força são os armamentos e a maneira como são utilizados. A relação de força corresponde à organização dos efetivos, a natureza da hierarquia militar, e o modo de ingresso nas forças armadas. As técnicas da força são ao mesmo tempo o produto do nível tecnológico da sociedade e a ferramenta apropriada a um tipo específico de relações militares. As relações de força são aquelas mais convenientes à organização do corpo de efetivos, em determinada sociedade, e com maior potencialidade de gerar lealdade à formação social".

sejos da nossa sociedade e que subordine, com ensino, formação e treinamento específico ao instrumento militar para adequá-lo ao desenho estratégico. Se em algum momento essa proposta for levada a cabo, perceberemos que os principais obstáculos para sua realização não virão do estrangeiro, mas de cidadãos ciosos dos seus ilegítimos privilégios conseguidos e garantidos por aquela cisão original que distinguiu um grupo armado e que consideram um instrumento de sua propriedade para defender seus interesses.

Certamente, neste livro, o leitor encontrará frutíferos caminhos para refletir sobre as relações entre os civis e militares nas sociedades contemporâneas e especificamente no Brasil. Todos esses caminhos serão provisórios, esforços tentativos de estabelecer um relacionamento entre civis e militares condicentes com a democracia, mas, de um ponto histórico que impregna as reflexões e que os autores, cientes das dificuldades, anseiam ver superado num futuro democrático.

1. O Exército e a pacificação do Império do Brasil (1822-1889)*

Adriana Barreto de Souza

> *No dia em que aqui cheguei, a primeira notícia que recebi foi a da morte de nosso bom amigo Itaboraí! Meu sentimento foi imenso [...] seu vácuo não será preenchido, como já não foi o de Eusébio, Paraná, Uruguai, Manuel Felizardo e muitos outros que nos ajudaram a sustentar esta igrejinha, desmoronada ou quase desmoronada em 7 de abril.*
>
> Duque de Caxias, 1872.

A força simbólica da Guerra do Paraguai – o maior conflito armado ocorrido na América Latina – e das posteriores intervenções militares na política consolidou entre os especialistas uma narrativa sobre as relações entre militares e civis no século XIX que afirma o predomínio inconteste de uma aversão da elite política pelo Exército. De modo geral, essa narrativa destaca uma série de eventos que têm início em 7 de abril de 1831, data da abdicação de d. Pedro I. A identificação da tropa com o imperador, que havia assumido de fato a posição de chefe militar, instalou uma enorme desconfiança entre os civis. Desconfiança que levou o governo da Regência recém-instaurada a instituir uma verdadeira política de erradicação, que se expressou na criação da Guarda Nacional e nos baixos orçamentos destinados ao Exército. Somente a Guerra do Paraguai desequilibrou, anos mais tarde, essa relação. Sentindo-se desprezada mesmo após ter arriscado a vida nos pampas paraguaios, a oficialidade reagiu, inaugurando

* A pesquisa que fundamenta este texto é financiada pelos programas PQ/CNPq e CNE/Faperj. As linhas gerais da argumentação aqui apresentada vêm sendo debatidas com Beatriz Mamigonian, Fabiane Popinigis e Keila Grinberg. A Beatriz e Fabiane, agradeço ainda a leitura crítica da versão final deste texto.

uma nova fase da história militar do país, que culminaria no golpe de 1889 – a Proclamação da República.[1]

O argumento que desenvolvo neste capítulo é o oposto: acredito que a experiência das lutas políticas que se seguiram à abdicação do primeiro imperador, e que lançaram o Império num estado de convulsão social por mais de 10 anos, pavimentou não apenas uma política de reestruturação do Exército como estreitou os vínculos entre o oficialato e a elite política. Era justamente a essa experiência que o duque de Caxias se referia ao mencionar – como se vê na epígrafe deste capítulo – a *igrejinha* desmoronada ou quase desmoronada no 7 de abril. Esse fragmento foi extraído de uma carta enviada por Caxias ao senador Firmino Rodrigues Silva quando da morte de Joaquim José Rodrigues Torres, o último representante da Trindade Saquarema – núcleo dirigente do Partido Conservador. Aos 69 anos de idade, face à perda do "bom amigo", e cético quanto ao futuro da política nacional, o duque de Caxias nos fornece pistas para entender as lutas políticas vividas por esses homens. A palavra *igrejinha*, na época, era sinônimo de projeto ou obra (Silva, 1858). Ou seja: ao rememorar os conflitos que irromperam em 1831, Caxias creditou à ação de um grupo em particular a vitória do projeto político conservador. Entre os nomes por ele citados, há líderes políticos e militares – Eusébio de Queirós, Honório Hermeto Carneiro Leão, Paulino Soares de Sousa – que figuram entre os fundadores do Império –, além de Manuel Felizardo de Sousa e Melo e dele próprio, ambos generais do Exército.

Essas lutas contam hoje com consolidada pesquisa no campo da história política. Trata-se, na verdade, de uma temática clássica, identificada como construção do Estado imperial.[2] Todavia, o lugar dos militares (em especial do Exército) na elaboração desse projeto conservador e como contribuíram para sua vitória é um campo de pesquisa que ainda precisa ser mais explorado. A intenção deste texto é estabelecer uma conexão entre esses campos de estudo, integrando os militares a essas lutas políticas para, assim, mostrar como o Exército brasileiro foi criado não no combate ao inimigo estrangeiro, como

---

1 Essa interpretação encontra-se em vários autores clássicos, de Joaquim Nabuco a Jeanne Castro, passando por John Schulz. Mas quem a sistematizou, formulando-a como teoria, foi Edmundo Campos Coelho. Há nele um item exclusivo para a temática, intitulado "A política de erradicação" (Coelho, 2000:49).

2 Sobre o processo de construção do Estado imperial, leituras obrigatórias são José Murilo de Carvalho (1996) e Ilmar Rohloff de Mattos (1990). Contrapondo-se a esses autores, há Miriam Dolhnikoff (2005).

tradicionalmente se pensa a formação dos exércitos nacionais europeus, mas em meio à guerra civil. Guerras que entraram para a história como rebeliões, numa clara ação de desqualificação simbólica (em parte, reforçada pela historiografia). A contrapartida foi a consagração da repressão, identificada como pacificação, termo tão potente que, ainda hoje, é amplamente utilizado, seja para definir políticas de segurança pública (caso do Rio de Janeiro), seja para saudar ações de grupos políticos em âmbito nacional.[3]

A queda de d. Pedro I e a desmobilização do Exército

Corte do Rio de Janeiro, dia 6 de abril de 1831. No final da tarde, uma multidão de 3 mil a 4 mil pessoas se aglomerava no Campo da Aclamação (atual Campo de Santana). Os ânimos estavam exaltados. Os boatos sobre as intenções de d. Pedro não cessavam. Falava-se em golpe absolutista, na suspensão de direitos, no fechamento do Parlamento e da imprensa. Articulações políticas estavam em curso quando a troca do *ministério dos brasileiros*, no dia 5, por um novo gabinete, composto basicamente de portugueses, precipitou os acontecimentos (Faria, 1831).

Na madrugada do dia 7 de abril, após ser abandonado no Palácio São Cristóvão por sua Guarda de Honra, que decidiu se juntar à multidão na praça, d. Pedro não tinha mais opção: isolado, lavrou o decreto de abdicação ao trono do Império do Brasil.

Os meses que se seguiram ao 7 de abril não foram menos turbulentos. Apesar de tramado no Parlamento, na imprensa e nos quartéis, unindo homens de várias tendências políticas em uma ampla frente contra o imperador, o movimento fez emergir nas ruas uma diversidade de atores sociais. Camadas pobres, brancos, pretos e pardos, livres e libertos entraram nessas disputas. Reclamavam seus direitos de cidadãos, expectativa criada em meio às lutas pela independência e formalmente assegurada pela Constituição de 1824.

Como já foi amplamente demonstrado pela historiografia, assim como 1822 não pode ser entendido como um desquite ou uma separação amigável, a abdica-

---

3 Um livro que busca refletir sobre a recorrência do termo pacificação na história do Brasil é Souza et al. (2017).

ção também não pode ser lida como uma manobra política de elite, tachando-se toda a movimentação das ruas de anárquica e desordenada. O que se viu – na expressão de Marco Morel (2003:10) – foi uma "explosão da palavra pública" em suas múltiplas faces, nem sempre expressada de modo institucional e tranquilizador. Mais ou menos formalizados, havia três grandes projetos de Brasil em disputa, amplificando o campo político.

Identificados com as lutas populares, havia os liberais exaltados. Apesar de terem protagonizado o 7 de abril, mobilizando a população e sublevando as ruas da Corte, foram alijados da montagem do governo regencial e, como o voto era censitário, não conseguiam ter uma representação expressiva no Parlamento. Em linhas gerais e com várias nuances, defendiam uma sociedade mais justa e igualitária, uma distribuição melhor de renda, o fim da escravidão e a incorporação das camadas populares à cidadania.

No outro extremo, identificados com d. Pedro I, havia os restauradores. Críticos severos da abdicação, defendiam uma vertente política de matriz antiliberal, destacando a soberania monárquica em detrimento da nacional. Interessante é que, na defesa de seu projeto, também mobilizavam a população. Tal como os exaltados, alguns partiram para a luta armada e, com essa estratégia, lideraram levantes entre 1832 e 1833.

Quem assumiu a Regência no 7 de abril foram os liberais moderados. Tratava-se de um grupo bastante heterogêneo que, numa estratégia retórica, se definia a partir de um comportamento: a moderação. Apresentavam-se ainda como defensores da liberdade. A grande referência na constituição dessa autorrepresentação era o governo de d. Pedro I, que tinham por tirânico e arbitrário. Assim, ao clamarem por liberdade, requeriam apenas o direito de impor limites ao Estado. Uma liberdade que residia na prevalência da Câmara, da representação nacional, sobre o Executivo. Nesse grupo, unidos, havia os tradicionais federalistas pernambucanos de 1817 e 1824 e os das disputas constitucionais de 1820 em Lisboa e 1823 no Rio de Janeiro, mas também homens que aderiram estrategicamente a esses princípios, para desarticular o Estado de d. Pedro I (Morel, 2005; Basile, 2004).

Daí a importância de destacar que o primeiro imperador não abdicou ao trono, ele foi obrigado a fazê-lo pela pressão de um movimento de base popular. Três mil a 4 mil pessoas nas ruas do centro do Rio de Janeiro, como afirmam os relatos de época, eram uma multidão em 1831. Identificada como "povo e tropa", face à resistência de d. Pedro, que permaneceu durante uma semana em um navio ancorado no cais da cidade, tentando negociar seu retorno, essa multidão tornou-se, ao mesmo tempo, a garantia do 7 de abril e o terror das elites que tomaram parte no movimento (Souza, 2008:180).

A fragilidade da Regência era notória. Em geral, essa fragilidade é pensada em termos estruturais: tratava-se de um poder despojado do prestígio da Coroa e entregue a homens eletivos. Porém, vale acrescentar ainda as divergências entre liberais exaltados e moderados, marcantes e muito vívidas ainda no Campo da Aclamação, e a oposição dos restauradores. Não à toa – e ironicamente – a repressão empreendida pelos moderados foi impiedosa. Seis meses após a abdicação, as cadeias da cidade estavam lotadas de presos políticos e várias lideranças exaltadas exiladas. Todavia, para combater os partidários da restauração, a repressão não bastava. Muitos deles integravam a alta burocracia de Estado, estando no Judiciário, entre os generais, no Senado ou no Conselho de Estado. Ocupando essas posições, se não pegassem em armas, era difícil desarticulá-los. Porém, sua simples existência era motivo de permanente sobressalto para a Regência moderada. Temiam, não sem razão, que articulassem politicamente o retorno do primeiro imperador.

Desse modo, para contê-los, a Regência instituiu uma política que Thomas Flory (1986) batizou de "guerrilha burocrática": uma ampla reforma institucional na direção de uma descentralização do aparelho de Estado, que buscava claramente limitar o poder da Coroa. No judiciário, a instituição símbolo dessa reforma foi o Juizado de Paz. Apesar de criado em 1828, no contexto das primeiras articulações liberais contra d. Pedro I, o juiz de paz teve suas funções ampliadas nos primeiros anos da Regência. Já no campo militar, a reforma moderada criou a Guarda Nacional como força concorrente às tropas de linha. Sua criação quatro meses após a abdicação, em agosto de 1831, foi acompanhada de uma desmobilização do Exército. Para a Regência, o Exército havia se tornado um estorvo. Muitos de seus generais eram fiéis ao primeiro imperador e, por isso, a permanência do grupo no Brasil representava o terror da restauração. Já a tropa, ator político valioso na expulsão de d. Pedro I da cidade, logo nos primeiros meses da Regência, voltava a ser estigmatizada como "classe perigosa". Ainda que até o momento não tenha sido possível traçar um perfil do grupo, é sabido que essa "tropa" entrou nos conflitos de 7 de abril como aliada dos liberais exaltados e, como estes foram alijados da composição do novo governo, a tropa reabriu os conflitos, sublevando as ruas da cidade. Outro elemento menos lembrado nas análises desses conflitos foi a resistência imposta por oficiais e por uma tropa de pretos e pardos, livres e libertos. A mesma lei que criou a Guarda Nacional extinguiu as tradicionais milícias segregadas por cor e classe, até então uma das forças responsáveis pelo policiamento da cidade (Kraay, 2011; Silva, 2013).

O Exército estava desmobilizado. Na prática, isso significou uma redução drástica de seu efetivo, principalmente daquele estacionado no Rio de Janeiro, o que levou à dissolução de corpos militares e, por conseguinte, à redução dos postos de comando. Para se ter ideia da força dessa ação liberal, basta uma comparação simples. Em 1829, ao final do reinado de d. Pedro I, mas após o fim da Guerra da Cisplatina, o efetivo solicitado pelo governo foi de 18.116 homens, enquanto em 1836, último ano da Regência liberal, a solicitação foi de 6.320 homens.[4] Dados mais expressivos se pensarmos que esse efetivo foi solicitado quando o governo já enfrentava movimentos contestatórios em duas grandes províncias do Império: a Cabanagem, no Pará, e a Farroupilha, no Rio Grande do Sul.

A aposta da Regência liberal era na Guarda Nacional. Criada em agosto de 1831, apenas quatro meses após a abdicação, num ambiente político inteiramente conflagrado, a guarda era pensada como uma força de cidadãos armados. Pela letra da lei, o serviço era dirigido a todos os cidadãos brasileiros com idade entre 21 e 60 anos. Como, na época, a cidadania no Brasil era restritiva e o voto censitário, estava qualificado para a Guarda Nacional quem possuísse renda para ser eleitor. Ou seja, 200 mil réis anuais. O serviço era permanente, obrigatório e não remunerado. Os guardas arcavam com as despesas dos uniformes, só recebendo do governo os armamentos. Além do policiamento, a Guarda Nacional deveria auxiliar o Exército na defesa das fronteiras nacionais.[5]

A Guarda Nacional por muito tempo foi vista como uma força democrática – "o povo em armas". Essa imagem se deve ao caráter eletivo de seus postos, preenchidos por meio de voto individual e secreto em nível paroquial (Castro, 1979). Porém, na verdade, ela constituía uma milícia de cidadãos proprietários, estruturada em desafio à posição do imperador como chefe militar. A política

4 Para esses dados, ver os relatórios do Ministério da Guerra dos respectivos anos. Disponíveis em: <www-apps.crl.edu/brazil/ministerial>. Acesso em: 4 out. 2021.

5 A lei de 18 de agosto de 1831 está disponível em: <www2.camara.leg.br/legin/fed/lei_sn/1824-1899/lei-37497-18-agosto-1831-564307-publicacaooriginal-88297-pl.html>. Acesso em: 4 out. 2021.

moderada pretendia, a um só tempo, reduzir o risco de novos levantes militares e desmobilizar a instituição símbolo do autoritarismo do primeiro imperador. Na sua implantação, trabalharam civis e militares. Se o padre Diogo Feijó se tornou, por ser na época o ministro da Justiça, o nome mais associado à Guarda Nacional, é fundamental lembrar que, em abril de 1831, a família Lima e Silva assumiu a direção do Império. Francisco de Lima e Silva (pai do futuro duque de Caxias) foi um dos nomes escolhidos ainda no Campo da Aclamação para integrar a Regência Trina Provisória e, em junho, foi o mais votado para a Regência Trina Permanente. Um de seus irmãos, José Joaquim, foi nomeado comandante de armas da Corte e, meses depois, outro irmão, Manoel da Fonseca, tornou-se nada menos que ministro da Guerra (Souza, 2008).

A participação dos Lima – assim a família assinava seu nome – nessa política de desmobilização do Exército é muitas vezes incompreendida. Duas são as reações dos especialistas: ou se considera Francisco de Lima um antimilitar ou se realça o sentimento de hostilidade da elite pelo Exército para mostrar que ele, bem como outros oficiais, não tinha senão a opção de conformar-se. Sobre Francisco de Lima compartilhar a posição antimilitar da Regência – posição defendida por John Schulz –, lembro que a história da família desde pelo menos fins do século XVIII se organizava em torno do Exército. Foi servindo à Coroa, portuguesa ou brasileira, como militares, que os Lima conseguiram ingressar nos círculos mais próximos ao rei e ascender à alta posição em que se achavam em 1831. Além disso, Francisco de Lima teve quatro filhos e todos eram oficiais militares. Quando Francisco e Carlos Miguel, os mais jovens da família, iniciavam seus estudos superiores, a tão prestigiada carreira jurídica já contava com dois centros de formação no Brasil e, ainda assim, eles foram matriculados na Real Academia Militar (Souza, 2008).

A opção entre essas duas alternativas (serem antimilitares ou conformados) parte de um princípio que acredito ser equivocado: de que há uma oposição constituída e nítida entre militares e civis no Império. Essa distinção é resultado exatamente do processo de profissionalização do Exército, da formação de uma corporação militar, marcada por um *ethos* que separa os aspirantes à carreira e os opõe simbolicamente, através de um intenso processo de socialização, ao restante da sociedade – os civis (Castro, 1990). Isso não ocorria no início do século XIX. A Academia Militar, atualmente o lugar por excelência de formação desse *espírito militar*, funcionava precariamente: o sistema era de externato, misturava alunos militares e civis, não oferecia conhecimentos técnicos de qualidade e nem desenvolvia valores de disciplina, subordinação e solidariedade corporativa. Até as regras disciplinares existentes não diferiam das encontradas nos demais estabelecimentos educacionais. A ascensão na carreira na época dependia da prestação de serviços à Coroa e do investimento em uma rede de relações pessoais. Logo, os oficiais do Exército não se viam como parte de um "nós" – os militares – em oposição a um "eles" – os civis. Do mesmo modo, pode-se dizer que não havia uma aversão aos militares (Souza, 2008).

A luta então empreendida era dos liberais moderados – fossem eles militares ou civis – para, por um lado, frear os avanços de um liberalismo mais radical, que unia povo e tropa aos exaltados nas ruas da Corte, e, por outro, promover a descentralização político-administrativa a fim de desarticular instituições diretamente vinculadas a d. Pedro I. O Exército e a Justiça foram os alvos desses homens, e, nessa luta, se engajaram tanto tradicionais famílias de militares quanto de juristas com formação em Coimbra. Se, ao lado do general Francisco de Lima e Silva, Diogo Feijó criou a Guarda Nacional, em parceria com Bernardo Pereira de Vasconcellos, político oriundo de uma dessas famílias de juristas, escreveu manuais para orientar a ação dos juízes de paz, juízes leigos.

A guerra civil, o Exército e o "pacto fundamental"

Se entre 1831 e 1834 a Corte do Rio de Janeiro havia sido abalada por oito levantes militares e revoltas políticas, além de várias pequenas rusgas e conflitos, em fins de 1834 a situação se estabilizava. A desmobilização da tropa, a dura repressão aos exaltados, a morte de d. Pedro em Portugal e a aprovação do Ato Adicional começavam a surtir efeito e favoreciam, pelo menos inicialmente, os moderados. Nas províncias, porém, a agitação apenas começava. Desde 1832, um movimento capitaneado por lideranças restauradoras (chefes militares, padres e comerciantes lusos) se alastrava pelo interior de Pernambuco e Alagoas, incorporando índios, caboclos, brancos pobres e escravos, que ao fim de um ano já constituíam a base da revolta. De cunho messiânico, a Cabanada – como a revolta ficaria conhecida – pretendia restaurar o trono de d. Pedro I, defender a propriedade, ao mesmo tempo que lutava contra a miséria, a escravidão e as injustiças sociais. Usavam táticas de guerrilha, agindo na mesma região onde séculos antes cresceu o quilombo de Palmares. Três anos depois, em 1835, quando a revolta foi reprimida, outra rebentava no Pará – a Cabanagem. Envolvendo também camadas pobres da população, incluindo aí os escravizados, o movimento, dessa vez, sublevava centros urbanos e empunhava bandeiras exaltadas: críticas à centralização política e aos privilégios de grupos locais. Liderados por um militar, um redator e um lavrador, os rebeldes desafiaram a Regência, declarando-se independentes do Rio de Janeiro. A repressão então efetuada pelo general Francisco de Sousa Soares de Andréa foi avassaladora, considerada na própria época um genocídio.

Um ano depois, em 1837, era a vez de Salvador se sublevar. A Sabinada, como a revolta ficou conhecida, foi liderada pelos exaltados e, na verdade, dava sequência – e encerrava – a uma série de lutas que vinham sacudindo a Bahia desde finais do século XVIII, envolvendo, inclusive, alguns dos mesmos atores. Declararam a independência da Bahia e, durante o tempo em que ocuparam Salvador, libertaram os escravizados nascidos no Brasil, espalhando-se rapidamente por amplos setores da sociedade.

Em 1838, a revolta estourava no Maranhão e Piauí. Esse é o caso mais típico de lutas que tiveram início na elite e extravasaram para as camadas populares, ganhando, a partir de então, novos significados. Organizados em bandos armados, sob o comando de várias lideranças caboclas, na sua maioria vaqueiros, os revoltosos contaram ainda com a adesão de quilombolas, chefiados pelo negro Cosme Bento das Chagas. Em sua ação, os rebeldes lutavam contra a violência do recrutamento e os desmandos dos prefeitos, nova autoridade criada pela Regência de 1837. Por meio de rápidas investidas e, em seguida, embrenhando-se nas matas, inviabilizavam a repressão, tendo chegado em 1839 a tomar Caxias, segunda cidade do Maranhão em importância econômica. Para desbaratar o movimento, além da repressão armada, Luís Alves de Lima (futuro duque de Caxias), que pela primeira vez assumia o comando de um exército, teve de lançar mão de toda sorte de estratégias, do uso de espias ao suborno, cultivando ainda a cizânia entre os revoltosos.

Enquanto isso, no Rio Grande do Sul, desde 1835, estancieiros se insurgiam e, em pouco tempo, fundavam uma república – a República do Piratini. Ainda que não fosse objetivo inicial do movimento, a república durou nada menos que 10 anos, tendo mantido importantes conexões com a recém-criada República do Rio da Prata e com as províncias independentes de Corrientes e Santa Fé.

Esta foi a única revolta que se manteve, do início ao fim, sob controle da elite, com uma motivação econômica clara: protestavam contra o que julgavam ser impostos abusivos do governo monárquico sobre o charque.

Não por acaso, publicistas conservadores, ao longo do século XIX, tacharam esse período de anárquico ou, simplesmente, silenciaram essas lutas. Ainda em 1832, quando respondia pelo Ministério da Justiça, Diogo Feijó assumiu publicamente sentir "terrível vertigem" diante do "abismo horroroso que esta[va] a um só passo diante de nós" (Caldeira, 1999:93). Referia-se, então, aos levantes populares que incendiavam a Corte imperial. Mas não só. Havia ainda o pânico de que o "espírito revolucionário" sublevasse as senzalas, o que ocorreu no ano seguinte, em 1833, na província vizinha, Minas Gerais. O levante se deu em meio a um conflito intraelite, quando restauradores destituíram o presidente da província, prenderam autoridades e tomaram a capital. Contida a revolta, eclodiu o levante escravo na fazenda de um deputado moderado. Os cativos mataram toda a família, os empregados da fazenda e passaram a atacar as fazendas vizinhas. Ao que tudo indica, os escravos haviam sido insuflados por outro fazendeiro da região, tido como restaurador. Ao final da revolta, 17 lideranças escravas foram executadas.[6]

Ainda assim, outros levantes rebentariam. Os malês na Bahia, em 1835, dois anos antes da Sabinada, e a Revolta de Manoel Congo, no Rio de Janeiro, em 1838 espalharam o pânico entre a população livre. Enquanto a primeira mobilizou cerca de 600 escravos africanos islamizados, que tomaram de assalto a cidade de Salvador, a segunda rebentou em Vassouras, coração da região cafeeira em expansão no Vale do Paraíba.

A dinâmica política do Império – como já observou Ilmar Mattos – estava fundada na escravidão. Se, desde finais do século XVIII, a entrada de africanos sequestrados nos portos do Rio de Janeiro crescia exponencialmente para estruturar as plantações de café no interior da província, nos anos 1830, em franca expansão, essas fazendas demandavam vorazmente braços escravizados. Todavia, a partir de 1825, dada a pressão diplomática inglesa, que associou o reconhecimento da independência do Brasil ao fim do comércio negreiro, a entrada de africanos na cidade, após uma alta expressiva, caiu bruscamente (Florentino, 2015). Era a lei de 7 de novembro de 1831, aprovada em meio às reformas libe-

6 Para uma narrativa geral desses episódios, ver Morel (2003:56-66) e Assunção (2000).

rais, que começava a surtir efeito: não só proibiu o tráfico, como toda discussão que a antecedeu tornava a escravidão uma instituição moralmente condenada.

Essa lei, como prova uma historiografia mais recente, estava longe de ser uma "lei para inglês ver" (Mamigonian, 2017). Fosse em função das pressões britânicas, das revoltas escravas (no Brasil e nas Antilhas) ou por questões ideológicas, ou, ainda, pela soma de tudo isso, o fato é que, no Parlamento ou na imprensa, vozes se levantavam contra os efeitos do tráfico e do cativeiro. Após a lei de 1831, o governo liberal começou a espalhar cartazes pelas ruas do Rio de Janeiro, divulgando as multas e penas a que estavam sujeitos contrabandistas e proprietários que insistissem "no horrível crime de vender e comprar homens livres" e, em meados da década, a censura ensejou projetos contra o comércio e a manutenção da própria escravidão (Parron, 2011:97).

A repressão ao comércio de africanos foi efetiva. Ainda em maio de 1830, João Loureiro, filho do conselheiro Manuel José Gomes Loureiro, escreveu ao tio, afirmando que o "receio dos proprietários de terra com a abolição da escravatura [*sic*] pôs a todos empenhados com os vendedores de escravos" (Amaral, 1999:145).

Ao avanço dessas lutas e de uma pauta progressista, debatidas por uma imprensa mais radical e no Parlamento, onde inclusive "homens de cor" – para usar expressão da época – se engajavam para defender uma sociedade fundada exclusivamente "nas virtudes e méritos" de seus cidadãos, correspondeu uma reação (Grinberg, 2002).

O ano de 1835 é, nesse sentido, um divisor de águas. O interior de Pernambuco e Alagoas ainda estava tomado pelos cabanos, os revoltosos do Pará se sublevavam e os malês tomavam Salvador. Enquanto isso, na Corte imperial, as reformas liberais de cunho descentralizador entravam em vigor após a aprovação do Ato Adicional no ano anterior, e os projetos antiescravagistas avançavam. A súbita morte de d. Pedro I, em setembro de 1834, esvaziava a causa restauradora e, diante desse quadro, as rearticulações políticas começavam. Bernardo Pereira de Vasconcellos, até então aliado de Diogo Feijó nas lutas liberais, assumiu a direção da oposição para frear o que passava a considerar os "excessos da liberdade". Rapidamente conseguiu capitanear uma rede de alianças políticas e sociais, de fazendeiros e vereadores do eixo Rio-São Paulo-Minas, que já vinha sendo mobilizada em favor da estabilidade institucional da escravidão (Parron, 2011:18, 130).

Dessa aliança, surgiu o Regresso Conservador – ou, simplesmente, Regresso, núcleo do futuro Partido Conservador. Se, como propõe Ilmar Mattos (1990:252), o Rio de Janeiro funcionou durante o período das regências como um laboratório, onde medidas eram testadas para, em seguida, serem aplicadas à administração geral, eu acrescentaria: ideias eram testadas, e jovens foram treinados (Souza, 2008:183). Para disputar com seus antigos aliados liberais a direção dos negócios públicos, Vasconcellos logo se fez cercar por um grupo de jovens políticos: Honório Hermeto Carneiro Leão, Eusébio de Queirós, Joaquim Rodrigues Torres, Paulino José Soares e, no campo militar, Luiz Alves de Lima e Silva, Sebastião do Rego Barros e Manoel Felizardo de Souza e Mello. Excetuando-se Rego Barros, todos os outros foram saudosamente lembrados por Luiz Alves, ao final da vida, como aqueles que haviam sustentado a *igrejinha* quase desmoronada em 7 de abril.[7]

Em 1837, quando o Regresso Conservador ascendeu à direção do Império por meio da eleição de Pedro de Araújo Lima (desde 1834 o formato era de regência una), o grupo passou a agir em várias frentes – por meio de discursos no Parlamento, da imprensa e decretos – a fim de abrir espaço para seu projeto, que tinha por meta realizar uma ampla reforma no Judiciário e nas instituições militares. Como bradava Vasconcellos na Câmara dos Deputados, em 1838, era preciso associar a liberdade à segurança, à ordem (Mattos, 1990:152). Numa dobradinha com Carneiro Leão, atraía todas as atenções dentro e fora do Parlamento, revolvendo o terror da "vertigem revolucionária" para, por meio dele, exigir mais força para o Estado. À frente do Ministério da Guerra estava Sebastião do Rego Barros. Com apenas 34 anos de idade, seguindo a política de Vasconcellos, o ministro iniciou o ano legislativo de 1838 apresentando aos deputados várias queixas dos presidentes de província. Para ele, não havia dúvidas: o Império se ressentia da "falta de tropa de linha" e era "urgentíssimo em face do desmantelamento em que se acha o Exército [...] se lhe dar nova organização" (Relatório do Ministério da Guerra, 1838).

Rego Barros pedia um efetivo de 15 mil homens, mas os deputados resistiam. Acusavam-no de tudo querer arrostar pela força, de tentar arrancar a reforma militar à Câmara pelo "terror", afirmando ainda que, nesse gabinete

7 Alguns deputados se referiam a essa nova geração como "criançolas", "cujas suíças e barbas mal conseguiam dar a impressão de idade provecta" (Freyre, 1977:241-242).

a que pertencia, não se ouvia senão o "barulho das armas". Em resposta, os regressistas exploravam sem cessar as "criminosas" rebeliões que convulsionavam o Império.[8] Acusavam os liberais de conivência com as revoltas, algumas das quais – na avaliação do Regresso – misturavam escandalosamente em suas fileiras brancos proprietários, pretos, caboclos e quilombolas. Essa diluição das fronteiras sociais colocava em risco a escravidão e, após a Proclamação de uma república entre os rio-grandeneses, um ano antes, em 1836, a monarquia também parecia ameaçada.

Era para defender essas instituições – a escravidão e a monarquia – que o Regresso Conservador reclamava a reestruturação do Exército. Honório Carneiro Leão se esforçava para mobilizar os conservadores, mas queixava-se do "desânimo das maiorias" perdidas em "debates intermináveis" (Souza, 1999:92). Travava-se uma luta diária no Parlamento e o primeiro resultado mais concreto viria apenas dois anos depois, quando finalmente se aprovou uma proposta que elevou o efetivo do Exército para 14.390 praças. Mesmo que, na prática, em função dos limites do recrutamento, essa força não tenha sido inteiramente mobilizada, a decisão, que viabilizou o decreto de reorganização do Exército, mostra que os deputados cederam e aprovaram mais que a duplicação da tropa de linha.[9]

Como um todo, porém, o projeto militar conservador só ganhou força suficiente para sair do papel com a antecipação da maioridade de d. Pedro. A coroação do imperador ocorreu em 18 de julho de 1841. Em dezembro, a Secretaria de Estado dos Negócios da Guerra foi reformada, acontecendo o mesmo, um mês depois, em janeiro de 1842, com a Secretaria de Marinha. A reforma ampliou claramente o poder de controle das secretarias, criando seções específicas, destinadas à organização: (1º) de um arquivo militar, (2º) de um livro mestre de matrícula de oficiais e (3º) dos armamentos e equipamentos dos arsenais e fortificações do Império. Além disso, a reforma substituía a Contadoria do Arsenal de Guerra por uma Contadoria Geral, situada no Rio de Janeiro, abrindo a possibilidade – sempre que preciso – de criação de comissários fiscais adidos às tesourarias provinciais. Caberia a estes fiscalizar as despesas do Ministério da

---

8 *Anais da Câmara dos Deputados*. Sessões de 23 de junho de 1837 e 15 de junho de 1838.

9 Decreto de 22 de fevereiro de 1839. Disponível em: <www2.camara.leg.br/legin/fed/decret/1824-1899/decreto-30-22-fevereiro-1839-536478-publicacaooriginal-27044-pe.html>. Acesso em: 19 out. 2021.

Guerra em cada província. Meios de controle administrativo que, após a eclosão das rebeliões liberais de São Paulo e Minas Gerais, em 1842, avançariam com mais facilidade, dando origem a novos instrumentos burocráticos, que podiam ou não ser acionados pela monarquia.[10]

Não se tratava, é certo, de um projeto de modernização fundado em princípios meritocráticos com vistas à profissionalização da carreira. Essa reforma era basicamente administrativa, pretendia reorganizar as instituições militares do Império e, ao mesmo tempo, submetê-las a um controle mais rigoroso. Daí a opção por também reformar – e não extinguir – a Guarda Nacional. Ela não constituía um entrave ao desenvolvimento do Exército e, nesse sentido, o convívio entre as duas forças, subordinadas a partir de então ao poder central, configurava a nova política militar do Império (Souza, 1999).

Da guerra civil surgia, assim, um arranjo institucional novo, comprometido com a preservação de fronteiras sociais racializadas, que hierarquizava a população a partir de uma miríade de variações de cor (brancos, pretos, pardos, mas também cabras, caboclos etc.), e – após a aprovação da lei de 1831 – com a defesa do contrabando de africanos e a garantia da propriedade ilegal dessas pessoas escravizadas (Mamigonian, 2017).

Daí a importância de uma profunda reforma político-administrativa de instituições do Judiciário e militares. Essas instituições, erguidas a partir do engajamento de um grupo de homens em embates parlamentares e na guerra civil, poderiam ser usadas no combate cotidiano às revoltas populares, à oposição liberal, mas também na garantia da "reabertura do tráfico de escravos sob a forma de contrabando em nível sistêmico, isto é, aceito verticalmente no país", protegido pelo Estado (Parron, 2011:18).

Enquanto Bernardo Pereira de Vasconcellos e Honório Hermeto Carneiro Leão exigiam mais força militar para o Estado e passavam a defender publicamente o tráfico negreiro como questão de soberania nacional e o cativeiro como condição de preservação da prosperidade econômica do Império, Luís Alves de Lima e Silva era bem remunerado pela Coroa após a repressão à Balaiada: foi promovido a brigadeiro, primeiro posto do generalato, entrou para a nobiliarquia brasileira como barão de Caxias – cidade centro da resistência balaia – e

10 Uma série de decretos efetuando essa reforma foram publicados na *Coleção de Leis do Brasil* de 1841. PDF disponível em: <https://bd.camara.leg.br/bd/bitstream/handle/bdcamara/18320/colleccaoleis1841%20 parte2.pdf?sequence=2&isAllowed=y>. Acesso em: 19 out. 2021.

foi homenageado pelo poeta, amigo e secretário, Gonçalves de Magalhães, com uma ode, intitulada "Ode ao pacificador" (Souza, 2008).

Não por outra razão, Justiniano José da Rocha, publicista conservador, afirmou em 1855 que a consolidação do Estado só foi possível pelo "profundo desejo de ordem" dos brasileiros, que os uniu em um "pacto fundamental" (Magalhães Júnior,1968:215).

O Estado monárquico e a política de pacificação

O Partido Conservador, apoiado pela máquina administrativa do Estado e, depois do Golpe da Maioridade, em 1840, pelo prestígio da Coroa, foi eficiente na produção de memórias sobre essas disputas políticas. Expandindo suas bases sociais, construiu a imagem do brasileiro como povo pacato, avesso a conflitos, generalizou esse "profundo desejo de ordem" como sendo de todos os brasileiros e romantizou o Segundo Reinado e a figura do imperador. Mesmo a historiografia, por vezes, ainda enfatiza os anos 1850 como período de conciliação, de paz social e triunfo da modernização. Nessa narrativa, d. Pedro II é retratado como figura paternal, que se manteve acima das disputas políticas. Um monarca que encarnava os interesses nacionais, amigo dos avanços técnicos e da ciência.

Do ponto de vista militar, essa espécie de mitologia conservadora afirma que a conciliação nacional levou o Império a se dedicar à política externa e, assim, a deslocar o Exército para a defesa das fronteiras no sul do Brasil. Todavia, nos últimos anos, várias pesquisas vêm demonstrando que as tensões sociais – relativas ao mundo dos homens livres ou produzidas numa zona opaca entre a liberdade e a escravidão – persistiram, não só fazendo eclodir movimentos populares (Dantas, 2011), como tensionando as relações entre os nascentes Estados nacionais no Prata. Até a eclosão da Guerra do Paraguai, como argumenta Grinberg (2019), tem raízes na defesa dos interesses escravocratas.

Vou me ater aqui às tensões referentes à parcela livre da população. Se, para combater os movimentos contestatórios dos anos 1830, os conservadores recuperaram o Exército, iniciando uma reforma administrativa, nos anos seguintes aprofundaram essa reforma (Souza, 1999). Com o apoio da Coroa, fizeram da pacificação – palavra de ampla circulação – uma política de Estado. No discurso de abertura dos trabalhos legislativos de 1850, referindo-se à Revolução Praieira, último grande movimento liberal, d. Pedro II agradeceu a deputados e senadores o apoio conferido à pacificação desses "desgraçados acontecimentos" e, em seguida, solicitou que "habilitassem o governo a aumentar a força do Exército e da Marinha", dando-lhes "uma organização mais regular e vigorosa".[11]

Abraçando o projeto militar conservador, a Coroa avançava na pacificação do Brasil. Durante sua ação na repressão à Balaiada e, nos anos seguintes, aos liberais de São Paulo, Minas e aos Farrapos, no Rio Grande do Sul, o então conde de Caxias não só se consolidava como liderança militar do Partido Conservador como firmava um modo de atuação militar no combate a movimentos contestatórios. Comparada à brutalidade usada pelo general Andréa contra os cabanos no Pará, a repressão empreendida por Caxias era moderada. Afirmar isso não significa negar a violência, mas chamar atenção para formas de exercício da violência. Primeiro, seu emprego era sempre hierarquizado, dependendo da "qualidade" do cidadão que estivesse diante das tropas. Depois, empregava também espias, espalhava a cizânia entre os revoltosos, subornava lideranças e premiava com anistia aqueles que se submetessem às forças de repressão (Souza, 2008).

Em 1849, estratégias semelhantes foram também acionadas por Carneiro Leão, em Pernambuco. Como presidente da província, às voltas com a Revolução Praieira, afirmava que o "movimento político cessou" e que, naquele momento, restavam apenas "homens ferozes" que resistiam ao "mais amplo perdão". Tentava, assim, justificar não apenas sua decisão de remunerar quem prendesse ou matasse os líderes rebeldes como a de exigir que a população que vivia nas matas se apresentasse ao comandante de armas na capital. Do contrário, seriam todos tratados como rebeldes (Oliveira, 2018:255).

A violência, bem como a visão hierarquizada da sociedade, é inegável. Na época, a oposição liberal já denunciava esses fatos na imprensa. Todavia, essas ações evitavam massacres. Não porque reconhecessem os direitos dos cidadãos (desde a Constituição de 1824, esse era o estatuto de todos esses homens); o que estava em jogo, como afirmou d. Pedro II no mesmo discurso em que solicitou ao Parlamento que aumentasse o efetivo do Exército, era pensar um "modo de suprir à lavoura os braços que lhe vão faltando".

---

11 Sessão de 6 de fevereiro de 1850 – Fala do Trono. Disponível em: <www2.senado.leg.br/bdsf/bitstream/handle/id/562127/Falas_do_Trono_1823-1889.pdf>. Acesso em: jul. 2021.

Pacificar era também incorporar esses caboclos, pretos, pardos e indígenas como população rural empobrecida para a exploração privada (Souza et al., 2017:11), demanda ainda mais urgente após a proibição do tráfico negreiro. Para tanto, lançavam mão de uma retórica civilizatória, difundida por ofícios de autoridades civis e militares: era preciso "domar esses homens ferozes" ou "ensinar a obediência a essas ordes [*sic*] selvagens".

Não era só na experiência brasileira, porém, que os líderes do Partido Conservador pautavam sua política. Modelos de colonização militar implantados pela Rússia e Áustria em suas colônias eram estudados. Notícias sobre a colonização da Argélia circulavam na imprensa. Como mostra Maria Luiza de Oliveira, o debate era amplo. Livros franceses consideravam que a "pacificação deveria trazer uma segurança durável para o comércio", sendo obra que "abraça o futuro" (Oliveira, 2017:201). Em 1850, ano em que o Parlamento aprovou a ampliação do efetivo do Exército, foi implantada no Pará a primeira colônia militar brasileira. O então ministro da Guerra, Manoel Felizardo de Souza e Melo, quadro importante dos conservadores, defendeu que o Estado precisava estar bem armado e, em sua argumentação, não enfatizava mais as revoltas. O ministro defendia o Exército como "instituição reabilitadora de alguns elementos nacionais", que deveria assumir a "difícil tarefa de lutar contra a independência do homem do campo" (Souza, 1999:129).

Em 1860, 10 anos depois, 16 colônias militares já tinham sido instaladas pelo Império. Mapeando geográfica e socialmente o território, na implantação das colônias os conservadores priorizavam regiões com histórico de revoltas. Esses locais foram descritos como "campos de trabalho compulsório". Inclusive, nas regiões de população indígena, os militares passaram a trabalhar apoiando os missionários. Mas sua atuação ia além. O Exército tornou-se responsável pelo serviço de policiamento das províncias e seus oficiais passaram a ser nomeados para os cargos de delegado e subdelegado, cargos importantes no aparelho repressivo do Estado, vinculados ao Ministério da Justiça (Oliveira, 2017).

Conserver, pacifier, coloniser. Esses termos dão título a um livro francês sobre a Argélia, mas também definem bem o projeto político conservador.[12] Ao tornar a pacificação política de Estado, os conservadores, como observou Ilmar Mattos (2005), transformaram o ministério em "metrópole" para promover a

12 O livro foi publicado em 1838 por Léon Blondel, um oficial francês. Ver Oliveira (2017:201).

conquista e ocupar o território. Pacificar o Império significava fazer a guerra para preservar determinado tipo de ordem social, mais satisfatória ao agente pacificador, que a apresentava, porém, como a única possível, naturalmente legítima (Souza et al., 2017:11). Na execução desse empreendimento, da obra pacificadora, o Regresso Conservador, também conhecido como Partido da Ordem ou simplesmente Partido Conservador, precisava armar o Estado e, para isso, reestruturou o Exército desmobilizado pelos liberais em 1831 – ou seja, criou o Exército brasileiro.

A primeira grande guerra travada pelo Exército brasileiro ocorreria apenas nos anos 1860. Até lá, os inimigos por excelência desses militares eram parcelas inteiras da população brasileira, cidadãos do Império, que eles aprenderam a olhar, cotidianamente pelas lentes da retórica civilizatória como "ordes [*sic*] de selvagens", a quem deviam ensinar a obediência pela força e submeter pelo trabalho – política de Estado que estava em perfeita consonância com os interesses dos grandes proprietários em época de extinção do tráfico negreiro e de gradativo isolamento do Brasil como país escravocrata.

O Exército brasileiro constituía-se, assim, como instituição não para defender a soberania da nação brasileira; foi erguido em meio à repressão violenta à oposição liberal, a projetos políticos alternativos, a caboclos, indígenas, pretos e pardos livres – volto a lembrar, na imensa maioria cidadãos brasileiros – para assegurar a integração de uma sociedade profundamente desigual, fundada na escravidão, no trabalho compulsório e na preservação de privilégios sociais herdados dos tempos coloniais.

2. Os militares e o golpe republicano de 1889

*Celso Castro**

Na quarta-feira 23 de outubro de 1889, o tenente-coronel Benjamin Constant Botelho de Magalhães recebeu um "convite especial" de uma comissão de alunos da Escola Militar da praia Vermelha, no Rio de Janeiro, para comparecer a um banquete na escola em homenagem aos oficiais do cruzador chileno *Almirante Cochrane*, que estava no Brasil em missão oficial para participar dos festejos das bodas de prata dos príncipes imperiais. Benjamin havia sido desligado da Escola Militar no início daquele ano, quando ela foi dividida e desdobrada em uma Escola Superior de Guerra, para onde foram transferidos os cursos das armas "científicas" – artilharia e engenharia, incluindo todos os alunos dos anos mais adiantados –, permanecendo na praia Vermelha apenas os cursos de infantaria e cavalaria.[1] Segundo o relatório do ministro da Guerra de 1889, a criação da nova escola faria desaparecer a "promiscuidade" hierárquica entre alunos praças de pré (dos anos iniciais) e alferes-alunos (dos anos superiores), segundo ele, muito prejudicial à disciplina.

Homenageados e convidados chegaram à escola no final da manhã, visitaram suas dependências, assistiram a uma exibição de esgrima dos alunos e posaram para uma foto.[2] Iniciou-se então o banquete, servido em três mesas. Além dos oficiais chilenos e do comandante da escola, estava presente, representando o

---

* As ideias desenvolvidas neste capítulo são basicamente oriundas de minha pesquisa de doutorado, desenvolvida no Programa de Pós-Graduação em Antropologia Social do Museu Nacional/UFRJ sob a orientação de Gilberto Velho e publicada em livro pela editora Zahar em 1990, com o título de *Os militares e a República: um estudo sobre cultura e ação política*. O capítulo sintetiza ou reproduz partes dessa publicação, porém reorganizadas e com revisões, modificações e inclusões feitas para este livro.

1 Essa Escola Superior de Guerra, que seria extinta em 1898, não guarda continuidade histórica ou semelhança de forma com a de mesmo nome, criada em 1949 e que existe até hoje.

2 Para uma descrição do evento, ver *O País* do dia 24 e *Cidade do Rio* do dia 26, que publicaram notas a respeito.

governo brasileiro, o ministro interino da Guerra, Cândido de Oliveira.[3] Na primeira mesa do banquete, autoridades chilenas e brasileiras trocaram brindes previstos no protocolo. Na segunda mesa, já ao cair da tarde, uma surpresa: Benjamin Constant foi saudado pelo aluno Vicente de Azevedo, que terminou, sob aplausos dos colegas, com um "Viva o mestre Benjamin Constant!". Seguiram-se vivas, palmas e flores que duraram mais de 15 minutos, diante de um ministro, um comandante da escola e de oficiais chilenos atônitos.

Benjamin decidiu "fazer a hora" e assumir o papel que a "mocidade militar" lhe oferecera: tomou a palavra e, após sublinhar que estava ali a convite dos alunos, fez uma saudação exaltada à "mocidade militar",

> que tem sabido aliar a sã cultura científica e técnica indispensável à sua digna adaptação à árdua, mas nobilíssima carreira a que se destina, com a esmerada cultura dos nobres e delicados sentimentos que mais honram a natureza humana, nobilitando assim no soldado a alma do cidadão. É que ela tem sabido compreender que essa larga instrução científica, moral e cívica levada muito além dos planos do ensino oficial é ainda mais necessária que a instrução militar para o bom desempenho dos altos destinos sociais e políticos que, neste século, os exércitos são chamados a desempenhar no seio das nações.[4]

Em seguida, desferiu um ataque frontal ao governo, "falando francamente sobre os desagradáveis conflitos entre o Exército e o poder, que foi sempre, como disse, o provocador desses conflitos". Concluiu afirmando que o Exército brasileiro não era composto de janízaros – referência à tropa de elite do Império otomano, cuja lealdade era devotada ao sultão, não à nação – e que, "sob a farda de cada soldado, pulsa o coração de um cidadão e de um patriota!".[5]

Afrontado com tamanha quebra de protocolo e de hierarquia, o ministro da Guerra retirou-se antes de Benjamin terminar seu discurso, que durou quase uma hora. Ao final, Benjamin foi saudado, segundo jornais do dia seguinte, de forma "entusiástica e delirante"; sua filha Bernardina registrou em seu diário que "os alunos e quase a escola em peso aplaudiu-o muito com palmas, vivas e

---

3 Ele substituía o visconde de Maracaju, que estava doente e que reassumiria o cargo em 12 de novembro.

4 Há um rascunho do discurso no Arquivo Benjamin Constant, Museu Casa de Benjamin Constant (código BC, REP/Magalhães, B. C. 8891023, doc. 1).

5 A frase aparece em diversas fontes (p. ex. Magalhães Júnior, 1957, v. II:35).

flores, e até as senhoras foram cumprimentá-lo e jogar-lhe flores".[6] Segundo o aluno José Bevilacqua, Benjamin teria saído da escola dizendo aos jovens militares que o cercavam: "Arre! Desabafei! Isto valeu por cinco ou seis sessões!" – uma referência a uma esperada sessão do Clube Militar que Benjamin (então vice-presidente) e os jovens associados queriam convocar para discutir a situação da "classe militar" na conjuntura política, porém até então negada pelo general Deodoro, presidente do clube.[7] Segundo um documento reservado do comandante da 2ª Brigada, enquanto o ministro e os oficiais que o acompanhavam se retiravam, "houve dentro do edifício [...] vivas inconvenientes e ouvidos pelo povo que se achava à porta da mesma e pelas praças dos regimentos que se achavam em frente": os alunos gritavam "Viva a República... do Chile", forçando a pausa para marcar a intenção.[8] Em êxtase, os alunos e jovens oficiais improvisaram então um baile que varou a noite.

O inesperado discurso de Benjamin havia sido uma homenagem à "mocidade militar" e estava impregnado de sentido para esses jovens militares que, como veremos, consideravam-se acima de tudo "científicos", mais que militares. Além disso, o discurso fora público, pronunciado diante do ministro da Guerra. Benjamin, ao tratar dos conflitos entre Exército e governo, assumira uma posição de desafio político e criara um fato consumado que procurava fazer renascer uma nova fase da Questão Militar de 1886-1887, agora numa versão mais radical.[9]

Esse discurso pode ser lido como a certidão de nascimento do "soldado-cidadão", destinado a desempenhar um importante papel nos "altos destinos sociais e políticos" da nação. Esse personagem teria forte presença na República que em poucos dias surgiria através de um golpe de Estado bem-sucedido. Marca de origem ou pecado capital da República no Brasil, esse soldado-cidadão está, desde então, no âmago do messianismo militar que, por várias vezes, pretendeu "salvar" a nação, em seu nome.

---

6 Para as referências, ver Castro e Lemos (2009). Os originais encontram-se no Museu Casa de Benjamin Constant.

7 Ver o artigo de José Bevilacqua na *Gazeta de Notícias* (17 jul. 1890).

8 Para os "vivas inconvenientes", ver Holanda (1972:359).

9 "Questão Militar" foi o nome dado a uma série de conflitos entre militares e o governo iniciados em agosto de 1886 e que se prolongaram até maio de 1887.

Golpe ou "proclamação"?

O 15 de novembro é um dos feriados nacionais menos evocativos. Menos que Tiradentes, menos que o 7 de setembro. Sem heróis, sem mortes, sem desfiles de estudantes nem paradas militares. Apenas uma "proclamação", um anúncio público de que a monarquia chegara ao final e fora substituída pela república. Para a maioria da população, tratava-se de um evento que não lhe dizia respeito e ao qual assistira, na expressão de Aristides Lobo, um jornalista republicano da época, "*bestializado*, atônito, surpreso, sem conhecer o que significava."[10] Essa descrição – de um republicano convicto, note-se bem – é confirmada pelo correspondente do jornal *The New York Times*: "*No one seemed greatly excited*"; passando pela rua Primeiro de Março, os vitoriosos deram vivas e confraternizaram com civis, "*but there were no wild demonstrations of joy. The people, as a rule, were rather constrained, and looked and acted in a dazed, apathetic way*".[11]

O fácil sucesso do golpe republicano coloca algumas armadilhas à nossa percepção histórica do evento. É fácil imaginarmos que a república era inevitável, uma etapa necessária da "evolução" da sociedade brasileira. Também podemos pensar que os principais protagonistas do movimento – na linguagem da época, a "classe militar" – atuaram de forma unida e coesa. Se assim tivesse sido, seria fácil explicar a falta de reação por parte do governo e o modo indiferente com que a maioria da população assistira aos acontecimentos.

Não é essa a história que aqui resumirei. Para termos um quadro mais preciso do que se passou em 15 de novembro de 1889, é necessário, em primeiro lugar, recuperar o grau de *risco político* envolvido na conspiração. Não havia certeza quanto aos resultados do golpe de Estado, principalmente porque não havia unidade entre os militares. De fato, apenas uma pequena fração do Exército, e com características muito específicas, esteve ativamente envolvida na conspiração republicana.

---

10 *Diário Popular* (SP), 18 nov. 1889. Sobre a participação popular nas primeiras décadas republicanas e a crítica à ideia de que a população brasileira era de fato "bestializada", a referência obrigatória é o trabalho de José Murilo de Carvalho (1987).

11 "The fall of dom Pedro", *The New York Times*, 16 dez. 1889. Em trad. livre: "Ninguém parecia muito interessado, não havia nenhuma demonstração calorosa de alegria. Ao contrário, o povo, como usual, estava constrangido. Olhava e agia de forma meio desnorteada, apática".

O golpe de 1889 – ou a "Proclamação da República", como passou à história – foi um momento-chave no surgimento dos militares como protagonistas no cenário político brasileiro. Havia muitos republicanos civis no final do império, mas eles estiveram praticamente ausentes da conspiração. O golpe republicano foi militar, em sua organização e execução. No entanto, ele foi fruto da ação de apenas *alguns* militares. Quase não houve participação da Marinha, nem de indivíduos na base da hierarquia militar (os "praças", como os soldados, cabos ou sargentos). Mesmo em relação ao Exército, também estiveram ausentes oficiais situados no topo da hierarquia. Entre os generais, apenas Deodoro participou. Os oficiais superiores que se revoltaram podiam ser contados nos dedos, e o que mais se destacou entre eles não exercia posição de comando de tropa: o tenente-coronel Benjamin Constant, professor de matemática na Escola Militar que preferia andar à paisana e que, em seus títulos de eleitor, disponíveis em seu arquivo pessoal, assinalava "magistério" como profissão, e não a carreira militar.

Quem foram, então, os militares que conspiraram pela república e se dirigiram ao Campo de Santana na manhã do dia 15 de novembro de 1889 dispostos a derrubar o Império? Basicamente, um conjunto de oficiais de patentes inferiores do Exército (alferes-alunos, tenentes e capitães) que possuíam educação superior ou "científica" obtida durante o curso da Escola Militar, então localizada na praia Vermelha, Rio de Janeiro. Na linguagem da época, eles eram a "mocidade militar".

Minha versão dos acontecimentos difere em pontos importantes das opiniões disponíveis na bibliografia histórica sobre o tema. Em algumas versões, Deodoro aparece unindo simbolicamente todo o Exército, outras vezes representando apenas os oficiais mais ligados à tropa, chamados de "tarimbeiros", geralmente sem estudos superiores e que constituíam a maior parte da oficialidade. Minha visão de Deodoro é a de um chefe militar levado ao confronto com o governo motivado pelo que imaginava ser a defesa da "honra" do Exército e por algumas particularidades da política do Rio Grande do Sul, que havia chefiado havia pouco; não por convicções republicanas. Pouco antes do golpe, reuniu-se em torno de Deodoro, e contra o governo, um grupo muito pequeno de oficiais de patentes médias.

A historiografia tradicionalmente destaca a liderança que Benjamin Constant exercia sobre os alunos formados na Escola Militar da praia Vermelha, por ter sido durante muitos anos seu professor de matemática. Ele seria o "mestre", "líder", "catequizador" ou "apóstolo", desses militares. Para alguns autores, principalmente os vinculados à tradição positivista, Benjamin e seus jovens liderados teriam sido o principal elemento na conspiração. Minha perspectiva, no entanto, focaliza não o "líder" ou "mestre", mas seus pretensos "liderados" ou "discípulos". Ao invés de assistirmos a Benjamin Constant catequizando os jovens da Escola Militar, encontramos a "mocidade militar" seduzindo-o e convertendo-o para o ideal republicano. Atribuo à "mocidade militar", portanto, o papel de principal protagonista da conspiração republicana no interior do Exército.

Quem eram esses militares? Por que se envolveram numa conspiração republicana? Como o movimento se desenvolveu e levou ao golpe que pôs fim à monarquia? Acima de tudo, devemos perceber como se articularam, nesse caso histórico específico, cultura e ação política. Estou interessado em compreender como se efetivou, entre esses militares, um *projeto* de República, que relações ele tinha com a *cultura* específica a esse grupo e que estratégias de *ação política* foram seguidas para implementá-lo. Estou usando um conceito antropológico de *cultura* – entendida, nesse contexto, como estruturas de significado pelas quais damos forma à nossa experiência (Geertz, 1989:206-207); *ação*, como conduta prevista, baseada num projeto preconcebido (Schutz, 1979), no caso, orientada para a *política*, uma arena na qual as estruturas se desenrolam publicamente. A noção de *projeto* – conduta organizada para atingir objetivos específicos – enfatiza o caráter consciente da ação (Geertz, 1989:206-207). Isso não quer dizer que seja uma ação totalmente racional ou que elementos inconscientes não sejam importantes, e sim que o projeto é um instrumento básico para a negociação da realidade e a construção de identidades sociais.[12]

A "mocidade militar" e o Tabernáculo da Ciência

Benjamin Constant recebeu, nos dias que antecederam o golpe, seis abaixo-assinados secretos que posteriormente ficaram conhecidos como "pactos de sangue". Um exame dos 173 signatários desses documentos permite-nos ter uma boa noção de quem eram seus "liderados". Há entre eles apenas dois oficiais

12 Para essa perspectiva teórica, ver Geertz (1989), Schutz (1979) e Velho (1981).

superiores, 13 capitães, 37 tenentes, 120 alunos de escolas militares e um cuja patente não foi possível identificar. Ou seja, a grande maioria é de militares em início de carreira e ainda estudantes. Examinando as unidades a que eles pertenciam, temos 110 alunos da Escola Militar da praia Vermelha ou da Escola Superior de Guerra e 48 da 2ª Brigada do Exército, além de 15 não especificados. As duas escolas de formação de oficiais respondem, dessa forma, por aproximadamente 2/3 do total, e a 2ª Brigada, com quase todos os oficiais tendo sido formados na Escola Militar, pelo terço restante. Desse modo, praticamente a totalidade dos que assinaram os "pactos de sangue" é composta de militares que ainda estudavam nas duas escolas superiores de formação de oficiais do Exército e oficiais das patentes inferiores (tenentes e capitães), recém-egressos dessas escolas militares.

Consegui estabelecer dados biográficos para uma parte dos assinantes desses "pactos de sangue". É marcante a predominância de pessoas oriundas das províncias do norte do país (da Bahia ao Amazonas), excetuando-se uma representação significativa (talvez entre 15% e 20%) de alunos naturais do Rio Grande do Sul. Além disso, o membro típico da "mocidade militar" tinha menos de 30 anos ao ser proclamada a República e estudou na Escola Militar da praia Vermelha no período posterior a 1874 (quando a escola foi reaberta após ter estado fechada durante a Guerra do Paraguai). Muitos ainda eram alunos em 1889; se já fossem tenentes, teriam sido promovidos pouco antes. É, portanto, fundamental, para compreendermos a formação desses jovens, conhecermos como era sua experiência na Escola Militar da praia Vermelha.

Embora não tenhamos muitos dados sobre a origem social dos alunos, parece evidente que a maioria não pertencia à elite econômica do Império. Durante todo o Império, a Escola Militar foi o único estabelecimento de ensino superior efetivamente gratuito (de fato, os alunos ainda recebiam para estudar). Já a Escola Naval tinha a exigência do "enxoval", o que na prática inviabilizava o ingresso de jovens que não fossem parte da elite. Dessa forma, a Escola Militar representava uma rara oportunidade de ascensão social para jovens oriundos de famílias socialmente mais modestas.

Para a maioria dos estudantes militares, que vinha das províncias menos desenvolvidas do país, chegar à Corte pela primeira vez implicava não apenas um deslocamento espacial, mas principalmente *cultural*. Ocorria o contato com um tempo social distinto: mais "moderno", "adiantado" e "veloz", a fazer contraste com um tempo mais "lento" e "atrasado", quase ainda colonial, que se vivia nas províncias. Afastados da terra natal, ao ingressar na Escola Militar esses jovens passavam a ter como grupo básico de referência não mais suas famílias e sim os outros alunos, entre os quais desenvolvia-se intensa convivência cotidiana. Havia uma marcante concentração de interações dentro do próprio grupo de pares, reforçando seu espírito de corpo.

Outros dois poderosos elementos de coesão social eram a mentalidade "cientificista" predominante na cultura escolar e a importância dada ao mérito pessoal. Esses elementos culturais, na minha perspectiva, informaram a ação política que levou ao fim da monarquia e à instauração de um regime republicano no Brasil.

A supervalorização da ciência, ou "cientificismo", expressava-se na própria maneira pela qual os alunos se referiam informalmente à escola – "Tabernáculo da Ciência" –, deixando desde logo evidente a alta estima que tinham pelo estudo das ciências. É importante observar que a Escola Militar foi durante muito tempo a única escola de engenharia do Império. Era conhecida por sua dificuldade, especialmente devido ao forte ensino de matemática, e os estudos teóricos mereciam maior atenção do que os estudos práticos. Havia uma clara superioridade no currículo do estudo das armas chamadas "científicas" (artilharia e engenharia) sobre os estudos de infantaria e cavalaria, que correspondiam aos anos iniciais do curso. Os alunos que seguiam o curso superior completo, de cinco anos, recebiam o título de "bacharel em matemáticas e ciências físicas".

Dessa forma, era claro o fosso entre os oficiais formados na Escola Militar e o restante (a maioria) da oficialidade do Exército, sem estudos superiores, mais ligados à vida na caserna, com a tropa. O curso na Escola Militar não era obrigatório para o ingresso no oficialato e para a ascensão hierárquica na carreira. De fato, a carreira militar não oferecia vantagens ou boas oportunidades para os jovens "científicos". Na falta de perspectivas consideradas atraentes para a ascensão profissional dentro do Exército, eles passavam a interessar-se menos pela profissão militar (muitas vezes a falta de vocação era explicitamente assumida) e mais por seu pertencimento à elite intelectual da sociedade brasileira. Era com os membros dessa elite que disputavam, social e simbolicamente, espaço e poder. Durante todo o Império, foi clara a hegemonia dos bacharéis em direito no interior da elite. Enquanto o *status* social dos militares era baixo, os jovens bacharéis em direito tinham caminho aberto para cargos e funções públicas em todos os quadros administrativos e políticos do país. Os jovens "científicos" do Exército tinham, portanto, que lutar para situar-se melhor dentro de uma sociedade dominada pelos bacharéis em direito.

Nos escritos dos jovens militares "científicos" da época, a oposição aos bacharéis em direito aparece claramente. A falta de elementos "científicos" é apontada como o principal defeito da formação desses bacharéis. Euclides da Cunha, por exemplo, então um jovem aluno de 20 anos, estudante da Escola Militar, critica em um artigo o "triste quadro das nossas academias de direito, onde estuda-se a sociedade sem as noções das mais simples leis naturais" (Galvão, 1984:54). O estudo das ciências, e em especial da matemática, era um poderoso elemento simbólico de diferenciação para os estudantes militares da época, um elemento constitutivo de sua identidade social. A mentalidade cientificista predominante nas décadas finais do século XIX via o mundo social como redutível ao plano dos fenômenos físicos e naturais. Através da incorporação da história à natureza, principalmente através da noção de *evolução*, os distintos valores morais, políticos e filosóficos passavam a ser vistos como manifestações dos diferentes estágios pelos quais passava a humanidade. Essa visão alimentava um sentimento de superioridade intelectual por parte dos cientificistas, que se consideravam produtos, naturalmente, do estágio mais "adiantado" do desenvolvimento humano.

Os escritos dos alunos da Escola Militar revelam um ambiente intelectual diversificado. Contrariando uma versão comum em nossa historiografia, os positivistas ortodoxos, filiados à Igreja Positivista, nunca formaram um grupo significativo entre os alunos. O cientificismo predominante era uma mistura eclética de diversas doutrinas – positivismo, evolucionismo, monismo – e o mais importante para os jovens "científicos" era seu espírito geral. As diferenças entre os autores eram minimizadas pelo que afirmavam em comum: a fé inabalável no progresso e na posição de destaque devida à ciência para atingir uma visão correta da vida social e da política.

A valorização do princípio do mérito foi outro elemento presente na base da identidade social da "mocidade militar" e ajudava a orientar, juntamente com o cientificismo, sua ação política. O desenvolvimento de valores meritocráticos nos exércitos profissionais modernos e, especificamente, nas academias militares foi um fenômeno histórico bastante difundido. Idealmente, o poder baseado no parentesco ou na riqueza passava a subordinar-se ao mérito dos indivíduos aferido no sistema escolar. Na nova elite social que assim deveria surgir, as posições sociais deixariam de ser *atribuídas* por privilégio de nascimento, passando a ser *adquiridas* graças à capacidade individual. A sociedade meritocrática seria aquela na qual esse princípio vigoraria plenamente. É claro que há uma enorme distância entre a afirmação ideológica do princípio do mérito e seu funcionamento efetivo. Mas o que importa é perceber a crença que os jovens militares "científicos" tinham no mérito como princípio básico de ordenação da sociedade.

A introdução no Exército brasileiro, a partir de 1850, de mecanismos baseados no merecimento para a progressão na carreira é um marco do processo de diferenciação da oficialidade "científica" do Exército em relação à elite civil e, dentro do Exército, à maioria de oficiais sem estudos superiores e de perfil mais *troupier*, isto é, ligados à tropa, em sua maior parte pertencentes à infantaria e à cavalaria. Apesar disso, os oficiais das "armas científicas" não se tornaram profissionalmente privilegiados. Muito pelo contrário. A valorização da performance acadêmica não acarretou, por exemplo, uma ampliação significativa de unidades e vagas para funções de comando. Com isso, muitos oficiais "científicos" tiveram de passar longos períodos em funções burocráticas ou dedicar-se ao magistério. Havia, portanto, uma grande distância entre a afirmação, no curso da Escola Militar, da superioridade do mérito e dos estudos "científicos" e sua efetivação na realidade de um Exército que custava a se modernizar.

A "mocidade militar" com estudos superiores se sentia vítima, portanto, de uma dupla marginalização: como parte do Exército dentro da ordem monárquica dominada pelos bacharéis em direito e como um grupo de oficiais com estudos "científicos" dentro de um Exército que não se modernizava. O isolamento e o ressentimento daí resultantes possibilitariam o desenvolvimento de características ideológicas distintas e em grande parte contrárias às da elite civil. O republicanismo da "mocidade militar", na minha interpretação, era oriundo da valorização simbólica do mérito individual associada à cultura cientificista hegemônica entre os alunos e jovens oficiais "científicos". Esses elementos eram estruturantes da cultura desse grupo.

Há muitas evidências de que a "mocidade militar" era republicana desde muito antes da "Questão Militar" de 1886-1887, geralmente considerada um marco da radicalização política dos militares ao final do Império. Não havia, contudo, clareza a respeito de como a República vindoura seria organizada. Parece ter sido suficiente saber que se tratava da única forma científica de governo, aquela onde reinaria o princípio do mérito, ordenador de toda a vida social. Tomando-

-se, portanto, esses dois princípios como organizadores da vida social no novo regime, tudo se arranjaria naturalmente da melhor forma. A simplicidade dessa equação é o que lhe dava força, facilitando a unidade de pensamento e ação da "mocidade militar" antes do golpe de 1889. No entanto, a falta de uma definição mais precisa a respeito de como a República seria organizada ajudou a apressar sua fragmentação tão logo a República foi instituída e a nova ordem instaurada.

São claras as ligações e a coerência entre os elementos culturais predominantes entre os alunos. O mérito contra os privilégios, o progresso contra o atraso, o futuro contra o passado – eram esses os principais valores que informavam a ação política por eles desenvolvida em seus escritos e na participação em sociedades abolicionistas e republicanas. Foi com esse espírito "científico" e republicano que a "mocidade militar" participou ativamente da conspiração que levou ao fim da monarquia no Brasil. Nesse processo, esses jovens conseguiram atrair alguns oficiais não politizados – como Benjamin Constant – e outros de perfil mais *troupier*, como Deodoro. Apesar de poucos, esses oficiais mais graduados foram importantes para passar à nação e ao Exército a ideia de que representavam a "classe militar", na qual a "mocidade militar", de fato, não se encaixava bem.

Nasce um líder: Benjamin Constant e a "mocidade militar"

Vale destacar alguns pontos da biografia de Benjamin Constant que encontraram ressonância sociológica na cultura da "mocidade militar". Inicialmente, ele tem um baixo capital social herdado – ficou órfão cedo, sua mãe conseguiu manter-se com dificuldades, Benjamin chegou a tentar suicídio etc. – e ingressa na carreira militar antes por necessidade que por vocação. A isso se soma a socialização profissional na Escola Militar, com as mesmas experiências de afirmação do princípio do mérito individual, consubstanciado no título de alferes-aluno. Ao longo dos anos, demonstra pouco interesse pela carreira militar, vivendo o descompasso entre o sentimento de pertencer a uma elite intelectual e a falta de oportunidades sociais. Benjamin desenvolveu também um ressentimento com o governo por dificuldades de promoção e outros obstáculos na carreira. A explícita filiação de Benjamin ao positivismo em seus aspectos matemáticos e "científicos" também deve ser destacada, pois a matemática e as ciências ocupavam um lugar de honra para a "mocidade militar".

Em resumo: se Benjamin Constant não tinha em sua biografia os elementos socialmente mais valorizados pela elite política e social da época, para a cultura da "mocidade militar" ele era, ao contrário, possuidor de um verdadeiro tesouro biográfico. Ele tinha o mérito adicional de ter sido um dos poucos oficiais superiores da Corte a se apresentarem em defesa da "classe militar" durante os episódios da Questão Militar. Em 1887, o primeiro encontro entre a "mocidade militar" e seu futuro "líder" já ocorrera. Mas, entre o professor e o golpista, ainda havia uma longa distância a percorrer. O discurso do dia 23 de outubro de 1889, que abre este capítulo, é o marco dessa aceitação, de ele decidir assumir a liderança de um movimento contra o governo. Poucos dias depois, na Escola Superior de Guerra, ele faz novo discurso, nos mesmos termos. Benjamin fez sua escolha. A "mocidade militar" encontrou seu líder.

Como já observei, Benjamin Constant é geralmente apresentado como um líder carismático que "catequizou" e converteu seus "discípulos" para a conspiração contra a monarquia. Minha tese vai em sentido oposto: ele é que foi atraído pela "mocidade militar", que estava à procura de um líder. Não devemos ver o carisma como uma qualidade intrínseca que se possui ou como um poder que é exercido sobre um grupo de pessoas. Enquanto fenômeno sociológico, o fenômeno da liderança carismática deve ser visto, em primeiro lugar, como uma *relação* de interdependência na qual líder e liderados se encontram em interação, em influência recíproca. Ser líder significa também ser levado a exercer em plenitude seu papel, e não apenas fazer com que os liderados o sigam. É interessante, a esse respeito, saber que Benjamin Constant costumava se chamar, já na República, de "herói à força". Também é importante perceber que o líder *dá forma ao grupo*. Falar em "mocidade militar" tem sido, até aqui, um artifício sociológico e literário para me referir ao universo cultural dos jovens oficiais "científicos", aproveitando uma expressão da época; a rigor, no entanto, a "mocidade militar" só existiu a partir do momento em que esses oficiais *delegaram* a Benjamin Constant a missão de representá-la, e este *assumiu* essa responsabilidade.

Por que Benjamin Constant veio a ser esse líder? Havia, como mencionado, importantes características de sua biografia que o tornavam um forte "candidato" à posição de líder da "mocidade militar". Ainda assim, elas não são suficientes para explicar como e por que ele veio a ocupar essa posição. Não havia uma predestinação inscrita em sua biografia para o papel que viria a desempenhar;

Benjamin não nasceu com o *carisma* – dom, graça, sinal – que um dia seus "discípulos" nele reconheceriam. Para que se tornasse um líder, foram decisivas suas *ações*, sua *performance* no desempenho de um papel que a "mocidade militar" lhe oferecia. Foi comparecendo a reuniões, proferindo discursos e expressando pública e privadamente sentimentos que ele se habilitou ao carisma que lhe foi atribuído; Benjamin foi *responsável* por seu carisma. Este só foi "reconhecido" por seus "discípulos" após vários momentos de encontro e de sedução, de dádivas e retribuições. Só depois de vivê-los é que Benjamin e a "mocidade militar" se decidiram a tentar, juntos, uma aventura política.

A conspiração e os efeitos de um golpe que deu certo

O objetivo final dos jovens oficiais "científicos" era a República, e alcançá-la ficava muito mais difícil sem que surgisse uma nova "Questão Militar" que mobilizasse a "classe". Deodoro, que presidia o Clube Militar, não era de forma alguma um republicano. Muito pelo contrário. No segundo semestre de 1888, escreveu duas cartas a seu sobrinho Clodoaldo – então estudante da Escola Militar de Porto Alegre e, como a maioria de seus colegas, republicano – que são definitivas a esse respeito:

> República no Brasil é coisa impossível, porque será verdadeira desgraça. Quem quer República, quer que o Brasil seja dos gaspares, Cotegipe, Paulino de Sousa etc. Os brasileiros estão e estarão muito mal educados para "republicanos". O único sustentáculo do nosso Brasil é a monarquia; se mal com ela, pior sem ela [...] Não te metas em questões republicanas, porquanto República no Brasil e desgraça completa é a mesma coisa; os brasileiros nunca se prepararão para isso, porque sempre lhes faltará educação e respeito para isso.[13]

Em setembro de 1889, Deodoro sai exonerado de suas funções de presidente e comandante militar da província do Rio Grande do Sul e volta à Corte, colocado num "limbo" da carreira, sem que lhe fossem atribuídas funções nem comando de tropa. No Rio de Janeiro, é procurado por representantes da "mocidade

---

13 Ver Correia (1939:181-182). As cartas são datadas de 30 set. e 16 out. 1888.

militar" a propósito de um evento de menor relevância – que ficou conhecido como "incidente Carolino" –, pedindo que ele convocasse uma sessão especial do Clube Militar para tratar daquilo que queriam caracterizar como um novo atentado à honra militar – e, dessa forma, reeditar uma nova "Questão Militar". Deodoro não os atende e se nega a convocar a sessão. A mocidade militar, repelida por Deodoro, vai a Benjamin Constant, então vice-presidente do Clube Militar, e é acolhida. A conspiração ganha corpo, mas ainda mobilizando uma pequena parcela do Exército.

A aproximação entre Benjamin e os líderes republicanos civis ocorreu apenas após o discurso na recepção aos chilenos. Às vésperas do golpe, tanto Deodoro quanto Benjamin desconheciam quase completamente os políticos republicanos civis; estes tiveram um papel importante apenas na organização do novo regime, não antes. O destaque às vezes atribuído aos efeitos da propaganda republicana é exagerado. Em 1889, o poder eleitoral do Partido Republicano era pequeno. Nas eleições de agosto de 1889 para a Câmara dos Deputados, os três candidatos do partido na Corte receberam apenas 12% dos votos. Nas províncias, o partido era uma força política significativa apenas no Rio Grande do Sul, onde talvez fosse o segundo partido em importância, e em São Paulo, onde contava com cerca de 25% do eleitorado e estava em franco crescimento, devido ao apoio que passara a receber de muitos fazendeiros após o fim da escravidão. Além dessa modesta força eleitoral, o Partido Republicano sempre foi, desde sua fundação em 1870, um partido dividido.

O golpe foi militar em sua organização e execução. No dia 15 de novembro configurou-se uma situação de confronto entre "militares" e "casacas" – ou "paisanos" –, vencendo a "classe militar". A dinâmica desse dia mostra como numa tentativa de golpe de Estado conta-se o tempo por horas, não por dias, e a atuação de indivíduos em posições-chave é determinante para o desfecho, vitorioso ou não, do levante. Durante o dia, Floriano Peixoto, no comando das forças que defendiam o governo, recusou-se várias vezes a cumprir as ordens do visconde de Ouro Preto, presidente do Conselho de Ministros, de atacar os revoltosos, apesar de comandar uma força muito superior. Aos poucos, a situação do governo foi ficando cada vez mais difícil, até finalmente tornar-se inviável. Ouro Preto, então, desiste de resistir e entrega os pontos.

Deodoro, contudo, não instaura de imediato a República: quando demite o Conselho de Ministros diz que vai entender-se com o imperador para convocar um novo gabinete. Diante disso, Benjamin e os jovens militares republicanos agem para convencer Deodoro a ir além, e proclamar logo a República. O fato é que apenas à noite se formalizou a constituição do governo provisório – Deodoro (presidente), Benjamin (Guerra), Quintino Bocaiúva (Relações Exteriores), Rui Barbosa (Fazenda), Aristides Lobo (Interior), Campos Sales (Justiça), Eduardo Wandenkolk (Marinha) e Demétrio Ribeiro (Agricultura) – e se assinou o primeiro decreto republicano, que dizia, em seu art. 1º: "Fica proclamada provisoriamente e decretada como forma de governo da Nação Brasileira – A República Federativa". *Provisoriamente* porque, segundo o art. 7º, se aguardaria "o pronunciamento definitivo da Nação, livremente expressado pelo sufrágio popular" – plebiscito que só seria realizado em 1993, 104 anos mais tarde.

O elemento surpresa e a falta de reação do governo levaram ao sucesso do golpe e desencorajaram possíveis reações contrárias de oficiais leais à monarquia, se é que estas chegaram a ser pensadas. Não que houvesse um consenso na "classe militar" favorável à República, de forma alguma. O sucesso político do golpe republicano é que o fez parecer inevitável, *a posteriori*.

Apesar da aparente apatia popular no momento do golpe, não é verdade, ao contrário do que geralmente se afirma, que a monarquia não tenha encontrado pessoas dispostas a morrer por ela. Várias revoltas de praças ocorreram nas semanas seguintes, mas foram praticamente esquecidas pela historiografia.[14] No entanto, muito maior que o número de descontentes e opositores foi a parcela da população que, de um dia para o outro, aderiu ao novo regime e se tornou "convictamente" republicana – a tal ponto que uma crônica de época feita por jornalista simpático à República, fala da "aderite que afetou como epidemia a população do Brasil" imediatamente após 15 de novembro (Porto, 1990:132).

A República estava feita e o sucesso do golpe de 1889 proporcionaria aos militares envolvidos benefícios imediatos. Promoções rápidas foram feitas e muitos deles, incluindo vários membros da "mocidade militar", passariam a ocupar posições de grande destaque no novo cenário político, tanto indicados para os governos estaduais quanto na Constituinte. Porém, nos cinco anos de presidentes militares que teria a República nascente, a frágil unidade da "classe militar", forjada no 15 de novembro, seria rompida de forma dramática. De qualquer forma, o golpe de 1889 havia inscrito na história política brasileira a

14 Ver, a esse respeito, Castro (2012:13-28).

figura do "soldado-cidadão", parte de um grupo de militares que se considera mais esclarecido e moralmente superior à elite civil, e que se atribui a "missão" de salvar a nação, em seu nome.

Este capítulo encerra-se com um golpe de Estado bem-sucedido, quando o futuro parecia haver se tornado presente, mas também com a lembrança de uma frase de Gilberto Freyre (1962:608), para quem nada é mais expressivo da relatividade dos tempos do que a fácil dissolução dos futuros em passado.

3. O Exército brasileiro: a construção de um poder político

José Murilo de Carvalho

> *Sendo o Exército um instrumento essencialmente político, a consciência coletiva deve-se criar no sentido de se fazer a política do Exército e não a política no Exército.*
>
> General Góis Monteiro. *A Revolução de 30*... (1934:163).

Na formação dos Estados nacionais houve, e continua a haver, diferentes tipos de relacionamento entre exércitos e política. No modelo liberal, onde há hegemonia burguesa, os exércitos tornaram-se instrumentos de defesa externa, sem, ou com pouca, interferência na política interna. São os exércitos ditos profissionais. No modelo comunista, eles são controlados pelo partido único, para tarefas tanto de defesa externa quanto de segurança interna. Na maioria dos países fora da Europa, no entanto, África, Ásia, América do Sul, há quase sempre alguma forma de intervenção militar na política. Na América ibérica, tivemos e ainda temos fenômenos de caudilhismo, de ditaduras militares de direita e de esquerda e até mesmo de ausência de exércitos. A situação mais comum é haver alguma forma de tutela militar sobre os governos civis. Algo semelhante se passa nos países africanos. Em todos os casos, porém, as relações civil-militares sofrem alterações ao longo do tempo, de acordo com a maior ou menor solidez da hegemonia civil. Em outras palavras, o papel do Exército varia ao longo do tempo. É o que tem acontecido no Brasil. É sobre esta construção, isto é, sobre a transformação do Exército em ator político, do Império aos nossos dias, é que se fará aqui um breve relato.

Império: o mundo dos "casacas"

No Império (1822-1889), o Exército não tinha papel político. A Constituição de 1824, em seu art. 147, dizia simplesmente: "A Força Militar é essencialmente obediente; jamais se poderá reunir sem que lhe seja ordenado pela autoridade legítima". No sistema político imperial, o Poder Moderador literalmente moderava o conflito entre os barões da terra e viabilizava o funcionamento de um governo constitucional civil. A elite política era profundamente civilista e orgulhava-se do fato de o Brasil estar livre do caudilhismo dominante nos outros países da América ibérica. Indicador disso era o fato de que, até a Guerra da Tríplice Aliança, o país não tinha heróis militares, em contraste com a profusão de estátuas de libertadores que povoam as praças das repúblicas da América hispânica. Os liberais que chegaram ao poder em 1831, início da Regência, tinham mesmo forte rejeição à própria existência de um Exército permanente, considerado instrumento do absolutismo, convicção essa fortalecida pelo fato de ser ainda grande a presença de oficiais portugueses.

Ao mesmo tempo, a tropa, sobretudo os praças, eram fator de instabilidade. As muitas revoltas populares acontecidas na Corte tinham quase sempre a participação de "povo e tropa". A guarnição da capital foi reduzida a um batalhão de oficiais-soldados. Para combater os distúrbios, o regente Feijó criou uma Guarda Municipal Permanente, composta de voluntários, cujo comando foi dado ao major Luís Alves de Lima, futuro duque de Caxias, que ocupou o posto por sete anos. Em 1832, a Regência criou também a Guarda Nacional, à qual foi entregue a manutenção da ordem em todo o país. Não por acaso, a nova organização, inspirada no modelo francês, foi chamada de milícia cidadã. Por outro lado, a solução do contencioso com Portugal em torno do reconhecimento da Independência e o acordo de paz com as Províncias Unidas do Rio da Prata em torno da independência da Província Cisplatina, excluiu ameaças externas ao país, dispensando a necessidade de um Exército forte.

No entanto, a Regência teve de enfrentar o sério problema da unidade nacional, ameaçada seriamente pelas revoltas que pipocaram pelo país, de norte a sul, algumas delas de natureza separatista. Mal treinada, mal armada e de atuação local, a Guarda Nacional não tinha condições de combater tais revoltas. Chegando ao poder em 1837, os conservadores centralistas deram início à tarefa de reconstruir o Exército. Além das revoltas, a década de 1840 viu surgirem dois conflitos externos: um contra a Inglaterra por conta da questão do tráfico de escravos e outro contra Rosas e suas ambições expansionistas no rio da Prata. Não eram também problemas que a Guarda Nacional pudesse resolver.

O retorno dos conservadores ao poder em 1848 deu início à primeira grande reforma do Exército sob a liderança do ministro da Guerra, general Manuel Felizardo de Sousa e Melo (1848-1852), coimbrão formado em matemática. Foram modificados os regulamentos e introduzida a promoção por mérito e tempo de serviço, pondo fim às práticas aristocráticas do Antigo Regime. A formação na Escola Militar passou a ser usada como um dos critérios de promoção. Em outras palavras, teve início um primeiro esforço de modernização do Exército no âmbito de um governo civil.

A melhor formação dos oficiais teve, no entanto, outra consequência. Começou a se formar no país uma contraelite hostil à que governava, composta de bacharéis em direito. O conflito tornou-se público com o aparecimento do jornal *O Militar*, publicado entre 1854-1855 e 1860-1861. Nele, os políticos passaram a ser chamados pejorativamente de bacharéis, ou "casacas" e acusados de falta de patriotismo. Na época, estudavam na Escola Militar Floriano Peixoto, Benjamin Constant e Sólon Ribeiro, figuras centrais da Proclamação da República. No momento, no entanto, o impacto político dos ataques foi nulo. A elite permaneceu orgulhosamente civil e civilista. Os ministérios da Guerra e da Marinha continuaram a ser entregues sobretudo a civis, mesmo durante a guerra contra o Paraguai (1864-1870). Generais tinham partidos e se candidatavam a cargos políticos. Caxias era do Partido Conservador; Osório, do Partido Liberal. Caxias foi presidente do Conselho de Ministros, os generais Osório e Correia da Câmara elegeram-se senadores depois da guerra.

A guerra levou adiante, agora com mais vigor, o fortalecimento do espírito corporativo, ou de classe, como se dizia, entre o oficialato. Os primeiros conflitos abertos com a elite política surgiram por ocasião das chamadas Questões Militares iniciadas em 1883 envolvendo o tenente-coronel Sena Madureira e o coronel Cunha Matos. Este último foi defendido pelo senador, já então marechal Câmara, herói da guerra e membro do Partido Liberal. Argumentou ele no Senado que o coronel devia defender sua honra e que as classes armadas não confiavam no governo. Em 1887, fundou-se o Clube Militar de que o marechal Deodoro, outro herói da guerra, foi eleito presidente. Em 1888, houve outro conflito causado pela prisão, por embriaguez, de um oficial. A hostilidade entre militares e o governo cresceu sobretudo na Corte, atiçada pelo jornal republicano O *Paiz*, de Quintino Bocaiuva. No Rio Grande do Sul, a tarefa coube a outro jornal republicano, *A Província*, de Júlio de Castilhos.

Paralelamente, nas escolas militares, doutrinados pelo positivista e republicano major Benjamim Constant, alunos e oficiais subalternos pregavam a República. Ironicamente, os inimigos dos "casacas" eram agora os "bacharéis fardados". Mas nem mestre nem alunos tinham controle de tropas nem autoridade para liderar uma revolta. Recorreram ao velho marechal Deodoro, o mais respeitado representante do soldado-corporação. Com grande oportunismo e utilizando boatos falsos, as *fake news* da época, os republicanos conseguiram convencer o velho soldado a liderar uma revolta contra o governo, em momento de grande fragilidade do regime causada pela recente abolição da escravidão e pela doença do imperador. Foi patética a cena de derrubada do ministério do visconde de Ouro Preto em 15 de novembro de 1889. Significativamente, o marechal justificou seu ato alegando os sofrimentos por que passara nos pântanos do Paraguai e os maus-tratos infligidos ao Exército pelo governo.

Primeira República: "turcos" e tenentes

Tomado o poder, o Exército não tinha musculatura para controlar o governo, em boa parte também pela falta de apoio da Armada, que tinha simpatias monarquistas. Depois dos tumultuados governos de Deodoro e Floriano, e da desastrada guerra contra Canudos, os republicanos civis assumiram o poder. Campos Sales, com sua política dos estados, inventou novo esquema de sustentação civil do governo em substituição ao Poder Moderador. O arranjo, baseado nas oligarquias estaduais, que tinham formado seus pequenos exércitos, sustentou os governos civis e garantiu a estabilidade do regime até 1930. É verdade que o marechal Hermes da Fonseca, sobrinho de Deodoro, governou por um quadriênio. Rui Barbosa o acusava de militarista, mas sua base era civil e não militar. Uma semente de intervencionismo militar ficou, no entanto, plantada no art. 14 da Constituição de 1891. Dizia o artigo que a força armada era essencialmente obediente aos superiores "dentro dos limites das leis". Os tenentes da década de 1920, à frente Juarez Távora, recorreriam a esse dispositivo para justificar suas revoltas: o governo estava fora da lei, diriam, acrescentando que tinham capacidade para decidir o que era ou não legal.

Sem peso para fazer política, houve, no entanto, na Primeira República, um esforço no sentido de fortalecer e modernizar o Exército. Como ministro da Guerra de Afonso Pena (1907-1909) e durante seu próprio governo (1911-1914), o marechal Hermes da Fonseca fez aprovar lei que criou o serviço militar obrigatório por sorteio e sociedades de tiro, introduziu instrução militar nos colégios e mandou oficiais brasileiros estagiarem no Exército alemão entre 1906 e 1912. De volta, esses oficiais, chamados de "jovens turcos" em referência à ação de Kemal Ataturk na Turquia, engajaram-se na luta pela modernização e profissionalização do Exército atuando nos quartéis e na revista *A Defesa Nacional,* por eles criada. Com seu apoio, foi extinta, em 1916, a Guarda Nacional, conferindo ao Exército o monopólio do uso legal da força em nível nacional. Inspirada pela missão "alemã" foi criada em 1916 uma "missão indígena" que atuou intensamente na Escola Militar do Realengo. Em 1930, apesar do apoio dos alunos, a escola não se rebelou. Um dos principais oficiais legalistas na escola era o capitão Henrique Teixeira Lott, que, em 1955, garantiria a posse de Juscelino Kubitschek, ironicamente com um golpe de Estado.

A Primeira Guerra (1914-1918) despertou, pela primeira vez entre nós, o interesse de civis pelo problema da defesa nacional. Quem mais se destacou nessa tarefa foi Olavo Bilac, filho de militar. Bilac liderou campanha em favor da criação de uma Liga de Defesa Nacional, materializada em 1916. Fez conferências em faculdades de direito e medicina e em quartéis. Falava no "divórcio monstruoso" que separava Exército e povo, que, esperava, seria rompido pela aplicação da lei do sorteio até então ignorada. Pela lei, argumentava, o Exército deixaria de ser uma casta militar para se tornar o próprio povo. Morreu em 1918 e não se sabe qual seria sua posição diante do movimento tenentista.

O conflito mundial gerou também o conceito de guerra total e reforçou a preocupação de aumentar a capacidade militar do Brasil. Nesse sentido, findo o conflito, foi contratada, em 1920, a Missão Militar Francesa. Tanto o modelo militar alemão quanto o francês adotavam o modelo de exércitos profissionais, isto é, dedicados totalmente ao preparo militar e alheios à militância política. O "grande mudo" era como se autodefinia o Exército francês. A missão atuou no Brasil até o início da Segunda Guerra, quando teve início a influência norte-americana. O ministro da Guerra de Epitácio Pessoa, João Pandiá Calógeras, trabalhou em estreita cooperação com o general Gamelin, chefe da missão. O marechal Rondon diria mais tarde que o civil Calógeras fora o melhor ministro do Exército na República, o que mais lutou por sua modernização. Entre os jovens turcos, destacaram-se os futuros generais Bertoldo Klinger e Leitão de Carvalho. Entre os alunos da Missão Francesa, sobressaiu o futuro general Góis Monteiro que, no entanto, em 1930, abandonou totalmente a ideia de grande mudo. Usou a modernização do Exército para fazer o oposto: intervir na política.

A tarefa das missões foi prejudicada pelas revoltas de 1922 e 1924, surgidas, como no final do Império, por insatisfação da juventude militar com o governo civil. Em 1922, a justificação da revolta foi de natureza puramente militar: a prisão, ordenada pelo presidente Epitácio Pessoa, do marechal Hermes da Fonseca e o fechamento do Clube Militar por ele presidido. A punição deveu-se ao fato de Hermes ter protestado contra intervenção federal em Pernambuco. A situação agravou-se com a divulgação das cartas falsas atribuídas a Artur Bernardes, candidato à presidência. Nelas o marechal era chamado de "sargentão sem compostura", epíteto considerado ofensivo à honra, ou ao pundonor, do Exército, como alegou o capitão Juarez Távora. Houve ainda um toque de familismo: o comandante do forte de Copacabana era filho do marechal e um pequeno levante em Mato Grosso foi liderado por primo-irmão dele.

Puramente militar foi a revolta dos alunos da Escola Militar do Realengo, incentivada por jovens oficiais, mas rapidamente contida. Dela resultou, no entanto, a expulsão de cerca de 600 alunos. Parte deles aderiu à revolta de 1924 em São Paulo, também impulsionada por jovens oficiais do Exército, aos quais se juntaram uns 20 oficiais da Força Pública paulista, comandados pelo major Miguel Costa. Derrotados, os revoltosos dirigiram-se para o Sul onde se juntaram aos rebeldes gaúchos comandados pelo capitão Luís Carlos Prestes, com os quais formaram a Coluna Miguel Costa-Prestes. Quem tentou dar alguma tinta programática ao tenentismo foi Juarez Távora, em livro publicado em 1924. Um tema central de sua argumentação era a denúncia do domínio exercido pelas oligarquias estaduais sobre a política do país. Também, pela primeira vez na República, ele recorreu ao dispositivo constitucional que condicionava a obediência dos militares à legalidade das ordens recebidas. Derrotados, os tenentes voltariam com força pegando carona na Revolução de 1930, um movimento gerado pelo conflito entre as principais oligarquias estaduais.

Anos 1930: Góis Monteiro e um novo papel para o Exército

Novo desentendimento entre oligarquias estaduais, agora entre as de Minas e de São Paulo, em relação à eleição presidencial de 1930 levou à criação por dois estados de uma Aliança Liberal. A plataforma da aliança previa mudanças importantes como o voto secreto, a criação de uma Justiça Eleitoral e medidas de proteção ao trabalho. Sobretudo, prometia anistia para os revoltosos de 1922 e 1924, atraindo o apoio de todos eles. Um deles, Prestes, foi mesmo convidado a assumir o comando militar da revolta. Não tendo ele aceito, procuraram o tenente-coronel legalista Góis Monteiro, então no Rio Grande do Sul e um conhecido de Osvaldo Aranha. É possível que não tenham procurado um general com receio de que lhes disputasse a direção política da revolta. Poderiam controlar melhor um tenente-coronel que, em contrapartida, poderia conter os tenentes ansiosos pelo retorno à caserna. Ironicamente, o aluno da Missão Francesa, adepto da doutrina do grande mudo, aceitou não só falar como chefiar uma revolta.

Vitorioso o movimento, em boa parte baseado na Polícia Militar de Minas e na Brigada gaúcha, Góis foi rapidamente promovido a general e começou a pôr em prática suas ideias sobre o papel do Exército. Mente aguda, boa formação militar e ambicioso, ele expôs logo sua posição a respeito do papel do Exército em opúsculo intitulado *A finalidade política do Exército,* publicado logo depois da vitória. O núcleo de suas ideias foi por ele mesmo definido na fórmula sintética: tirar a política de dentro do Exército para fazer a política do Exército. Nessa visão, o Exército era um instrumento essencialmente político. Nesse ponto, aliás, fora precedido pelo "turco" Bertoldo Klinger, que já pregara na revista *A Defesa Nacional* que o Exército devia aparelhar-se para exercer uma função conservadora e estabilizante dos elementos sociais. Logo após a vitória de 1930, na posição de chefe do Estado-Maior das Forças Pacificadoras que derrubaram Washington Luís, ele afirmara que o posto supremo de direção do país era problema de estado-maior.

A tarefa que Góis se impusera não era fácil. Os anos de 1930 a 1937 foram tumultuados. De 1930 a 1939, houve, computando-se agitações, protestos e revoltas, 88 manifestações militares, abrangendo de generais a praças. Sargentos foram protagonistas de várias delas, alguns deles inspirados no movimento dos sargentos em Cuba, que levou ao poder o sargento Fulgêncio Batista. Oficiais subalternos envolveram-se nas revoltas de 1935 e de 1938. O contraste é grande quando se compara com o período seguinte: de 1940 a 1945 houve apenas seis manifestações de militares.

No campo político, com ou sem conexão militar, os conflitos não foram menores. Desmontado o esquema oligárquico da Primeira República, sobretudo pelas derrotas de São Paulo em 1930 e 1932, a disputa política acirrou-se em busca de novo arranjo político hegemônico. Os próprios vencedores civis começaram a se preocupar com o excesso de poder dos tenentes seus aliados. Um esforço de entendimento foi feito com a criação do Clube 3 de Outubro. Nele, alistaram-se 372 militares, o equivalente a 38% dos sócios. Não durou muito.

Para agravar a situação, tinham chegado ao Brasil os impactos da revolução bolchevista russa, do fascismo italiano e do nazismo alemão. Pela primeira vez na história do país, organizaram-se grupos político-ideológicos de alcance nacional. Entre os principais estavam a Ação Integralista Brasileira (AIB), inspirada no fascismo italiano, com seguidores na Marinha, e a Aliança Nacional Libertadora (ANL), ligada ao Partido Comunista, com maior influência no Exército. Membros da elite política vencedora passaram mesmo a temer o perigo do militarismo. Osvaldo Aranha, o mais importante dos revoltosos, chegou a propor a criação de legiões civis para evitar uma ditadura militar ou uma secessão. O Exército, para ele, tornara-se um perigo à ordem e, graças às tendências esquerdistas, às próprias instituições.

Ocupando postos-chave como a chefia do Estado-Maior e o Ministério da Guerra, Góis e seus aliados aproveitaram as revoltas para excluir do Exército oficiais e praças considerados indesejados. Entre 1930 e 1939, incluindo a guerra civil de 1932 e as revoltas da ANL e da AIB de 1935 e 1938, foram expulsos por motivos políticos 624 oficiais e 1.875 praças. Uma varredura completa, que ia aos poucos reduzindo a política dentro da corporação. O esforço atingiu seu ponto alto na Constituição de 1937, quando foi negado aos militares até mesmo o direito de voto.

De particular importância para a história do Exército, foram as revoltas de 1935 nascidas dentro de quartéis do Rio de Janeiro, Recife e Natal. Planejadas pelo Partido Comunista sob a capa da Aliança Nacional Libertadora, a de maior impacto foi a do 3º Regimento de Infantaria do Rio de Janeiro, então sediado no prédio da antiga Escola Militar. Liderada dentro do quartel pelo capitão Agildo Barata, causou algumas mortes. Em torno do episódio criou-se uma versão que até hoje é mobilizada pelo Exército: a de que oficiais legalistas teriam sido mortos enquanto dormiam, como se a tropa não estivesse em estado de alerta. A ideia de traição, atribuída a militares comunistas, tornou-se arma retórica de longa duração como prova do perigo vermelho.

O Estado Novo foi mais longe e eliminou a política também fora do Exército, reduzindo a possibilidade de contágio da corporação. A eliminação da política possibilitou reformas internas, como mostra o *Relatório do Ministro da Guerra* (Dutra) referente ao ano de 1940. Foram reformados o ensino, os critérios de admissão às escolas militares – com restrições a judeus, negros, filhos de imigrantes –, as regras de promoção, o regulamento disciplinar; foram criadas novas escolas militares e novos quartéis; o armamento foi atualizado, a indústria bélica foi incentivada. Era o sonho do profissional Leitão de Carvalho que, embora avesso à ditadura, pôde, com ela, dedicar-se às atividades estritamente militares, inviabilizadas pelas constantes agitações. Pela primeira vez, ele conseguiu organizar grandes manobras quando comandante da 3ª Região Militar. Ao mesmo tempo, a política desenvolvimentista e industrializante de Vargas, encarnada no Conselho Nacional do Petróleo, na Companhia Siderúrgica Nacional, na Fábrica Nacional de Motores aproximou os militares do empresariado industrial, dando nova dimensão a sua atuação.

Outro obstáculo ao controle do uso legal da força eram as polícias militares estaduais, temidas como pequenos exércitos. Com a extinção da Guarda Nacional, elas tinham assumido a segurança dos estados, fortalecidos então pelo sistema federativo. Criaram-se verdadeiros exércitos estaduais em São Paulo, Minas Gerais, Rio Grande do Sul. Para tomar posse, Artur Bernardes veio ao Rio protegido pela polícia mineira. A polícia paulista usava aviões e armamento pesado. A vitória do movimento de 1930 deveu-se principalmente à brigada gaúcha e à polícia mineira. Foram poucas as unidades do Exército sediadas no Rio Grande do Sul a aderir, o mesmo tendo acontecido em Minas. O 12º Regimento de Infantaria, sediado em Belo Horizonte, rendeu-se apenas quando cortaram a água do quartel. O controle sobre essas polícias foi legalizado e às polícias se proibiu o uso de armas pesadas. O crescimento delas foi reduzido. De 38.213 soldados em 1933 passou a 48.812 em 1942, crescimento de 26%, enquanto o Exército passou de 47.997 em 1930 a 93 mil em 1940, um crescimento de 96%, e a 171 mil em 1944. O último número, naturalmente, foi afetado pela Segunda Guerra.

Getúlio Vargas, divisor de águas

Getúlio Vargas foi figura central no processo de redefinição do papel do Exército, de início como aliado, depois como vítima. Serviu-se dos militares para chegar ao poder, levou vários deles ao topo da hierarquia militar, com eles derrotou os radicais à esquerda e à direita e promoveu o golpe de 1937, o mais fácil de nossa história, só comparável ao de 1823 dado por Pedro I. Vivia-se a campanha eleitoral para a escolha do substituto de Vargas. Disputavam a eleição um candidato paulista, de oposição, e um governista. O governista, José Américo de Almeida, deu uma direção populista a sua campanha assustando o governo. O pretexto para o golpe foi a *fake news* do Plano Cohen, um suposto plano comunista para tomar o poder. A reação ao golpe foi pequena. Só dois interventores protestaram, os da Bahia e de Pernambuco. Até o de São Paulo aceitou. No ano seguinte, foi a vez de dar cabo da AIB, que quis executar seu próprio golpe.

Mas Vargas virou alvo da ira dos militares e dos liberais civis quando, prevendo que uma vitória dos aliados na guerra com a participação de tropas brasileiras geraria uma pressão para a redemocratização do país, começou, a partir de 1942, talvez inspirado no exemplo de Pedro Ernesto no Rio de Janeiro, a cortejar os trabalhadores, ajudado por seu ministro do Trabalho, Agamenon Magalhães. Leis trabalhistas (a CLT), programas de rádio e grandes comícios no estádio do Vasco da Gama marcaram os últimos anos da ditadura. Ficou famosa sua saudação: "Trabalhadores do Brasil!". À moda gaúcha, ele falava Brasi*l* e não Brasi*u*. Surgiu o movimento "Constituição com Getúlio" a que aderiu Luís Carlos Prestes. O exemplo do general Perón na Argentina reforçou os temores dos inimigos do novo Vargas de que ele quisesse implantar uma república sindicalista simpática ao comunismo. Seus auxiliares diretos durante anos, Góis Monteiro e Eurico Gaspar Dutra, voltaram-se contra ele, bem como os antigos aliados tenentistas Juarez Távora, Cordeiro de Farias, Eduardo Gomes. Poucos lhe ficaram fiéis, entre eles os generais Estillac Leal e Zenóbio da Costa. No golpe de 1945, executado com a participação de Góis e Dutra, ele ficou sozinho.

Com sua nova força política, e com o grande aumento na participação eleitoral, Vargas deu vitória a Dutra nas eleições presidenciais que se seguiram. Dutra era o candidato do Partido Social Democrático (PSD), um dos partidos criados por ele ao lado do Partido Trabalhista Brasileiro (PTB). O derrotado foi o antigo tenente, brigadeiro Eduardo Gomes, lançado pela União Democrática Nacional (UDN).

O pós-guerra e o pós-golpe criaram cenários totalmente novos no mundo e no Brasil. O cenário internacional passou a ser marcado pela Guerra Fria, com profundo impacto no Brasil, em particular no Exército. A ameaça do comunismo, real ou manipulada, ou ambas as coisas, passou à ordem do dia e dividiu a sociedade e as forças armadas, estas agora mais próximas dos Estados Unidos graças à experiência da FEB. A volta do conflito político na sociedade afetou também o Exército, prejudicando o sonho de Góis.

Um dos produtos da Guerra Fria foi a criação, em 1949, da Escola Superior de Guerra (ESG) segundo modelo norte-americano. Seu primeiro comandante foi o ex-tenente e ex-combatente da FEB general Cordeiro de Farias. O ponto central da doutrina desenvolvida na escola foi uma concepção de defesa voltada para dentro do país. O inimigo era externo (a União Soviética) mas seus adeptos estavam entre nós, inclusive dentro das forças armadas. Tratava-se, segundo a doutrina, de uma guerra revolucionária promovida pelo comunismo soviético. As forças armadas deviam preparar-se mental e materialmente para combater esse inimigo, excluindo e punindo seus adeptos dentro do Exército e derrotando-os, se necessário pela violência, fora das barracas. A ESG estendeu sua tarefa de doutrinação ao mundo civil com a criação de filiais em várias capitais e da Associação dos Diplomados da ESG (Adesg).

O conflito veio à tona com força em 1950, quando Vargas foi eleito presidente derrotando o mesmo Eduardo Gomes. A pressão dos Estados Unidos no sentido de que o Brasil enviasse tropas para lutar na Coreia dividiu a oficialidade do Exército entre os pró-americanos e os nacionalistas. O Clube Militar tornou-se centro de debates acirrados que eram reproduzidos na imprensa. Presidido por Estillac Leal, líder da corrente nacionalista, o clube defendia a criação de uma empresa estatal do petróleo e opunha-se fortemente ao envio de tropas à Coreia por se tratar, segundo seus dirigentes, de submissão ao imperialismo norte-americano. Um artigo publicado na revista do clube intitulado "Não iremos à Coreia" entornou o caldo. A batalha em torno do petróleo também dividiu os militares. O lado nacionalista tinha como principal porta-voz no Exército o general Horta Barbosa; do lado oposto estava o general Juarez Távora.

No campo político, Vargas reforçou a aproximação com o trabalhismo e com o nacionalismo. A presença de João Goulart, do PTB, no Ministério do Trabalho acirrou os ânimos, sobretudo quando o ministro aumentou em 100% o salário mínimo. Em protesto, 81 coronéis e tenentes-coronéis lançaram manifesto. Vargas teve que demitir Goulart e Estillac, seu ministro da Guerra. Forçado a licenciar-se sob pressão da UDN e de seus inimigos militares, ele se matou em 1954, causando imenso choque no país.

Juscelino Kubistchek, eleito presidente em 1955, tendo Goulart como vice e derrotando Juarez Távora, foi acusado de continuador da política de Vargas. Planejou-se o impedimento de sua posse, abortado por um contragolpe dirigido a contragosto pelo general Teixeira Lott, com o apoio do general Zenóbio da Costa. Lott era conhecido no Exército como símbolo da obediência à lei e à disciplina. As circunstâncias o levaram à decisão de intervir, demonstrando a quase impossibilidade de profissionalismo militar nas circunstâncias brasileiras. Foi preso quando se opôs ao golpe de 1964. Entre os militares de destaque no período, talvez o único que se tenha mantido fiel ao profissionalismo tenha sido o "jovem turco" general Estêvão Leitão de Carvalho.

Depois do rápido intervalo do governo de Jânio Quadros, a ideia de golpe foi retomada com a tentativa de impedir a posse de João Goulart em 1961. A conspiração para derrubá-lo começou desde então. O esforço contou com a participação intensa de militares, de grupos civis, sobretudo de empresários, de fazendeiros, de setores da Igreja Católica. Entre as reformas de base propostas por Goulart, a que mais gerou reação foi a agrária, que alarmou os proprietários rurais. Sua aproximação com os sindicatos operários e o apoio do Partido Comunista também serviram de argumento para os golpistas. O argumento definitivo, no entanto, que arrastou os militares indecisos para apoio ao golpe, foi a atitude do presidente de apoiar sargentos e marinheiros, ferindo diretamente os princípios da hierarquia e da disciplina, centrais para as forças armadas. Os militares que estavam em cima do muro pularam para o lado do golpe.

Entre os golpistas de 1964, estavam muitos dos antigos tenentes de 1922, 1924 e 1930, agora transformados em marechais e generais de quatro estrelas. Para citar alguns: Juarez Távora, Cordeiro de Farias, Juraci Magalhães, Armando de Morais Âncora, João Alberto Lins de Barros, Ciro do Espírito Santo Cardoso, Canrobert P. da Costa, Odílio Denis, Nelson e Alcides Etchegoyen, Riograndino Kruel, Albuquerque Lima, Nelson de Melo, Filinto Müller, Artur da Costa e Silva, Eduardo Gomes (brigadeiro). Dois deles, Eduardo Gomes e Juarez Távora, tentaram sem êxito ser eleitos presidentes. A esses ex-tenentes uniram-se, ou os tenentes a eles, generais que os combateram, como Góis Monteiro e Eurico Gaspar Dutra. O único tenente que ficou com Vargas até o fim foi Estillac Leal, falecido em 1955.

1964: digam ao povo que ficamos

O golpe de 1964 teve característica que o distinguia profundamente dos de 1937, 1945, 1954, 1955, 1961. Nos casos anteriores, os militares derrubavam o governo civil e colocavam outro em seu lugar. Em 1964, era essa ainda a posição do general Castelo Branco, mas sob a pressão dos radicais liderados pelo general Costa e Silva, ministro da Guerra, a decisão vitoriosa foi não fazer a devolução, desapontando os políticos que apoiaram o golpe pensando em dele se beneficiar. O próprio Costa e Silva afirmou claramente em 1966: "A base da nacionalidade está nos quartéis. Estou cansado de ver as revoluções brasileiras serem postas a perder pela política".[1] No mesmo ano, falando ao Congresso, afirmou que as origens do 31 de março de 1964 remontavam às revoltas tenentistas de 1922 e 1924, fazendo uma significativa confissão.[2]

Uma vez no poder em regime ditatorial, o Exército e as outras duas forças, repetindo o que se fizera na década de 1930, promoveram um expurgo em massa dos dissidentes. Um após outro, os atos institucionais publicavam listas de punidos, de generais a praças. Centenas foram excluídos. As punições podiam ter a forma de prisão, exclusão, passagem à reserva, perda de direitos políticos. Segundo cálculos da Comissão Nacional da Verdade (CNV), no Exército, foram atingidos 354 oficiais e 446 praças. Na Marinha e na Aeronáutica, as punições atingiram principalmente os praças em consequência das revoltas de sargentos e marinheiros. A Aeronáutica puniu 3.190 praças e 150 oficiais; a Marinha, 115 oficiais e 2.099 praças.

Além do expurgo, outras medidas foram tomadas para evitar a disputa política dentro do Exército. A principal delas deveu-se a Castelo Branco: limitava os prazos de permanência nos postos para impedir a ida e vinda de generais entre a política e a caserna, como tinham feito Juarez Távora, Eduardo Gomes, Juracy

1 Citado por Chirio (2012a:155).
2 Citado pelo tenente-coronel Otávio Pereira da Costa (1966:63).

Magalhães, Filinto Müller, entre outros. Como cimento ideológico, a doutrina de segurança nacional da ESG foi amplamente adotada. O conflito interno persistiu por algum tempo entre o que se chamou de linha dura, representada pelos governos de Costa e Silva e Medici, quando a repressão atingiu seu ápice, e a menos radical, de Castelo Branco, Ernesto Geisel, Golbery do Couto e Silva. Na época, chamou-se a primeira de dita dura, a segunda de dita branda. Parte importante da linha dura era composta de coronéis que se destacaram na presidência de comissões de inquérito.

Em todo o percurso, o Exército teve parceiros civis, sobretudo em 1964, quando parte do empresariado, sobretudo das empresas estrangeiras, a Igreja Católica e setores da classe média, acreditando em ameaça comunista, ficaram ao lado dos golpistas.

Curiosa nessa história é a trajetória dos tenentes. Entre 1930-1964, eles ajudaram a desmontar a república oligárquica dos coronéis rurais e apoiaram a implantação da república autoritária dos generais. No período, o país deixou de ser uma sociedade predominantemente agrária e sem povo político passando a outra em rápido processo de industrialização e urbanização e com presença política cada vez maior de povo tanto nas eleições quanto em sindicatos e nas greves e outras manifestações públicas. Para dar um exemplo dessa entrada de povo, em 1930 votou 1,8 milhão de pessoas, 5,6% da população; em 1960, votaram 12,5 milhões, 18% da população. O apelo aos novos cidadãos passou a dificultar o governo de elites e abrir espaço para golpistas civis e militares. Os antigos tenentes, agora generais, derrotados em 1950 e 1955, ficaram ao lado dos golpistas.

Pós-1985: República tutelada

Após os 21 anos de ditadura, houve a esperança de nova tentativa de reconstruir um governo civil democrático. Mas a morte dramática do presidente eleito, Tancredo Neves, e a posse controvertida do vice mantiveram o peso da influência militar. Na Constituinte, foi escancarada a atuação do general Leônidas Pires Gonçalves, ministro da ditadura mantido no novo regime, sobretudo na redação do art. 142 da Constituição dita cidadã de 1988. Como nas outras constituições republicanas, exceto na de 1937, foi nela atribuído papel político às forças armadas, tanto na manutenção da lei e da ordem quanto, mais grave ainda, no papel de "garantir os poderes constitucionais", isto é, de fazer delas não um partido, mas um quarto poder.

Apesar disso, a partir do governo de Itamar Franco, houve a sensação de que o novo ensaio estava ganhando força. O marco mais importante desse ensaio no que se refere às forças armadas foi a criação do Ministério da Defesa em 1999, cuja chefia foi dada a civis. As fardas saíram das primeiras páginas dos jornais. A transmissão pacífica do governo para um presidente de esquerda em 2003 reforçou o otimismo. No entanto, a partir do governo Dilma, começaram a pipocar desavenças com os militares, sobretudo em torno das questões de abertura dos documentos da ditadura e da CNV. Em 2015, acendeu-se a primeira luz amarela quando o general Mourão, comandante Militar do Sul, alertou para a existência de inimigos internos, no velho estilo ESG, mas assegurou que as forças armadas não estavam desprevenidas. "Eles que venham!", ameaçou. E repetiu a dose dois anos depois. Em 2018, houve a intervenção do comandante do Exército, general Vilas Boas, pressionando o STF às vésperas do julgamento por aquele tribunal do pedido de *habeas corpus* para o ex-presidente Lula. O alerta foi endossado por outros generais. O comandante da Marinha não se manifestou e o da Aeronáutica falou em sentido contrário, afirmando: "Não é o momento de impor nossa vontade". Eleito em 2018, o ex-capitão Bolsonaro cercou-se, em seu governo, de generais e cerca de 6 mil outros militares. As fardas verde-oliva voltaram às primeiras páginas dos jornais, como nos tempos da ditadura, e agora também às redes sociais. As consequências dessa situação para a imagem do Exército e das outras forças ainda não estão claras. O que está claro é que ainda não temos um Exército profissional no sentido que aqui é dado à expressão.

Olhando para a frente

Teremos algum dia um Exército ou forças armadas profissionais? Para tanto seria necessário criar as condições sociais para a consolidação de uma hegemonia do poder civil. Houve tal condição nos 67 anos do Império, graças ao papel do Poder Moderador. Houve, em menor escala, nos 32 anos da Primeira República, a partir do governo de Campos Sales sob o controle das oligarquias estaduais. O governo civil iniciado em 1945 durou apenas 19 anos marcados por conflitos e golpes, seguido por uma ditadura militar de 21 anos. O outro governo civil, iniciado em 1985, é o que mais tem resistido na República. Mas hoje ele se vê também ameaçado pela intervenção militar. Até agora, as instituições democráticas estão resistindo satisfatoriamente. No entanto, nossa República ainda não desenvolveu mecanismos capazes de responder eficazmente ao desafio de atender às necessidades da massa de povo incorporada ao sistema político, sobretudo no que concerne a emprego, educação, saúde. A imensa e escandalosa desigualdade que marca nossa democracia permanece como fonte de insatisfação que pode servir de pretexto para intervenções militares sob alegação de terem as forças armadas o papel de tutelar os poderes da República.

4. O integralismo e os militares: lógica interna e relações externas*

Leandro Pereira Gonçalves
Odilon Caldeira Neto

Ao longo da era do fascismo, ocorreu o surgimento de várias organizações, movimentos e partidos orientados politicamente nessa seara. Alguns desses grupos conquistaram ligeiro sucesso, inclusive impactando em cenários políticos locais e regionais, como foi o caso da Ação Integralista Brasileira (AIB). Nesse esteio, ocorria a capacidade de diálogo com as forças armadas, ou mesmo penetração ideológica mais efetiva de seus ideais.

A presente análise está amparada na necessidade de compreensão da relação dos integralistas com as forças armadas em um duplo sentido, qual seja, o projeto de militarização da AIB, assim como a busca de atração e diálogo políticos dos integralistas com setores militares.

Criada no dia 7 de outubro de 1932, na cidade de São Paulo, a AIB buscava a formação de um grande movimento nacional. O auge do integralismo e de Plínio Salgado[1] na política brasileira foi o período relativo à legalidade da AIB, no contexto de fascistização que viveu o Brasil nos anos 1930. Através desse movimento, Salgado consolidou-se como líder e intelectual com pretensões ambiciosas na sociedade brasileira do período entreguerras. Ao seu lado, Gustavo Barroso e Miguel Reale construíram a tríade integralista, que buscava solucionar os problemas do Brasil e de sua nacionalidade de tons atávicos. O integralismo, por meio de um discurso com uma sólida base cristã, canalizava para a ação política as angústias e os temores dos setores médios, constituindo-se como

* A pesquisa foi financiada pelo Conselho Nacional de Desenvolvimento Científico e Tecnológico (CNPq) e pela Fundação de Amparo à Pesquisa do Estado de Minas Gerais (Fapemig).

1 Com matrizes múltiplas e com liderança do escritor e jornalista Plínio Salgado, o movimento fascista brasileiro sofreu influências consideráveis. Em Portugal, tinha o exemplo doutrinário, o integralismo lusitano, mas claramente o projeto era idealizado com base no modelo consolidado na Itália de Benito Mussolini (Gonçalves, 2018).

instrumento de sua incorporação ao processo político. Após um crescimento impactante na sociedade brasileira, sendo considerado o primeiro movimento de massa da história do Brasil, terminou com o decreto do Estado Novo, em novembro de 1937.

Para Plínio Salgado (1935a:176), a solução dos problemas nacionais tinha que passar por uma esfera política, pois "sendo os partidos políticos do Brasil constituídos por essa massa ignara, evidentemente não podem sistematizar campanhas de ideias, nem traçar quaisquer programas". A busca pelo combate aos partidos políticos – "o integralismo moverá [...] guerra de morte a todos os partidos, sejam eles quais forem" (Salgado, 1937b:133) – estava assentada na construção de um nacionalismo em valores ufanistas, em práticas de rememoração de lideranças militares, como duque de Caxias: "O Duque sempre dizia, quando os brasileiros brigavam e se separavam por causa dos partidos políticos: '*Minha espada não tem partidos, por que ela serve a nação*'" (Salgado, 1981:71). Nessa concepção contra os partidos políticos estava a base fascista do discurso que, através da defesa corporativista, impedia qualquer ação associada ao modelo liberal:

> Os partidos só podem se extinguir, organizando-se a verdadeira democracia cristã, que é o Estado Corporativo. Não haverá descontentes nem perseguidos, porque todos os homens que pertencem agora aos partidos são brasileiros e pertencem a uma profissão. Eles poderão, pois, entrando para a sua classe, ser elevados por ela, porque na classe as vontades são muito mais livres, pois estão a salvo de dependências humilhadoras [Salgado, 1935b:49].

No modelo político em que o movimento estava inserido, existiam duas opções para alcançar o poder: a via insurrecional ou a eleitoral, marcando as duas fases da história da AIB, das quais é possível inferir formas distintas de relações com os meios militares. A primeira foi o caminho teórico escolhido ao organizar os ideais integralistas. A partir de um contexto cultural e espiritualista, o integralismo solidificou as bases de um movimento cívico que foi oficializado no 1º Congresso Integralista Brasileiro, sediado na cidade de Vitória (ES), em 1934. Nesse momento, uma estrutura orgânica foi estipulada, permanecendo até 1935, quando, no 2º Congresso Integralista Brasileiro, realizado na cidade de Petrópolis (RJ), ocorreu oficialmente a alteração jurídica do movimento, transformado em partido político.

Independentemente da estrutura, um dos principais propósitos da AIB era o impedimento de ações políticas oriundas do Partido Comunista, da Aliança Nacional Libertadora ou até mesmo da Frente Única Antifascista. Para o combate, com o objetivo de consolidar o projeto de Estado Integral, uma estrutura orgânica e autoritária foi mobilizada, além de outros elementos da estrutura da AIB: "meios estatais como de um aparelho burocrático interno, de forças armadas paralelas (a Milícia)" (Trindade, 1979:176).

Com a consolidação do projeto integralista e a composição do Estado Integral, a proposta era regida visando à manutenção dos ministérios da Guerra e da Marinha e à criação do Ministério da Aeronáutica, além de conceder ao "Exército, à Marinha e à Aviação a máxima eficiência técnica, desdobrando seus quadros e modernizando o seu aparelhamento" (Salgado, 1936:5).

Em defesa do serviço militar obrigatório, o líder integralista indicava que o objetivo era

> transformar a Milícia em uma guarda pretoriana a serviço da Chefia Nacional, utilizando o precedente jurídico imperial para justificar a introdução de elementos como as tropas de choque e guardas pretorianas, que além de inspirarem o clima de mobilização permanente, também funcionariam como braços voluntários do regime [Tanagino, 2018:77].

O manifesto-programa da AIB indicava que

> o Integralismo, restaurando uma das mais velhas tradições nacionais, deseja criar no Estado Brasileiro uma força civil, voluntária, nos moldes da lei que instituiu a Guarda Nacional do Império, em 1851. Essa organização não poderá ter a eficiência bélica do Exército e da Marinha, mas deverá ser suficientemente armada para defender contra o extremismo, o banditismo, a dissolvência, a anarquia, as famílias em cada Município, a ordem legal, os princípios democráticos da República, as autoridades constituídas, constituindo também uma reserva das forças armadas e tendo ainda a missão de criar uma atmosfera de simpatia e de entusiasmo nacional pelo Exército, pela Marinha e pela Aviação, preparando a mocidade em todos os municípios para que esta, ao entrar para a caserna, quando atingir a idade militar, compreenda que vai pertencer a uma corporação que exprime a grandeza e a força do Brasil [Salgado, 1936:6].

Com o poder de direcionar as Forças Integralistas, foi montada uma estrutura inspirada nos moldes do Exército, conforme orientação do capitão Olympio Mourão Filho, que havia recém-concluído o Curso do Estado-Maior do Exército (Trindade, 1979:178). Com o posto de chefe do estado-maior da milícia integralista, era submisso ao comandante da milícia, Gustavo Barroso, o segundo nome da hierarquia integralista.[2] Com a presença de Mourão, acreditava-se que as milícias passariam por uma reorganização que obedeceria a uma diretiva nitidamente militar (Simões, 2019).

Sobre a concepção e o papel miliciano, Miguel Reale (1987:78),[3] terceiro nome na hierarquia integralista, analisou um artigo de San Tiago Dantas intitulado "Concepção de Força Armada":

> Ora, no Integralismo, como em todas as grandes doutrinas modernas do Estado, a concepção que temos de um regime não é a de uma ordem natural que por si se mantenha num equilíbrio e num progresso invioláveis e infinitos. Pelo contrário, vemos o regime como uma criação da vontade humana, como um esforço consciente para organizar e manter o bem comum. Há, pois, ao lado das liberdades e da soberania, um terceiro bem a defender: esse bem é o regime. Ao lado da guerra civil e da desordem interna, há uma guerra social que assume formas mais graves e sutis, que se traduz em greves, em campanhas de descrédito, em formas incontáveis de sabotagem e contrarrevolução. A força para esta guerra é a milícia, defensora da revolução naqueles inumerosos terrenos em que a luta contra ela não envolve a soberania. Tal é a destinação da milícia, que, em face das doutrinas modernas do Estado, não se confunde com o Exército nem com a Polícia, não os contrasta, não os diminui, nem os enriquece. Pois diante dela há um outro inimigo.

A milícia integralista foi um órgão central na AIB cujo propósito era a preparação dos camisas-verdes na cultura física com instrução técnica, tática e

2 Nascido em Fortaleza no ano de 1888, foi presidente da Academia Brasileira de Letras (ABL) e fundador do Museu Histórico Nacional (MHN), sendo que no integralismo foi nomeado comandante-geral de suas milícias, membro de seu Conselho Superior e um dos mais destacados difusores do antissemitismo no Brasil (Maio, 1992).

3 A AIB tinha no jovem advogado Miguel Reale o terceiro nome na hierarquia integralista, conterrâneo de Plínio Salgado, nasceu em São Bento do Sapucaí em 1910 e tinha a responsabilidade pela doutrina do movimento e pela organização da juventude integralista, sendo considerado um dos principais ideólogos (Gonçalves e Caldeira Neto, 2019).

moral em torno de uma elaboração de planos de combates (Simões e Goellner, 2012). A estrutura da milícia, assim como sua finalidade, buscava organizar um processo de totalização do indivíduo em sua relação com a ideologia integralista.

Para isso, o indivíduo integralista era observado em sua totalidade, isto é, como um projeto de incorporação dos ideais integralistas, em conformidade com uma estrutura marcada pela rigidez, pela hierarquia e por uma lógica militarizada. Dessa maneira, havia um projeto bem delineado iniciado ainda na infância, quando os chamados plinianos eram treinados para uma futura ação militar (Santorum, 2017). Com esse projeto, que inclusive visava a uma educação corporal, capitaneado pelo tenente Francisco de Assis Hollanda Loyola, chefe do Estado-Maior da Província do Distrito Federal, mestre de campo da milícia e diretor da Escola de Instrutores de Educação Física integralista, instituiu-se uma nova forma de prática e treinamento. Para ele, a educação física no integralismo tinha como propósito "a eugenia de nosso povo, pela definição étnica de nossa gente" (Loyola, 1935:44), como instrumento de combate ao atraso e à displicência das elites políticas, um ato conjunto nas organizações da juventude e das milícias integralistas.

De forma técnica e prática, o tenente Loyola colaborou para que a milícia adquirisse uma estrutura organizada e disciplinada com treinamentos periódicos e que repercutissem no movimento em aparições públicas da AIB (Simões, 2019). A milícia integralista

> tinha como objetivo a formação do soldado integral. Essa formação prescindia [*sic*] de uma educação moral e corporal, afinal é no corpo que se inscreve a história pessoal de cada um e, também, de seu tempo. Uma das estratégias adotadas para tal intento residia na instrução técnico-militar e, sobretudo, na sua exibição pública efetivada mediante a realização de desfiles, paradas e eventos [Simões e Goellner, 2012:331].

Dividida em quatro orgânicas seções destinadas à disciplina, informação, instrução militar e às operações militares, entre outros aspectos, a instrução militar "é compatível com as cinco armas militares que constituem a tropa integralista: infantaria, cavalaria, engenharia, artilharia e aviação" (Trindade, 1979:179).

Com fidelidade ao chefe, Plínio Salgado, a milícia era formada por integralistas com idade de 16 a 42 anos que contribuíam com uma quantia mensal de $200 (duzentos réis), que era destinada à manutenção do órgão (Barroso, 1934b:2). Em um ritual com tipologia militar, os milicianos proclamavam:

> Em nome de Deus, pela nossa Pátria, pela nossa Família e pela nossa Honra, nós juramos dar a nossa vida, se necessário, pela Revolução Integralista Brasileira, amar e respeitar e defender as Bandeiras Nacional e Integralista, símbolos da Pátria gloriosa e da ideia, juramos fidelidade à Doutrina Integralista e disciplina absoluta, sem discussão, aos Chefes [Barroso e Mourão Filho, 1934a:6].

Como esboço de preparação militar, foi estabelecido um regulamento para a instrução da milícia integralista, que deveria ser seguido rigidamente pelo militante, pois "a disciplina é a razão de ser do integralismo". Entendia-se que o principal objetivo da instrução técnico-militar da milícia integralista era justamente sua formação como órgão de força da AIB. Com preceitos hierárquicos, entendia-se que "para mandar é preciso antes ter aprendido a obedecer", sendo que as "qualidades morais do miliciano [se dão] a partir da disciplina e coesão" (Barroso e Mourão Filho, 1934b:5-6].

A disciplina era o principal elemento da relação entre a lógica militarizada do movimento e de suas organizações internas de corte paramilitar, como a própria milícia e a juventude. A contribuição de militares integralistas nesse processo foi fundamental para delinear o modelo de disciplinarização dos militantes, assim como sua extensão, fosse para o processo revolucionário integralista, fosse para o processo de sociedade integral. Nas palavras do integralista brigadeiro Arthur Thompson (1935:59-60):

> A disciplina será o ponto alto neste momento histórico, nenhum camisa-verde deverá tergiversar do cumprimento de qualquer ordem, por mais absurda que lhe pareça. A vida não lhe pertence mais, ela é função de uma ideia, e será imolada, se preciso, no altar da Pátria. Só assim seremos grandes e dignos de posteridade... Uma só voz, e o Brasil marchará conosco!

A instrução técnico-militar compreendia a instrução geral, física e militar, que se constituía em regulamentos técnicos e táticos. A disciplina e eficácia na luta viriam a partir de uma técnica de armamento e de material de toda espécie que o miliciano precisasse empregar (Barroso e Mourão Filho, 1934b:5-6).

A AIB fora oficializada em 1934, em Vitória, mas atividades anteriores já eram observadas no interior do integralismo. Em 1933, o deputado integralista capitão Jeová Mota, membro da Assembleia Constituinte e chefe provincial do Ceará, foi recebido com festa pela milícia que foi formada para a saudação do militar. A AIB era um espaço aberto e de presenças destacadas de militares, como o tenente Severino Sombra, além do próprio Mourão Filho.

A partir do regulamento aprovado e executado por Plínio Salgado, o Departamento de Milícia, que controlava também todas as Forças Integralistas (FI), era um dos departamentos centrais da AIB. A milícia era composta de comando e tropas, em que o Comando era o órgão de direção, e a Tropa, o de execução.

O Comando era escalonado por: Comando Supremo (chefe nacional), Comandos Superiores e Comandos. A Tropa dividia-se em Armas e Serviços. As Armas eram constituídas pelos integralistas combatentes de primeira e segunda linhas, que poderiam ser: infantaria, cavalaria, artilharia, engenharia e aviação. Os Serviços eram compostos por duas categorias: Provedores (Serviço de Saúde, Serviço de Intendência, Material Bélico, Engenharia, Correio, Política e Justiça) e Transportadores (Serviços de Transporte Terrestre, Serviços de Transporte Marítimo e Fluvial) (Barroso e Mourão Filho, 1934a:6).

Os postos da hierarquia miliciana dividiam-se em três círculos: graduados (subdecurião, decurião e submonitor); oficiais (monitor bandeirante e mestre de campo); oficiais generais (brigadeiro, tenente-general e chefe nacional) (Barroso e Mourão Filho, 1934b:5-6).

Plínio Salgado, o chefe nacional, era classificado como o comandante supremo das FI de terra, mar e ar, que eram assistidas por um secretário nacional a quem caberia a direção, por delegação, de toda a milícia integralista e das tropas de guarda. O Estado-Maior Nacional (EMN), dirigido por um chefe de Estado-Maior, nomeado pelo chefe nacional, era o órgão incumbido de preparar e elaborar as decisões do Comando Supremo (Barroso e Mourão Filho, 1934b:5-6).

> Apesar de Plínio Salgado ter mencionado, em diversos textos e discursos, que se opunha ao uso da força e da violência no processo de organização da Pátria e da Revolução Integralista, o integralismo não abdicou de treinar e armar sua Milícia com o argumento de que seria um órgão importante para efeitos de disciplinarização do militante e para manutenção da ordem dentro do próprio movimento. A imagem que buscava transmitir era a de que a AIB estava se armando, não para o combate, mas, contraditoriamente, para a conservação da paz [Simões e Goellner, 2012:329].

O uniforme utilizado era uma camisa verde-inglês, e as unidades de infantaria eram compostas por: decúria, terço, bandeira e legião. Todo integralista pertencia às FI, que se dividiam em primeira e segunda linhas. Faziam parte da primeira linha todos os milicianos de 18 a 45 anos de idade, e da segunda linha, os integralistas maiores de 45 anos. Para estar na tropa de choque era necessário ser maior de 21 anos (Barroso e Mourão Filho, 1934a:5).

Além de Plínio Salgado, o controle estava nas mãos de Gustavo Barroso, comandante nacional da milícia, e do capitão Olympio Mourão Filho, chefe do EMN (Barroso e Mourão Filho, 1934a:6). Com o objetivo de dar ao povo brasileiro educação intelectual, moral e física, era preciso submeter-se às lideranças, principalmente do chefe nacional. Para tanto, um ritual era praticado pelo miliciano, tipologia típica de organizações fascistas. Em um ritual de juramento, o militante assumia a obrigação e responsabilidade de lutar pelos ideais integralistas.

> A militarização está definida nos Estatutos de 1934. O aumento dos conflitos e a escalada do anticomunismo colocaram a milícia, comandada por Gustavo Barroso, e seu serviço de contrainteligência em uma posição central nos jogos de poder da AIB [Tanagino, 2018:178].

A liderança das milícias integralistas ia ao encontro do pensamento de Barroso,

> a princípio pelo caráter militar da organização, que guardava íntima relação com a admiração do Chefe pelas armas, pela instituição da caserna. Em segundo lugar, pelo conteúdo mobilizante, um dos aspectos mais importantes que informavam a pedagogia da milícia e que [se] identificava com a proposta de revolução integral de Barroso [...]. Por último, pela feição uniformizante dos membros que se pretendia desenvolver a partir do processo de socialização nas milícias, presenciando-se assim uma importante característica da futura sociedade [Maio, 1992:81].

A milícia integralista, segundo Plínio Salgado (1934:1-8), era uma força numérica e moral, organização nacional inédita na história brasileira, com presença em todas as regiões do país. Os membros da milícia, em torno de 200 mil integrantes, de acordo com Plínio Salgado (1937a:1), eram "iguaizinhos uns aos outros, fiéis à mesma doutrina [...] obedientes ao mesmo ritmo de disciplina". E com a formação do Estado integralista, as milícias teriam função orgânica ao Exército e às brigadas estaduais, todas elas orientadas ideologicamente.

> Um dia, quando o Brasil tiver o Estado Integralista, formaremos o grande triângulo, absolutamente unidos em seus ligamentos, com um efetivo enormemente aumentado, o Exército será a suprema glória ao supremo orgulho da Nação, o mantenedor de sua soberania externa, o sustentáculo de uma política exterior no sentido da paz e da justiça, do prestígio da nossa Pátria: a milícia integralista, orientada pela própria técnica do Exército, terá por missão defender as instituições e manter aceso o espírito cívico de modo a contribuir [para] que as populações tenham o espírito preparado para ingressar pelo serviço militar obrigatório, não mais sorteio nas fileiras gloriosas do Exército. As forças públicas, chamadas também de brigadas estaduais, deverão continuar prestando seu grande serviço da manutenção da ordem, não mais, porém, subordinadas às injunções políticas regionais, mas articuladas por um ministério próprio, que é o da Segurança Pública, ligando-se intimamente ao Exército [O integralismo..., 1934:1-8].

A relação simbiótica entre Exército e o hipotético Estado integralista era evidente em outros teóricos do movimento, como San Tiago Dantas, que propunha uma leitura sobre os perigos da politização das forças armadas, fazendo referência, sobretudo, ao movimento tenentista. Para o intelectual integralista, o Estado integral não deveria retirar o estatuto político dos militares, mas, sim, incorporar essa sua dimensão a partir de um processo de transformação intelectual.

> Quero mostrar que ordenando a vida segundo um ritmo, enfeixando os atos do governo numa unidade que lhe é conferida pela sua estrutura teórica, o integralismo ao mesmo tempo que dará à disciplina das forças armadas um conteúdo de incomparável dignidade, furtará o soldado à estreita e efêmera contenda das opiniões do governo. O soldado brasileiro – como, por exemplo, o soldado alemão – terá na política militar do regime a sua missão histórica, a que predispõe a sua vocação profissional. Será um político, porque será um executor de um pensamento recebido do sistema, em que a vida nacional está conformada. Mas fará a política da sua classe, não a política dos homens da administração pública. [...] O homem militar dentro da sociedade integralista encontrará a dignidade do seu papel e a eficiência da sua missão [Dantas, 1934:1-2].

Outro elemento de atração da lógica – e da presença – militar na AIB era a Província do Mar. Criada por iniciativa de Gustavo Barroso e instituída por

Plínio Salgado, a Província do Mar era destinada aos integralistas da Marinha que, a serviço, continuavam atuando em fidelidade à hierarquia integralista. O primeiro chefe da Província do Mar foi o comandante Aristobulo Soriano de Mello, membro da Câmara dos Quatrocentos.[4]

A cargo do navio-capitânia *Bocaina*, Aristobulo Mello percorria o litoral brasileiro divulgando o integralismo. O texto do comandante Macedo Soares (1935:17), chefe interino da província, publicado na revista *Anauê!* destacava o aprofundamento da filiação de integralistas na Marinha Mercante. Na Bahia, em todos os navios da Companhia de Navegação Bahiana havia integralistas, inclusive com tripulações inteiramente integralistas, como a *S. S. Marahú*, que se tornou um núcleo distrital. O texto informava que, por definição de Plínio Salgado, seriam inaugurados diversos núcleos da Província do Mar, nos diferentes portos das províncias marítimas.

Os indícios de fortalecimento dos setores paramilitares e de sua capacidade de atratividade de meios militares sofreu revezes a partir de 1935. A presença de uma estrutura nitidamente militar e com objetivos de militarização interna como modelo de sociedade foi fragilizada após a promulgação da Lei de Segurança Nacional de 4 de abril de 1935. O teor do texto, que vedava a constituição de milícias para entidades não governamentais, impossibilitava a atuação de quaisquer organizações de "tipo militar", isto é, caracterizadas por aspectos como "subordinação hierárquica, quadros ou formações". Na prática, o percurso formativo e educacional de militarização interna, assim como o modelo de inspiração para o Estado integral, ficou profundamente desestruturado a partir desse momento.

Inicialmente, o movimento integralista contemporizou a nova legislação. O integralista Nogueira da Gama Filho (1935:4-8), por exemplo, afirmava que a milícia não era uma organização militarizada, e sim uma escola de civismo, de disciplina inteligente, modelo novo no Brasil. Em artigo publicado na capa do jornal *A Offensiva*, Plínio Salgado (1935d:1) afirmava que muitas ideias in-

---

4 A AIB possuía uma estrutura burocrática muito bem organizada, que contava com órgãos consultivos que buscavam auxiliar o chefe, Plínio Salgado. A Câmara dos Quarenta era um órgão formado por militantes destacados intelectualmente. O Conselho Supremo possuía um papel de gabinete composto pelos secretários nacionais, enquanto a Câmara dos Quatrocentos era composta por militantes das diversas regiões do Brasil e seria o órgão corporativo após a vitória e consolidação do Estado Integral (Gonçalves e Caldeira Neto, 2020).

tegralistas haviam triunfado na Lei de Segurança, especialmente aquela "que combate o abuso da liberdade de cátedra", embora o artigo retirasse a capacidade coercitiva contra professores que defendessem "doutrinas extremistas da violência". Contudo, embora a doutrina integralista fosse a inspiração para a lei, ela se tornava odiosa por proporcionar "perseguições políticas torpes [...] contra inocentes".

A crítica à lei incidia, de maneira velada, justamente sobre os entraves para o projeto de militarização do integralismo. O líder integralista afirmava que o projeto revolucionário integralista operava em almas, não em armas, de modo que não poderia ser perseguido. Plínio Salgado fazia referência, inclusive, aos supostos "interesses do capitalismo internacional" no desmantelamento da autonomia do projeto político-militar integralista, fazendo menção ao conspiracionismo antissemita de Gustavo Barroso (1934a), em "Brasil: colônia de banqueiros".

O Departamento da Milícia foi substituído em 1935 pela Secretaria de Educação (moral, cívica e física), causando um redimensionamento do papel paramilitar no movimento integralista. Dessa maneira, o *ethos* militar impregnado na formação dos quadros deu lugar às preocupações de tonalidades predominantemente cívicas. A secretaria que sucedeu a milícia abandonou as atividades de tons nitidamente militarizados, concentrando as ações em modalidades esportivas, cívicas e, principalmente, eleitorais, visando ao pleito presidencial de 1938.

Essa mudança estratégica não significou o abandono de uma lógica fascistizante em relação aos camisas-verdes. "A linguagem militar é substituída por uma nova terminologia, mas o essencial dos objetivos permanece o mesmo" (Trindade, 1979:179). Em 7 de maio de 1935, em resoluções da chefia nacional publicadas no *Monitor Integralista*, Plínio Salgado exonerou Gustavo Barroso do cargo de secretário nacional da milícia da Ação Integralista Brasileira em consequência de sua extinção e o nomeou para o cargo de secretário nacional de educação moral e física (Salgado, 1935c:8).

Com a extinção da milícia integralista e o estabelecimento da Secretaria Nacional de Educação Moral, Cívica e Física, na prática pouco mudou, pois Gustavo Barroso continuou no comando que determinava o funcionamento de um "serviço de vigilância e informações" que era fundamentado nos dispositivos estruturais da AIB (Barroso e Salgado, 1935:8).

O sentido de desmilitarização interna era publicamente mencionado pelo próprio movimento, que indicava a necessidade de mudança, pois "da forma como estava organizada, a milícia poderia ser interpretada como organização enquadrada na Lei" (Salgado, 1935c:5). Além disso, justifica-se a alteração a partir de a essência não ser militarista, mas, sim, uma escola civil de disciplina, civismo e educação física, pautando notadamente os indicativos posteriores, vindos principalmente a partir do 2º Congresso Integralista Brasileiro.

Essa dinâmica é um indicativo das tensões existentes entre integralistas e Getúlio Vargas, que posteriormente, ao longo do Estado Novo, se manifestariam de forma mais intensa, inclusive com a perseguição política e a prisão de militantes e líderes camisas-verdes. No contexto da Lei de Segurança Nacional, o movimento teve de operar nitidamente por uma via não revolucionária, em termos institucionais e de propaganda política, com um processo de conformação de suas credenciais simultaneamente militarizadas e revolucionárias.

Com um objetivo claro, ou seja, as eleições presidenciais, as atividades paramilitares passaram a ser desenvolvidas a partir de atividades esportivas, cívicas e de mobilização eleitoral. A AIB adotou o modelo eleitoral legalista, abandonando os caminhos revolucionários:

> A linguagem militar foi substituída por uma nova terminologia, mas o essencial dos objetivos permaneceu o mesmo. As unidades denominavam-se então "turma, escola, bandeira, academia", e duas novas unidades foram criadas: "os grupos de academias", sob o comando de um Governo de Região, e a "Província", sob a direção do Secretário Provincial da Educação [Simões e Goellner, 2012:336].

Em julho de 1937, Gustavo Barroso buscou articular uma retomada das milícias. Ao lado de outros camisas-verdes, esteve com Getúlio Vargas para oficialmente apresentar o nome de Plínio Salgado como candidato dos integralistas à presidência da República. Na ocasião, Barroso reclamou sobre as limitações da Lei de Segurança Nacional aos desfiles e outras atividades milicianas, mas sua reivindicação não foi aceita (Maio, 1992).

A relação entre integralismo e militarismo passava por um processo de desarticulação interna, mas esse descaminho fomentou a busca por um diálogo mais efetivo com determinados setores dos meios militares. Os veículos da imprensa integralista, principal suporte de divulgação política e doutrinária dos camisas-

-verdes, nos oferece indicativo ilustrativo do aceno constante para setores das forças armadas e seus respectivos argumentos.

A estratégia de aproximação era diversificada. Por um lado, promovia uma afinidade entre valores dos integralistas e dos militares, um sentido de comunhão em torno de ideais nacionalistas, hierárquicos e de manutenção da ordem. O esforço não se reduzia à similaridade da natureza de conservação da ordem ou de um *ethos* militarizado compartilhado. Os meios da imprensa integralista passaram a incorporar anseios e reivindicações de setores militares, como um projeto político mais amplo dessa assimilação, transcendendo as questões imanentes da lógica militar interna, isto é, das extintas milícias integralistas. Em *A Offensiva*, as questões militares eram tratadas como notícias do cotidiano, assim como na busca pelo delineamento de pautas e valores comuns, dada a não possibilidade de integração via milícia-Estado-Exército.

Algumas reportagens davam destaque à presença de integralistas em meios militares. No jornal *A Offensiva* estavam divulgando a revista *Vida Militar* (1935:2), da Escola de Guerra, que possuía uma publicação sobre o integralismo ou regozijo pela presença de livros de Gustavo Barroso em escolas militares, por indicação do comandante general Meira de Vasconcellos (Um grito..., 1935:1). Outros textos faziam a defesa do espírito militar na história das grandes civilizações (Viveiros, 1937:2).

A partir de um processo mais efetivo de similaridades, ocorria o aceno às figuras heroicas das forças armadas. Em texto de Gustavo Barroso (1936:1-5) em homenagem ao "maior vulto militar da nossa história", *A Offensiva* noticiava a realização de uma manifestação integralista no Largo do Machado, Rio de Janeiro, em homenagem ao duque de Caxias, com a presença de "todos os integralistas da Província de Guanabara". Em uma das edições, a revista *Anauê!* publicou um longo texto sobre a presença de integralistas em homenagem ao aniversário da morte dos militares falecidos na chamada "Intentona Comunista". Na ocasião, os camisas-verdes trouxeram uma coroa de flores com o sigma integralista (Foi..., 1937:52).

Além de efemérides, o movimento integralista buscou se engajar em reivindicações dos militares, principalmente em questões relacionadas às questões salariais. O texto "O aumento dos vencimentos dos militares" ressaltava a presença de militares no movimento, assim como enquadrava o tópico dentro de uma lógica interpretativa integralista.

Na leitura integralista – e o indicativo da circulação do integralismo *barrosiano* nesses meios –, a crise financeira dos militares era fruto de uma longa história de contratação de empréstimos do banqueirismo internacional (daí a referência à obra de Gustavo Barroso), do esforço de separação de interesses entre militares e integralismo, assim como da promoção do "ódio entre classes":

> Sentimo-nos à vontade para tratar deste assunto porque há dois anos estamos convivendo diariamente com oficiais do nosso exército que ingressaram nas fileiras do Integralismo. Nós sabemos o sacrifício que fazem, da necessidade que sentem, como residem, como se trajam, como lutam, para dar o mínimo do conforto a suas famílias. [...] As forças armadas da pátria, conhecendo o horror da situação brasileira em face do banqueirismo internacional, não vejam nos Integralistas uma organização preparada para competir com o Exército, como insinuam os malvados que querem dividir-nos, para nos oprimir em separada, humilhando a nossa pátria [O augmento..., 1935:1-2].

Além de denúncia contra setores liberais (e do "capitalismo internacional), os integralistas buscavam associar os comunistas aos supostos ataques às forças armadas, como no texto do capitão-tenente Alarico de Andrade Faceiro (1934:2) sobre propostas de desarmamento.

Em outros momentos, o periódico sinalizava aos interesses dos militares reformados, que buscavam equiparação salarial ao quadro da ativa (Soldados..., 1936:1). A situação era descrita como uma "situação deplorável em que se acha a classe dos defensores da pátria" (Justiça..., 1936:1). Havia a ocorrência de acenos direcionados particularmente aos marinheiros, cuja desvalorização era descrita como fruto dos meios liberais, sua atomização social e o apelo ao individualismo.

> O Estado liberal é impotente para resolver esses problemas, está completamente desarticulado e desarvorado. Os problemas navais estão intimamente conectados aos grandes problemas nacionais. [...] O liberal é analítico por excelência, é incapaz de uma síntese. [...] O Estado integral compreende as forças armadas com uma altíssima função social. Dá aos militares uma posição exatamente oposta à que os liberais lhes dão [Marinha..., 1937:12].

O esforço consolidava o aceno à defesa de reivindicações de cunho laboral, mas também a busca pelo processo de incorporação de ativos na militância integralista. Além de notícias sobre congregação entre integralistas e militares (Os camisas-verdes..., 1937:1) e de projetos de lei para aumento do orçamento para financiamento da Marinha de Guerra (O integralismo..., 1937:12), o jornal publicou a transcrição de trechos do Manifesto de Outubro de 1932, indicando a possibilidade de incorporação de marinheiros nas "fileiras do Sigma":

> Não há incompatibilidade entre a Disciplina Militar e o Integralismo, porque ambos visam à grandeza e à defesa da Pátria dentro dos mesmos princípios. Desse modo ficareis habilitado a afastar inteligentemente as dúvidas de muitos brasileiros, excelentes companheiros nossos da Marinha, que ainda não ingressaram nas fileiras do Sigma por não conhecerem a nossa doutrina [Companheiros..., 1937:12].

Esse movimento era uma iniciativa de resposta à definição do Ministério da Guerra, que impedia a participação de militares em partido ou organização onde fosse exigido o juramento a um credo ou a pessoas (lideranças). Dessa maneira, em "Os militares e o Integralismo", o *Monitor Integralista* veiculava texto da lavra de Plínio Salgado, que dialogava a partir de um trecho dos protocolos e rituais da AIB, notadamente a Resolução nº 100, que dispunha sobre a similaridade entre as forças armadas e o integralismo, no respeito à hierarquia e à ordem.

Para o chefe integralista, a própria resolução informava que "centenas de militares ingressaram na Ação Integralista Brasileira". Para isso, eximia a obrigação de juramentos aos oficiais do Exército, da Marinha e das forças públicas estaduais. O texto outorgava, ainda, um reconhecimento especial aos militares integralistas, em termos de "honras e regalias inerentes aos seus postos e cargos", embora fossem "simples integralistas" (Salgado, 1937b:9).

Dessa forma, evidencia-se que, após a promulgação da Lei de Segurança Nacional, o integralismo buscou construir uma integração a partir de reivindicações profissionais e de assimilação de interesses comuns, notadamente a partir do antiliberalismo e do anticomunismo. No entanto, os limites impostos pelo governo de Getúlio Vargas foram impactantes não apenas para a lógica institucional paramilitar do movimento, mas também para a atração de quadros militares para o integralismo.

Alguns pontos merecem atenção particular: a circulação do conspiracionismo integralista em meios militares e a discussão sobre a característica militar (ou exclusivamente integralista) das ações violentas em 1938, notadamente o levante integralista.

A relação entre Gustavo Barroso, as milícias integralistas e Olympio Mourão Filho sugere um forte componente de associação entre o discurso anticomunista de corte integralista, a reformulação do conspiracionismo antissemita e sua disseminação em meios militares. O principal suporte argumentativo e analítico, nesse caso, é o Plano Cohen, seja em torno do seu trânsito de criação e disseminação, seja em seus princípios "argumentativos" na construção do golpe do Estado Novo.[5] Com o objetivo de buscar uma unidade entre os anticomunistas, o chefe do Estado-Maior, Góis Monteiro, noticiou a descoberta de um suposto plano cujo objetivo era derrubar o presidente Getúlio Vargas.

Os integralistas, comandados pelo capitão do Exército Olympio Mourão Filho, foram apontados como responsáveis pelo plano forjado. Olympio Mourão, por sua vez, acusava o general Góis Monteiro de ser o mandante. Vargas havia articulado, a partir de negociações envolvendo o ministro da Justiça, Francisco Campos, que, após o golpe político, os integralistas teriam participação destacada no Estado Novo, sendo os responsáveis pelo Ministério da Educação, entretanto, decretou o golpe e não tomou tal atitude, despertando um sentimento de traição aliado ao desejo de vingança entre os integralistas (Victor, 2013; Gonçalves, 2018).

O movimento integralista, mesmo tendo respaldado a ação política que implantara a ditadura estado-novista, caracterizou o ato como "traição" de Vargas. Esse fato despertou um estado de revolta nos camisas-verdes, que, no limite, foram levados ao levante armado em uma primeira tentativa frustrada em março e oficializada em maio de 1938 (Gonçalves e Caldeira Neto, 2020).

O alvo principal era o Palácio Guanabara, com o objetivo de depor imediatamente Getúlio Vargas. Com a participação de um heterogêneo grupo coordenado pelo tenente liberal Severo Fournier, o episódio promoveu uma série de interpretações e levantamentos, como aponta Marly Vianna (2021:433) em uma relevante hipótese desenvolvida com base nos processos-crime do Tribunal de Segurança Nacional: "a revolta de 1938 foi também uma rebelião militar contra Vargas, mais do que um movimento marcadamente integralista – embora esses tenham participado dela".[6]

---

5 Sobre essa questão, ver Silva (1971), Wiazovski (2005) e Caldeira Neto (2014).

6 Há estudos que observam a dimensão regional do fenômeno, com algumas particularidades, como é o caso de Santa Catarina: Hackernhaar (2019).

Diante desse contexto, não restava outra opção a Getúlio Vargas a não ser conter Plínio Salgado e os camisas-verdes (Gonçalves, 2018). O episódio[7] desestruturou as pretensões dos integralistas naquele momento, mas o fim da AIB não representou o fim do integralismo (Gonçalves e Caldeira Neto, 2020; Caldeira Neto, 2019). Após o Estado Novo e a criação do Partido de Representação Popular, um novo capítulo do fascismo brasileiro foi escrito e encontrou em 1964 uma notória radicalização, como apontado por Hélgio Trindade (1994).

Em 1964, Plínio Salgado tinha a esperança de que fosse o momento dos integralistas no poder, sobretudo pela presença de antigos camisas-verdes na cúpula militar, como o antigo chefe do estado-maior da milícia integralista e um dos idealizadores do golpe civil-militar, Olympio Mourão Filho, além do brigadeiro Márcio de Sousa Melo e o almirante Augusto Rademaker (que ao lado do general Aurélio de Lira Tavares compuseram em 1969 a Junta Militar após o afastamento do general Costa e Silva).

Por intermédio de Plínio Salgado na liderança de uma pequena bancada integralista, o plenário da Câmara dos Deputados foi palco para elogios e efemérides aos militares, entretanto o integralismo não encontrou o mesmo êxito obtido durante a era do fascismo, ainda que atualmente existam algumas reminiscências por meio da atuação de grupos neointegralistas (Gonçalves e Caldeira Neto, 2020).

Sugestões de *links* e literatura selecionada

APHRC/FPS – Arquivo Público e Histórico de Rio Claro/Fundo Plínio Salgado

O município recebeu, em 1985, a doação de todos os documentos pessoais e políticos das mãos da viúva de Plínio Salgado, Carmela Patti Salgado, e assim construiu o Fundo Plínio Salgado no Arquivo Público e Histórico de Rio Claro (APHRC/FPS). Na documentação contida no arquivo, verificaram-se ma-

---

7 Destaca-se a possibilidade de análises a partir da participação de militares no movimento integralista, isto é, suas origens, funções no movimento e nas forças armadas. Uma prosopografia dos militares integralistas auxiliará a compreender melhor esses trânsitos e as cooperações e interlocuções entre os camisas-verdes e os militares.

nuscritos inéditos, documentos pessoais, materiais do movimento integralista e várias correspondências. Destacam-se a riqueza documental do arquivo e, principalmente, a quantidade de fontes para várias pesquisas acadêmicas.
<https://aphrioclaro.sp.gov.br/fundo-plinio-salgado/>.

CAMPOS, Maria Teresa de Arruda; DOTTA, Renato Alencar. (Org.). *Dos papéis de Plínio*: contribuições do Arquivo de Rio Claro para a historiografia brasileira. Rio Claro: Oca, 2013.

Acervo Documental AIB/PRP-DELFOS-PUCRS

Acervo Documental Ação Integralista Brasileira/Partido de Representação Popular – Espaço de Documentação e Memória Cultural da Pontifícia Universidade Católica do Rio Grande do Sul (AIB/PRP-Delfos-PUCRS), fundo constituído em Porto Alegre e que contém uma imensa quantidade de documentos sobre a história do integralismo, oriundo do Centro de Documentação sobre a Ação Integralista Brasileira e o Partido de Representação Popular (CD-AIB/PRP) e da Associação Cívico-Cultural Minuano (ACCM). O acervo é constituído de aproximadamente 100 mil documentos partidários, tanto do período da AIB quanto do PRP e do período ditatorial, além de documentos que alcançam o período democrático.
<www.pucrs.br/delfos/acervos/historicos/documentos-da-acao-integralista-brasileira/>.

GONÇALVES, Leandro Pereira. A trajetória dos papéis da direita do Rio Grande do Sul: de Associação Cívico-Cultural Minuano a acervo AIB/PRP (Delfos/PUCRS). In: NASCIMENTO, José Antonio Moraes do (Org.). *Centros de documentação e arquivos*: acervos, experiências e formação. São Leopoldo: Oikos, 2016. p. 95-112.

Laboratório de História Política e Social da Universidade Federal de Juiz de Fora (LAHPS)

É um local de desenvolvimento de pesquisas sobre a dimensão política e social, abrangendo temáticas como os autoritarismos, fascismos, movimentos políticos

e sociais, especialmente em tópicos como o Brasil republicano e a história do tempo presente.
<https://ufjf.br/lahps>.

Direitas, História e Memória

Rede internacional de investigação sobre as temáticas das direitas e sua relação entre história e memória. Com trabalhos com abordagens que vão de análises locais a cortes transnacionais, os principais objetos de pesquisas são os conservadorismos, o autoritarismo e os fascismos.
<www.direitashistoria.com/>.

Observatório da Extrema Direita (OED)

É uma iniciativa de pesquisa transdisciplinar destinada a compreender as novas facetas e as dinâmicas globais da extrema direita, das direitas radicais e das novas direitas. Tem por objetivo desenvolver pesquisas e propor um diálogo efetivo e cotidiano com a sociedade civil, a partir de estudos e análises sobre expressões antidemocráticas.
<www.oedbrasil.com.br/>.

5. O levante de 1935, o comunismo e as forças armadas

Paulo Ribeiro da Cunha

> *Um grande impacto, pois não se tratava apenas do fato em si. O que mais impressionou a todos foi constatar que uma conspiração comunista havia feito tantos progressos dentro da organização militar. Foi espantoso.*
>
> Farias (1981:224).

A passagem memorialística vista em epígrafe é ilustrativa de um cenário resgatado por um histórico *tenente*, o marechal Cordeiro de Farias, quadro real ou imaginário na caserna, mas relacionado à *ação política* da *esquerda militar* em 1935, ou melhor, o *Levante Revolucionário*, movimento acionado por um leque de militares formado por oficiais, praças e policiais socialistas e comunistas, com hegemonia deste último grupo, aspecto ainda pouco abordado nos estudos acadêmicos contemporâneos. A opinião do marechal tem singular relevância nessa reflexão não somente por ser um oficial conservador cujo perfil político militante incluiu antes uma participação na revista *A Defesa Nacional* e de combatente na coluna Prestes/Miguel Costa nos anos 1920, bem como na Força Expedicionária Brasileira (FEB) durante a Segunda Guerra Mundial. Presença política ainda objeto de muitas controvérsias na história, no caso, fora antes interventor no Rio Grande do Sul bem como governador de Pernambuco nos 1950, tendo reconhecida atuação no golpe civil-militar de 1964. Mas seu desabafo, associado ao *espanto*, palavras suas, sugere sinceridade, embora deva ser avaliado e observado com certa atenção, na medida em que é um registro memorialístico dado quase meio século depois daqueles acontecimentos, cujas nuances ou limitações são reconhecidas na história oral (Gomes, Flaksman e Stotz, 1988).

Não obstante esses apontamentos, o depoimento é um ponto de partida significativo, e a partir dele construiremos uma reflexão e diálogo com outros autores e atores militares/militantes. Antes, face à lacuna de dados confiáveis, há inicialmente que considerar que não são uma questão contábil os ditos progressos da presença comunista na organização militar, embora haja certa simbiose e confluência dessa leitura de Farias (1981:225) com a assertiva de Luiz Carlos Prestes, igualmente um *tenente*, ao dizer que *era mais fácil construir o partido nos quartéis do que nas fábricas* (Rodrigues, 1986:376). Somam-se, ainda que tangencialmente, nessa polêmica relacionada à exponencialização dos efetivos militares disponíveis a aderir ao comunismo, as questionáveis, para não dizer falsas, informações sobre a *esquerda militar* dadas pelo secretário-geral do PCB, Antônio Maciel Bonfim (Miranda) em reuniões em Moscou antes do levante de 1935, como bem relatam alguns historiadores marxistas, a destacar Gorender (2003:285) e Vianna (2007:319).

Por essa linha de análise e de possibilidade de diálogo vale, ao mesmo tempo, pontuar pistas e fundamentos de uma *ação política* operacionalizada pelos militares à esquerda. E, a partir do trabalho teórico de João Quartim de Moraes (1994, 2005), somamos essa intervenção militante e armada ao conceito de *esquerda militar*, apreendido não somente enquanto categoria analítica, mas também como parâmetro político. Nessa obra é recuperada a existência de um grupo de militares de esquerda nas forças armadas brasileiras, bem como é problematizada sua intervenção política e teórica na história republicana, cuja reflexão traz à tona uma singular matriz conceitual posta da seguinte forma:

> Com efeito, apesar das evidentes diferenças de formação intelectual, de formulação doutrinária, de forma de atuação e de perspectiva programática, parece-nos clara a continuidade da inspiração ético-política dos jovens oficiais abolicionistas e republicanos, dos "tenentes" dos anos 20, dos militares anti-imperialistas dos anos 50, os antigolpistas dos anos 60. Essa continuidade rompeu-se com os amplos expurgos que os golpistas vitoriosos em 1964 promoveram nos quadros das forças armadas [Moraes, 2005:7].

Porém, um parêntese é necessário. Apesar dessas instigantes colocações, vale mais uma vez pontuar que algumas dessas influências ou consequências da militância em 1935 não podem ser apreendidas como questão numérica relacionada aos militares de esquerda. A reflexão deve ser posta em outra dimensão, e por isso temos por inspiração e objetivo, neste capítulo, recorrer ao conceito de *hegemonia*, pressuposto basilar em Gramsci (2000) descolado de uma percepção de maioria. Por essa razão, é igualmente válido operar com sua dupla interface, expressa por um lado no *consenso* e por outro na *força*, ambos se digladiando historicamente em recorrentes *crises de hegemonia* no Brasil. Este último conceito é o ponto maior de nossa atenção, confluindo metodologicamente no arcabouço do reconhecimento de uma *ação política* vista na *esquerda militar* que viria a fazer história. Poucos, seguramente eram os comunistas na sociedade no tempo do Levante Revolucionário de 1935, e menor ainda era seu número entre os militares, mas, independentemente de qualquer algarismo, vale recorrer a uma frase de Hobsbawm (1995:78-79) relacionada a uma era de extremos pontificando numa linha conclusiva que, "embora seu número fosse pequeno, não se pode entender o século XX sem eles". Vamos por partes.

Ao longo do século XX, a *esquerda militar*, além de ser plural em sua composição, era igualmente conflituosa entre várias tendências expressando distintas, para não dizer antípodas, correntes políticas e ideológicas. Uma delas está relacionada propriamente ao *Movimento Revolucionário de 1935*, fato paradigmático para boa parte dos militares brasileiros, especialmente pela polêmica subsequente que contabilizou, na *história oficial*, a tese das dezenas de mortes na calada da noite. De fato, no momento do levante o Exército estava de prontidão no Rio de Janeiro e, segundo os IPMs, houve apenas um militar morto em combate de cada lado. Questionável também é a versão que ainda se apresenta contemporaneamente e que relaciona o levante a uma orientação externa, ou seja, à versão de que a rebelião teria sido operacionalizada em Moscou por determinação da Internacional Comunista (IC). Ambas as teses, cuja centralidade é posta recorrentemente na agenda política ou em vários momentos de nossa história, são vistas também entre oficiais da ativa nesses últimos tempos, mas principalmente da reserva acantonados no Clube Militar, espectro de uma leitura requentada daqueles acontecimentos e vindo uma vez mais à tona após a eleição do capitão Jair Bolsonaro à presidência da República em 2018.

Preliminarmente, mas em complementação ao exposto, vale registrar que as conexões com a IC não são esquecidas nos relatos e depoimentos de muitos dos participantes do levante ou em pesquisas recentes. Trabalho clássico como o de Paulo Sérgio Pinheiro (1991:308) atesta que "a insurreição de 1935 apresenta enorme especificidade nacional e revela larga responsabilidade dos brasileiros". Marly Vianna (2007:24-25), por sua vez, defendeu a tese de que a "IC foi um ator coadjuvante no drama de novembro de 1935 – que não planejou nem sugeriu –, mantendo sobre as anunciadas possibilidades revolucionárias do país uma expectativa conivente". A historiadora complementou sua reflexão com dados disponibilizados pela abertura das notas taquigráficas das conferências de 1934 em Moscou, cujo conteúdo é muito claro: não houve orientação de Moscou para um movimento armado no Brasil; inclusive, a intenção da rebelião foi desaconselhada por Dimitri Manuilski, secretário da Comissão Executiva da III IC, especialmente em face das inúmeras falhas do PCB, criticamente vistas, *a posteriori*, por Luiz Carlos Prestes, reafirmadas por Gorender (2003:285) e retomadas ao final deste texto.

Contudo, o impacto do levante sobre as subsequentes gerações de militares não pode ser minimizado no Exército e contribuiu decisivamente para o fantasma do *anticomunismo* que ao longo da República ganharia novas cores a partir da conveniência que emergisse na agenda política no Brasil (Konder, 1988; Motta, 2002b). Aliás, o anticomunismo foi visto como expressão maior de uma política da instituição militar, algumas vezes confundido com política de Estado, cujas conotações, nuances ou expressão de discursos ideológicos são também cultuadas e cultivadas nas escolas de ensino das forças armadas. Talvez não seja coincidência que autores que sustentam essa linha de interpretação encontrem considerável abrigo e receptividade de seus livros nas edições da Biblioteca do Exército Editora (Bibliex) (Carvalho, 1981; Waack, 1993). Voltaremos a esse ponto, mas há também que considerar que a intervenção à esquerda entre os militares é anterior ao período em questão, cuja *ação política* somava não somente um inconformismo corporativo confluindo para um confronto de projetos à esquerda: *comunistas* e *aliancistas* tendo como antípoda, à direita, majoritariamente o *integralismo*, muito presente nas cisões entre os militares tenentistas até 1935 (Costa, 1985).

Breves antecedentes no tempo e na história

A República emergiu de um golpe de Estado, por pouco mais de um biênio teve à frente da presidência dois marechais, e o Congresso Constituinte contava nessa ocasião com uma considerável presença de militares no Senado e na Câmara dos Deputados. Uma vez mais, esse grupo e suas instituições, no caso

Exército e Marinha, estiveram longe de serem homogêneos na *ação política*, quiçá, hegemônicos sobre as correntes civis oligárquicas, mas face ao número de representantes militares no Parlamento procuraram viabilizar e legitimar seu papel interveniente na política enquanto atores a serem considerados. Dessa Constituinte emergiu uma cláusula quase pétrea que conferia às forças armadas o caráter de serem instituições nacionais e permanentes com a faculdade de zelar pela harmonia dos três poderes da República, dispositivo praticamente inalterado nas subsequentes cartas até a última edição.

Todavia, ao caráter majoritariamente conservador dos militares percebido nessa primeira etapa histórica contrapunha-se a presença de alguns grupos militantes no campo da esquerda, em geral inseridos em correntes socialistas, a maioria posta em um arco político relacionado aos republicanos históricos, cuja decepção com a recém-República e sua feição oligárquica, que se consolidava, os levou a se aproximar dos primeiros partidos socialistas formados no Brasil, entre os quais havia muitos militares. Alguns, inclusive, tiveram ousadas iniciativas, como José P. de Magalhães, professor da Escola Naval, que encaminhou um projeto socialista ao Congresso Constituinte de 1891. Há também o registro de um Partido Socialista Brasileiro (PSB) formado por volta de 1902, que sinalizaria em seu programa que o socialismo era a consequência osmótica e natural do projeto republicano (Dias, 1977:64). Finalmente, nessa disputa por mentes e corações à esquerda, vale sinalizar a presença de um dos personagens mais instigantes desse arco político e ideológico à época, Euclides da Cunha, militar de formação e positivista histórico. Após se decepcionar com a nova ordem republicana eivada de barões egressos do império transmutados em coronéis, Cunha abarcou o projeto socialista fundando o PSB no período em que esteve trabalhando em Santa Cruz do Rio Pardo, local onde escreveu seu clássico *Os sertões*. Não foi caso único de oficial positivista a operar uma rotação à esquerda, mas, até a tragédia pessoal que o levou à morte, tudo indica que o escritor tenha sido um dos mais categorizados estudiosos do marxismo na sua época (Konder, 1988:93 e segs.; Sodré, 1961:131).

Nessa inicial etapa histórica republicana, somaria uma segunda e importante influência, o *positivismo*, presente no Brasil desde o Império, tendo inegável e pioneira influência na Escola Militar, visto em alguns círculos políticos da velha ordem como aceno ao comunismo. Comumente posto em um arco teórico cuja concepção e matriz na Europa é fundamentalmente conservadora, o positivismo expressou no Brasil uma visão de ciência e cidadania progressista confrontando o arcaísmo vigente numa sociedade recém-saída da escravidão e, por essa razão, concebido, não sem polêmicas, como uma possibilidade de apreensão à esquerda por expoentes militares. Um dos mais categorizados positivistas brasileiros, Benjamim Constant, quando à frente do Ministério da Instrução Pública, Correios e Telégrafos, chegou a elaborar uma ousada proposta de formação aos militares como soldados cidadãos. E nessa linha de interpretação temos, do mesmo modo, o florianismo, cuja *ação política* no conflituoso período republicano é posta no debate como um embrionário projeto alternativo de progresso, com posicionamento à esquerda, a despeito de suas possibilidades de intervenção estarem circunscritas geograficamente ao Rio de Janeiro (Penna, 1997; Moraes, 2005).

Ao final, o dístico da *Ordem* positivista inscrita na nova bandeira republicana não poderia se coadunar, por osmose, ao *Progresso*, especialmente ao subsumir o segundo substantivo ao primeiro em um cenário político já consolidado que transmutou o antigo barão no coronel. Após o massacre de Canudos e a efetiva consolidação da nova ordem oligárquica republicana, tudo indicava que haviam sido sepultadas as embrionárias tendências à esquerda entre os militares, mas talvez o canto do cisne dessa era fosse o *jacobinismo*, um pequeno grupo cuja expressão e penetração na caserna era pontual, embora ainda objeto de viva polêmica. Eles fariam escola nessa fase de nossa história, cujo epílogo ocorreria efetivamente depois da fracassada tentativa de assassinato, por um de seus membros, do presidente Prudente de Moraes, o que custou a vida do marechal Bittencourt, ministro da Guerra (Queiroz, 1986).

Tempos belicosos a década subsequente, não somente pela proximidade da Primeira Guerra, mas internamente na caserna por haver conflitos que anteviam rupturas à esquerda e à direita, e ainda tendo em vista o esgotamento do modelo republicano oligárquico que depois do Império recolocava as relações civis com os militares sob novos parâmetros, quiçá desafios. Ainda no curso da república *café* com *leite*, emergiram politicamente os *jovens turcos*, grupo de militares formados entre 1906 e 1912, sob influência alemã e nucleados na revista *A Defesa Nacional*, que se confrontava com um segundo grupo mais identificado com a Missão Militar Francesa nos anos 1920. Ambos, em graus maiores ou menores, tinham em vista projetos de modernização do Exército osmótico à nação, com políticas que aos poucos confrontariam as oligarquias estaduais e com seus personagens vindo a compor uma parte importante da história militar brasileira.

Concomitantemente, próxima à presença ainda muito conservadora entre os militares brasileiros, houve a erupção da Revolta da Chibata de 1910, em que os marinheiros inseriam-se nesse quadro de *ação política* à esquerda, dentro de nosso referencial teórico (Moraes, 2005), embora seus objetivos aparentemente tímidos fossem pautados fundamentalmente por uma agenda cidadã. Além de a revolta chamar atenção pela maestria dos marujos em manobrar aquela que era a segunda esquadra mais poderosa do mundo, há pistas de influência socialista entre alguns de seus participantes, inclusive, nos conceitos do seu primeiro manifesto após a deflagração da revolta. Este é um aspecto pouco explorado na literatura, que em grande medida nucleia o eixo da revolta na figura carismática de João Cândido. Entretanto, trabalhos recentes denotam influência de intelectuais na orientação aos marujos, bem como o fato de muitos deles terem tido aproximação com temas políticos no período de sua capacitação na Inglaterra, especialmente no contato com o dinâmico e politizado proletariado inglês, e, por hipótese, proximidade com os marinheiros do encouraçado *Potenkim* ali exilados (Maestri, 2000:41).

Anistiados os marujos após tensas negociações com o governo e o Congresso, a maioria deles acabou sendo presa e expulsa da Marinha, e João Cândido, o *mestre-sala dos mares*, ou *aquele que tinha por monumento as pedras pisadas do cais*, juntamente com os demais revoltosos, foi efetivamente anistiado apenas em 1997 por uma iniciativa do Congresso Nacional. Uma vez mais, reafirma-se uma tese desenvolvida em outro ensaio (Cunha apud Telles e Safatle, 2010) de que as anistias relacionadas aos movimentos políticos de praças e marinheiros são *socialmente limitadas*, e que, a despeito de suas reivindicações serem corporativas, bem como políticas, têm por pressuposto serem historicamente identificadas como de quebra de hierarquia e disciplina. Além disso, uma segunda premissa foi atribuída à anistia aos militares de esquerda após 1935: o fato de serem *ideologicamente* norteadas após 1935. Voltaremos a essa reflexão.

Nesse meio-tempo, diversas revoltas ocorreram à esquerda entre os sargentos nos anos de 1915 e 1916, brutalmente reprimidas, e esses praças nunca foram anistiados. Apesar da lacuna historiográfica nesse tema, fontes várias sugerem a presença de intelectuais e parlamentares socialistas em seu apoio. Mais tarde, em 1918, ocorreu a greve nos serviços de bondes e barcas da Companhia Cantareira da Viação Fluminense, desta feita tendo à frente os anarquistas, mas ao que tudo indica favorecida pelo impulso da recente Revolução Russa de 1917

(Machado, 2018). Nela, houve a inédita adesão de parte dos militares do Exército, aquartelados em Niterói, enviados para reprimir os grevistas. Todas, salvo a Chibata, são rebeliões pouco pesquisadas, sugerindo a hipótese de haver outras sequer conhecidas e que seriam, pouco tempo depois, expressão maior de uma presença militar na política com o *tenentismo*.

Contudo, paradigmático na história do Brasil é o ano de 1922. A Semana de Arte Moderna, realizada em fevereiro, foi seguida, em março, pela fundação do Partido Comunista do Brasil (PCB) e, poucos meses depois, pela eclosão do Movimento Tenentista e o primeiro Cinco de Julho, advindo depois uma segunda revolta em 1924 e, por fim, pouco mais de uma década, uma terceira, em 1935. A despeito das várias interpretações, o tenentismo expressou um guarda-chuva composto de grupos e lideranças políticas da caserna, à direita, tendo inclusive a presença de alguns influentes *jovens turcos* entre outros militares que seriam bem atuantes no cenário nacional por décadas, até o golpe de 1964; mas também uma *babel ideológica* no campo da esquerda, envolvendo socialistas e comunistas, objeto maior de nossa reflexão. Mas é importante pontuar que a relação inicial do Partido Comunista com os tenentes foi conflituosa, para não dizer emblemática, até o final da década de 1930. Aliás, os *tenentes* foram vistos como expressão da pequena burguesia, e mesmo o líder maior do tenentismo, Luiz Carlos Prestes, aderiu ao comunismo por meio de Astrogildo Pereira quando estava exilado na Bolívia; mas sua filiação ao PCB aconteceria em 1934 por determinação da IC.

Antes de pontuarmos a *ação política* dos militares comunistas nesta última revolta, a de 1935, é válido resgatar brevemente as três fases do Movimento Tenentista e algumas nuances de suas lideranças no espectro político. São consagradas na literatura acadêmica as revoltas ocorridas entre 1922, 1924, as duas primeiras articuladas à terceira, a de 1930, embora esta última ainda seja vista com muita controvérsia. Simbolicamente, as duas primeiras ocorreram na mesma data, o Cinco de Julho. A primeira eclodiu entre o final do mandato de Epitácio Pessoa e a assunção ao governo de Artur Bernardes (1922-1926), que governaria o país sob estado de sítio em praticamente todo o quadriênio. Em seu mandato foi criada a 4ª Delegacia de Polícia Política, mais conhecida por Polícia Central, cujo objetivo era a repressão aos militares e ao movimento operário, tendo uma seção relacionada à ordem política e social (Aragão, 2012:145 e segs.). Porém, o primeiro Cinco de Julho é mais conhecido pelo epíteto dos 18 do Forte, em 1922, cujos conflitos foram antecedidos em ásperos embates no Clube Militar, tendo reflexos que estariam presentes na formação de toda uma geração de rebeldes, alguns deles expoentes militares importantes na política brasileira dos anos 1940 e 1960, como o futuro brigadeiro Eduardo Gomes, que se vinculou à União Democrática Nacional (UDN), o almirante Herculino Cascardo, que se filiou ao PSB, ou o comandante Amaral Peixoto, uma influência importante no PSD.

Após dois anos, e ainda sob a égide do mandato de Bernardes, teve início o segundo Cinco de Julho, o 1924, luta de uma geração de jovens oficiais que teria em seu projeto de cunho liberal um ideário reformista ou revolucionário, a depender das fontes, mas inegavelmente teve um papel singular na história do Brasil. A insurreição contou com a adesão de parte do Exército e da Força Pública de São Paulo, correlatos ao apoio de algumas unidades militares em vários estados, especialmente no Rio Grande do Sul, bem como belonaves da Marinha, confluindo a revolta, ao final, na formação da Coluna Prestes/Miguel Costa no Paraná e que faria história. Alguns de seus personagens militares seriam atores políticos importantes, embora situados em campos ideológicos antípodas, a destacar Cordeiro de Farias e Juarez Távora, que se filiariam à conservadora UDN, ou Luiz Carlos Prestes, filiado ao PCB, e ainda à esquerda, Miguel Costa no PSB, bem como João Alberto no PTB. Outros oficiais, como Siqueira Campos, falecido em um acidente de avião nos anos 1930, ou Joaquim Távora, morto em combate, estavam inseridos nesse arco ideológico da esquerda tenentista. Por fim, o último Cinco de Julho veio em 1935 com o Manifesto da ANL.

Novos tempos e uma agenda à esquerda

Historicamente postos no cenário foram os muitos conflitos políticos do quadriênio de Washington Luís (1926-1930), última presidência da República Velha, cujo mandato em nada foi isento de tensões sociais. Aliás, a ele é atribuída a frase "Questão social é um caso de polícia". A posterior Revolução de 1930 não alteraria imediatamente o quadro conservador vigente e, apesar de Getúlio Vargas e alguns tenentes dos primeiros Cinco de Julho terem em vista um projeto modernizador para o país, a desejada estabilidade política não estava em vista na agenda, tendo em conta a erupção de muitas greves, e não poucas revoltas na caserna. Na verdade, no biênio 1930-1932 houve considerável *ação política* entre os militares, cujo cômputo indica a ocorrência de um total de 94 movimentos,

75 no Exército, 13 na Marinha e seis nas Forças Públicas, uns ideologicamente no campo da direita, tendo à frente os *integralistas* (com penetração considerável na Marinha), ocorrendo outras paralisações e rebeliões relacionadas a questões corporativas (baixos soldos, péssima condição de trabalho, ameaças de desengajamento ou redução de efetivos) e, por fim, uma dinâmica intervenção da *esquerda militar* tendo à frente os *comunistas* (Costa, 1985:280; Carvalho, 2005:65). Antes, em outubro de 1929, houve orientação da IC para que fosse criado o Setor Antimil, mais conhecido na literatura por Comitê Militar ou Setor Mil, cujo objetivo era viabilizar uma estratégia partidária específica do PCB junto aos militares do Exército, Marinha e policiais.

Correlato a essa iniciativa, e que pode ser contabilizado como reflexo dessa militância, cabe registrar o número significativo de periódicos comunistas dirigidos ao Exército e à Marinha, bem como a algumas instituições policiais até 1935 cuja orientação, ao que tudo indica, era conduzida por diretrizes do Comitê Central. Havia uma presença maior nos grandes centros, a destacar o Rio de Janeiro, embora houvesse jornais e panfletos circulando em unidades espalhadas pelo país. Um dos mais dinâmicos e longevos foi o Triângulo de Ferro, que teve seu nome alterado para União de Ferro, cujo emblema inicial apresentava, de mãos dadas, um operário, um camponês e um soldado. Não muito tempo depois, incluíram a figura de um marinheiro, mudança que expressava a importância política da Marinha. Por seus números, é possível apreender pontos da plataforma de luta e reivindicações dirigidas a soldados e marinheiros, como a melhoria de soldo, gratificações e alimentação, garantia de tratamento médico, fardamento fornecido pela instituição, direito de voto dos praças e direito destes a se casarem, direito de andar à paisana, direito de não bater continência fora do serviço e liquidação das exigências entendidas como humilhantes estabelecidas no regulamento militar. Igualmente posta entre as reivindicações, a diminuição dos vencimentos dos oficiais superiores, direito de organização, direito de ler a imprensa operária, seguida de uma reivindicação maior: a organização de conselho de soldados e marinheiros para fiscalizarem a execução dessas medidas. E havia páginas que se dedicavam à correspondência dos quartéis e navios, denunciando infiltrados, o que bem refletia o ambiente nas unidades militares (Vianna, 2007:76-83; Koval, 1982:307).

Há, no entanto, outros aspectos confluentes denotando que o cenário político e militar era especialmente combustor e que, evidentemente, o não atendimento de muitas dessas demandas corporativas firmemente defendidas por oficiais comunistas e aliancistas auxiliava a explicar o apoio e a significativa participação dos militares no levante de 1935. Não por outra razão, houve a percepção do governo para a necessidade de tomar medidas ou dar resposta institucional e política a essa militância, explicitada em 1936 com a criação do Serviço Especial de Repressão ao Comunismo, cuja concepção fortalecia especificamente a leitura de que o comunismo era um perigo interno e adquiria centralidade na atenção das autoridades (Pinheiro, 1991:262; Motta, 2002b:8). Ao final, canais visando à remodelação das forças militares foram operacionalizados, especialmente no Exército, sendo um dos mais significativos, com foros de institucionalidade, a Doutrina Góes Monteiro, pautada na valorização de comando e hierarquia, tendo à frente um coronel promovido meteoricamente a general após a revolução de 1930, cujo preceito era *não deve haver política no Exército e sim a política do Exército*. Este dístico embutia outro pressuposto muito caro aos comandos: a política seria uma atribuição somente dos generais, mudança radical relacionada ao anterior intervencionismo militar, e desta feita não seriam permitidas aos escalões mais baixos de oficiais da hierarquia quaisquer *ações políticas*.

No olho do furacão

A curta transição entre o governo provisório após 1930 e a promulgação da Carta liberal, e ao mesmo tempo corporativa, de 1934, antecipava conflitos em um horizonte próximo cujo cenário apontava para uma ditadura prevista ou em gestação afirmada numa frase do próprio Getúlio Vargas que teria dito: "Serei o primeiro revisor desta Constituição". Noutro campo, o cenário era prospectivo de uma nova agenda e, à esquerda, Luiz Carlos Prestes retornara clandestinamente ao Brasil, e já filiado ao PCB por determinação da IC, mas, devido à projeção adquirida na coluna, acabou tendo inegável ascendência sobre as decisões partidárias (Sodré, 1986:68).

A rigor, o Cavaleiro da Esperança era um mito, e seguramente, face ao seu prestígio, é que se pôde contabilizar o crescimento da esquerda em unidades do Exército e da Marinha. Em março de 1935 é fundada a Aliança Nacional Libertadora (ANL), e apesar de sua breve existência a entidade recebeu considerável adesão popular, tendo alcançado a marca de 100 mil filiados e centenas de núcleos espalhados pelo país. Prestes foi eleito seu presidente de honra. A ANL também contava com a presença de militares comunistas e era apoiada por muitos setores tenentistas de esquerda, mas acabou sendo vista como artífice de um ideário ou vanguarda corporificado no PCB. Na verdade, acabou sendo reconhecida como instrumento para as massas, sem excluir a luta armada e a expressão maior de um projeto revolucionário cuja agenda, posta pouco antes de 1935, conferia quatro orientações: *luta em frente única com ampliação do movimento; organização do trabalho militar em torno da luta anti-integralista e contra a redução dos efetivos militares; organização e desencadeamento de greves operárias nas cidades; desenvolvimento de lutas parciais, armadas e de guerrilha no campo* (Vianna, 2007:204).

Paralelamente, essa *ação política* da ANL, bem como a considerável presença do PCB nessa organização, levou à aprovação meteórica, pelo Congresso, em poucos dias, da Lei de Segurança Nacional, uma legislação repressiva que previa duras penalidades. Consequentemente, o lançamento pela ANL do Manifesto de Cinco de Julho de 1935 acabou sendo visto como um pretexto para colocar a entidade na ilegalidade, e nessa condição é que temos a erupção da terceira revolta tenentista. Apreendida na literatura com várias denominações, uma delas Intentona, seguida da qualificação Comunista, adjetivo muito alardeado contemporaneamente entre os militares, é, ao mesmo tempo, confrontada por outras denominações como Insurreição Comunista, Levante Revolucionário ou Movimento Libertador ou Revolucionário, que remetem à *ação política* dos militares à esquerda.

Todavia, não poucas controvérsias ainda persistem quanto à condução da revolta de 1935 e sua agenda. O estopim para a deflagração foi a revolta em Natal, por motivos de política regional, tendo à frente a ANL, embora Moraes (1994:171) refira-se entusiasticamente a esse levante como o Soviet de Natal. Homero Costa (1995:13 e segs.) corrobora essa leitura sustentando a tese de que ali a insurreição foi articulada e dirigida pelo PCB. Há vários relatos memorialísticos nessa linha, mas, entre as muitas razões para fundamentar essa tese, Costa sinalizou especificidades relacionadas aos militares envolvidos, alguns, inclusive, tenentes históricos ligados a Prestes. A insurreição no 21º BC deveria, segundo o autor, ser entendida como expressão de um levante maior, articulado a um plano nacional. Apesar de vários analistas sustentarem a tese de que houve precipitação, uns indicando que a responsabilidade maior seria da direção do Partido Comunista e, mais especificamente, da célula militar daquela unidade constituída fundamentalmente de cabos e sargentos, persiste ainda certa polêmica. Costa (1995:146) é taxativo em sua conclusão: a "rebelião de Natal nada teve a ver com a ANL", mas Vianna (2007:248), por sua vez, ressalta que a Direção Nacional do PCB não apoiava, ou melhor, era contra um movimento armado isolado.

Contudo há que considerar um ator que faltou ao encontro – o povo –, a despeito do apoio popular à rebelião na capital. E na linha de apreendermos alguns elementos de compreensão sobre a presença de militares à esquerda envolvidos nas revoltas de 1935, chamam atenção alguns dados sobre o perfil social de seus membros. No Rio Grande Norte, 45% dos participantes eram militares, seguidos de operários; entre os primeiros, 41% eram soldados, cabos e sargentos, não constando nenhum oficial do Exército, e ainda entre os processados 4% eram tenentes da PM e os números de militares participantes decrescem meteoricamente no interior, perfazendo 3% do total. No cômputo geral, a insurreição foi fundamentalmente popular, 72% composta de militares subalternos e operários na capital, tendo o movimento avançado em algumas cidades do interior do estado, mas ali militantes do PCB ou a ele ligados compunham a minoria (Vianna, 2007:282).

No caso de Recife, os dados são bem esclarecedores, e face à intervenção direta do setor militar, a revolta se apresentou em patamar diferenciado. Primeiro, eclodiu por uma decisão do secretariado do PCB no Nordeste, embora ficasse circunscrita à capital pernambucana, cuja liderança era de escolados quadros militantes comunistas formados na Escola Militar, a destacar Silo Meireles, Lamartine Coutinho e Alberto Besouchet, além do sargento Gregório Bezerra. O povo também faltou ao encontro, agravado nessa ausência pelo fato de a eclosão da revolta ter ocorrido em um final de semana. Não obstante, militares, percentualmente, compunham a maioria dos insurretos: 52,5%, seguidos de 25% de operários; entre os primeiros, sete eram oficiais, tendo, ao final, 96,5% subalternos perfazendo um número de 197 processados, proporcionalmente maior número de cabos e soldados em Recife do que em Natal.

Finalmente, eclodiu a rebelião no Rio de Janeiro, e na Praia Vermelha havia um pequeno núcleo do PCB entre um grupo maior de três dezenas de aliancistas, bem como simpatizantes, minoria frente a quase 2 mil militares ali aquartelados. Situação análoga percentualmente na Escola de Aviação, unidade que acabou sendo tomada de surpresa e parcialmente controlada, por algum tempo, pelo pequeno grupo de oficiais comunistas ali acantonados. Nela, estava à frente Ivan Ribeiro, aluno da Escola Militar nos anos 1930, mas a grande maioria era de militares subalternos, tendo um diferencial: ideias próprias sobre o levante, como a defesa de interesses profissionais cuja pauta era exposta constantemente nos vários jornais comunistas dirigidos aos militares. Nessas duas unidades militares, havia uma convicção ideológica mais consistente dos oficiais que nos demais lugares rebelados, e a adesão entusiástica ao levante foi norteada pela admiração por algumas lideranças além de Luiz Carlos Prestes. Tanto é que a maioria não procurou negar seu envolvimento na rebelião, algo que em si poderia ser justificável para se preservar. O alto percentual de militares envolvidos – 65% contra 35% de civis, e entre estes somente um terço, ou 11%, era de origem operária – demonstra o espírito de quartelada que norteou o processo revolucionário no Rio (Vianna, 2007:287; Sodré, 1986:91).

Apesar de esse quadro ser mais circunscrito a três capitais, essas rebeliões não foram as únicas. Houve iniciativas correlatas pelo país, embora pouco exploradas academicamente, todas abortadas, conferindo mais uma vez, a despeito da precipitação inicial vista no Rio Grande do Norte, o indicativo de haver o planejamento de uma articulação nacional nos quartéis. Havia, na Paraíba, um plano de insurreição nucleada no 22º Batalhão de Caçadores, o maior quartel do Exército sediado em João Pessoa e que tinha uma ligação simbiótica com a direção comunista em Recife e ramificações pelo interior do estado. Face aos acontecimentos de Pernambuco, bem como à precipitação decorrente em Natal, o plano malogrou e, consequentemente, ocorreu a desmobilização dos militantes. Em Alagoas, a insurreição estava focalizada no 20º Batalhão de Caçadores de Maceió, mas nela os comunistas tinham uma frágil organização entre os militares, quase todos suboficiais, contando somente com a adesão de um oficial da PM e uns poucos civis. Denunciados os insurretos na última hora, o quartel local entrou em prontidão, inviabilizando qualquer possibilidade de rebelião.

Controvérsia quanto aos acontecimentos no Ceará estão presentes em várias fontes, já que, segundo Costa (1995:13 e segs.), não havia células de comunistas entre os militares, embora no estado o PCB tivesse elaborado um plano de insurreição. Seus militantes foram pegos de surpresa pelo levante no Rio Grande do Norte, ocorrendo prisões quando da descoberta desse complô. O argumento último e as prisões sugerem outra leitura, já que Gregório Bezerra (1979:205 e segs.) chamou a atenção em suas memórias para uma dinâmica atividade do Setor Mil, tendo células atuantes no Exército e na PM da capital. Talvez a explicação provável para essa aparente contradição e fracasso dos complôs esteja relacionada à sua ausência em Fortaleza no momento do levante. A consequente situação política e militar na capital acabaria ficando insustentável para os comunistas locais, e a maioria de seus membros se evadiu para o interior do estado com objetivo de preparar guerrilhas. Mobilização distante, que acabou viabilizando abrigo a outros foragidos dos levantes de 1935.

Nessa linha militarista, consta ainda um plano de sublevação do 24º Batalhão de Caçadores no Maranhão conjuntamente com algumas ramificações na PM, mas abortado pelos acontecimentos em Natal. Além de ser do conhecimento das autoridades locais, prisões inviabilizaram qualquer reação programada para o dia da insurreição. Outra ação insurrecional não teve epílogo diferente no Piauí, tendo o PCB planejado insurgir o 25º Batalhão de Caçadores em Teresina, unidade que registrara antes uma sublevação em 1931. Talvez, por essa razão, os comunistas tivessem algumas ligações anteriores nesse quartel, mas, a exemplo das demais unidades militares da federação, o plano foi igualmente abortado face ao estado de prontidão decorrente dos acontecimentos de Natal. Ao mesmo tempo, constam ligações conspiratórias dos comunistas com alguns cabos e sargentos do 26º Batalhão de Caçadores em Belém do Pará, mas dada a surpresa com os acontecimentos no Rio Grande do Norte e a falta de informações, a direção local optou por se preservar depois de informada do fracasso do levante no Rio de Janeiro (Buonicore, 2012:44).

A rigor, essa não foi a única direção estadual comunista que teve posição análoga de cautela e recuo, e há o registro de um levante previsto em São Paulo, mas, devido à infiltração policial e à vigilância nos regimentos da Força Pública, onde havia presença e influência do Antimil, a orientação era de que fosse deflagrado somente após a vitória no Nordeste. Diante da precipitação dos acontecimentos em Natal e Recife, e particularmente após a derrota do movimento na praia Vermelha, Rio de Janeiro, o setor militar na capital paulista optou pela cautela e sua preservação (Dulles, 1985:37), em que pese haver referências pontuais sobre tentativas de levante no 6º Regimento de Infantaria (RI) em São Paulo em fins de 1935, cujo resultado foi a expulsão de 10 sargentos.

A segunda questão remete à agenda da insurreição. Informações disponibilizadas por fontes recentes corroboram a hipótese de haver um plano previamente elaborado de uma revolta nacional que deveria eclodir somente em 1936, permitindo inferir que havia esforços maiores nas articulações em que os militares apareciam como expressão de vanguarda. Uma delas advém do major Costa Leite, oficial comunista que via com ceticismo o quadro insurrecional pós-cassação da ANL, bem como as análises partidárias que afirmavam que a revolução estava na ordem do dia. Pouco antes do levante de 1935, confidenciara Costa Leite ao tenente e futuro combatente da Guerra Civil espanhola, Apolônio de Carvalho (1997:59), que um levante armado nacional estava sendo planejado para maio ou abril de 1936. Concomitantemente a essa linha de análise, Johann Graaf, um agente duplo infiltrado, cuja trajetória foi objeto de uma recente biografia intitulada *Johnny: a vida do espião que delatou a rebelião comunista de 1935*, admitiu que a data planejada para a insurreição seria janeiro de 1936, informação partilhada com o serviço secreto britânico (Rose e Gordon, 2010:257 a 281). Graaf atuou no Brasil no treinamento em armas e explosivos para vários grupos de estudantes, entre outros ensinamentos necessários à revolução. Por fim, Marly Vianna (2007:276) resgatou depoimentos de vários militantes que corroboram essa hipótese, sinalizando ainda que a agenda insurrecional em vista tinha por data o primeiro semestre de 1936.

Há outro aspecto a ser considerado nessa reflexão em que estiveram envolvidos os militantes comunistas, já no olho de um furacão político e militar. No último local a se rebelar, o Rio de Janeiro, a situação política era avaliada como revolucionária pelo Comitê Central, mas, a despeito de os sinais de fracasso da insurreição nas capitais do Nordeste serem evidentes, havia dúvidas entre algumas lideranças comunistas na capital federal sobre a oportunidade de somar apoio aos revoltosos potiguares. Ao que parece, um fato militar importante foi minimizado pela direção, tendo consequências danosas: os quartéis estavam de prontidão. Aliás, não somente de prontidão, mas, em decorrência do primeiro levante ou por estar em curso a última rebelião, o governo federal decretou o *estado de sítio*, e muitas lideranças operárias e democratas foram presas, inviabilizando o apoio popular previsto na agenda da insurreição. Mais importante ainda, houve a erosão do fator surpresa, visto como determinante no campo militar (Gorender, 2003:285; Vianna, 2007:320 e segs.).

A rigor, o esperado e pronto apoio da Armada ao eclodir a revolta era uma posição em expectativa defendida por Prestes na famosa reunião que deu luz verde à insurreição no Rio de Janeiro. Mas, concomitantemente ao exposto sobre o Exército, um quadro semelhante de prontidão se apresentava na Marinha de Guerra, e apesar do erro de avaliação não está totalmente despossuída de fundamento essa assertiva de Prestes, o que pode ser corroborado pela análise da presença da infiltração comunista na Armada. Indícios de uma planejada tentativa de insurreição de parte da esquadra pelos marinheiros não prosperaram em razão de um aviso prévio recebido pelo comando naval, providenciando o afastamento dos navios de guerra da capital federal. Se havia ou não factibilidade daquela iniciativa ao projeto insurrecional, não sabemos, até porque não houve desdobramentos maiores após essa iniciativa do almirantado. De qualquer forma, a posição de Prestes de confiar na Marinha para a adesão ao levante e o apoio aos revoltosos combina duas características pessoais marcantes de sua personalidade, como ressalta Marly Vianna (2007:324): "a do general, do comandante militar, do homem de ação, como tão bem demonstrara em 1924, e a ética, que o impedia de abandonar à própria sorte os companheiros que para ele haviam saído na vanguarda revolucionária".

Não cabe ainda, segundo Vianna (2007), atribuir responsabilidades individuais, até porque a decisão do levante foi coletiva e, seguramente, houve nela o reflexo da superestimação da presença militar comunista no Exército, sugestiva de um quadro correlato também na Armada. Não por outra razão, independentemente do número de envolvidos, vale mais uma vez resgatar o conceito de *hegemonia* (Gramsci, 2000) como central nessa articulação política. A *ação política* à esquerda teve continuidade em esforços posteriores para uma nova rebelião, haja vista registros de tentativas de sublevar a esquadra em fins de 1935, correlatas a outras abortadas em meados de 1936, ou mesmo uma última orientada pelo Antimil também na Marinha em 1937 (Costa, 1985). Persistem ainda na literatura não poucas controvérsias relacionadas à participação da *esquerda militar* bem como à discussão sobre sua efetiva capacidade em acionar os meios militares comunistas para empreender uma ação militar daquela envergadura naquelas condições históricas (Gorender, 2003:286). Prestes, numa recapitulação memorialística nos anos 1980, reafirmaria essa tese valorativa da quartelada, contradizendo até leituras suas anteriores ao avaliar, talvez, mais como ator militar e não como político, afirmando que o episódio decisivo para a derrota da insurreição foi a desarticulação entre o regimento da praia Vermelha e o Batalhão Naval (Reis Filho, 2014:462).

Algumas considerações

Historicamente, persistem ainda controvérsias de *onde* e *quando* a decisão da insurreição foi tomada no Brasil, cronometragem imprecisa quando relacionada a movimentos conspirativos (Gorender, 2003:284). Tudo indica que a senha para convencer alguns descrentes dirigentes da factibilidade do levante na antiga capital federal adveio da contundente afirmação de Prestes de que a Marinha se rebelaria conjuntamente com o Exército, em que pese, vale registrar, o equívoco de análise e percepção dos comunistas quanto à real correlação de forças no campo militar. Não obstante, o movimento revolucionário de 1935 seria *o último suspiro do tenentismo* (Vianna, 2007), pautado numa expectativa de sucesso que era, sobretudo, positiva, para não dizer contagiante (Sodré, 1986:89; Moraes, 1982:75-77). A análise de Prestes é confluente, em alguma medida, com a passagem de Cordeiro de Farias posta em epígrafe. Ambas, de certa forma, sugerem a insurreição como expressão de um *romantismo revolucionário*, leitura que, podemos inferir, norteou a adesão entusiástica dos militares comunistas.

Apolônio de Carvalho (1997:66), recordando criticamente esses tempos e o tempo de prisão, sustenta essa tese, conferindo o triunfalismo presente na militância no cárcere após a derrota de 1935 até sua libertação em 1936, postura essa auxiliada por certa agitação à esquerda ainda presente entre os militares e, como vimos, significativa na Marinha. Apesar das torturas e das péssimas condições das prisões, o moral alto não foi abalado entre os prisioneiros cuja análise e postura fundamentada na perspectiva de novas insurreições é corroborada não somente pela apreciação do PCB, mas também pelo teor de devoção sentido entre os militares/militantes presos cuja certeza era de que estava em curso uma nova onda revolucionária. Nesse contexto histórico, havia o paradigma da URSS e o marxismo como referencial a balizar a atuação dos comunistas enquanto sujeitos na história. Posteriormente Carvalho (1997) lamentaria que havia uma leitura subsumida pela *cega subestimação do inimigo como obstinada sobreavaliação de nossas forças*, análise essa que conflui com a de Eric Hobsbawm (1995:78-79) que bem resume o *ethos* dessa geração:

> Nenhuma dessas hesitações perturbou a primeira geração de inspirados pela luz brilhante de Outubro a dedicar suas vidas à revolução Mundial. Como os primeiros

> cristãos, a maioria dos socialistas pré-1914 era de crentes na grande mudança apocalíptica que iria abolir tudo que era mal e trazer uma sociedade sem infelicidade, opressão, desigualdade e injustiça. O marxismo oferecia à esperança do milênio a garantia da ciência e da inevitabilidade histórica; a Revolução de Outubro agora oferecia a prova que a grande mudança começara.

À guisa de conclusão, vale registrar que o PCB bem como os militares comunistas foram fortemente afetados pela repressão implantada do Estado Novo. O partido ficou acéfalo por algum tempo, quando praticamente todos os seus dirigentes nacionais estiveram encarcerados, especialmente entre 1940 e 1942. Prisões também recaíram sobre os militares de esquerda, Prestes em especial, que amargaria uma pena de 10 anos, a maior parte do tempo incomunicável. A anistia parcial concedida por Getúlio Vargas pouco antes da decretação do Estado Novo, mais conhecida por Macedada, até possibilitou a saída de muitos deles do cárcere, alguns concomitantemente imbuídos da leitura de que a luta iniciada no Brasil teria continuidade no campo de batalha da Guerra Civil espanhola. Uns seguiram para aquele *front* militar e a maioria retornou ao Brasil somente após a democratização em 1945.

Há igualmente um aspecto paradigmático quanto a essas anistias aos militares comunistas e de esquerda relacionado às demais anistias nas décadas subsequentes. Como sinalizado, a Revolta da Chibata pautaria anistias relacionadas aos praças e marinheiros como *socialmente limitadas*, cujo pressuposto era não reconhecer esses movimentos como manifestações políticas e sim como quebra de hierarquia e disciplina. Após o movimento revolucionário de 1935, soma-se a essa premissa o fato de as anistias virem a ser também *ideologicamente* norteadas, ou seja, prevalecendo dois pesos e duas medidas entre a *ação política* da *esquerda militar* após o levante de 1935 quando confrontada com o *pustch* de 1938 da direita militar, cuja expressão foi o *movimento integralista*. A anistia promulgada em 1945 concedida por Getúlio Vargas e sancionada no início da democratização possibilitou a libertação de centenas de presos políticos no campo da esquerda, entre os quais Luis Carlos Prestes. Entretanto, em nada diferente das anistias subsequentes, foi parcial e excludente em um quesito basilar comparada aos militares integralistas: a reintegração. Estes últimos, além de totalmente anistiados, tiveram suas *ações políticas* golpistas reconhecidas como patrióticas, mas no caso da *esquerda militar* os militares punidos na intitulada *Intentona* nunca mais foram reintegrados às forças armadas, embora tendo, em tese, o direito expresso no mesmo projeto de lei.

Noutra linha, mas articulado a essa premissa relacionada à rebelião de 1935, adveio fortemente o *anticomunismo*, implicando uma apreensão ideológica tendenciosa e reacionária daqueles fatos, vista especialmente com a tese de uma traição e de assassinato de militares legalistas enquanto dormiam. Ou o papel da IC, leia-se, o ouro de Moscou, como determinação externa, versão última quase osmótica a uma política de Estado para as novas gerações de oficiais. Embora um competente analista tenha definido este processo político como *o grande engodo* (Motta, 2002b:214), suas consequências se fariam sentir por décadas nas forças armadas. A versão negativa oficial e/ou oficiosa construída sobre a intervenção dos militares de esquerda e veiculada ao longo dos anos forneceu questionáveis argumentos para as rupturas institucionais subsequentes até o Estado Novo em 1937. Exemplo disso foi o engodo do Plano Cohen de 1937, cujos apontamentos acabaram requentados nas muitas rebeliões golpistas à direita até que adveio o golpe militar de 1964.

Na verdade, os militares comunistas e de esquerda de 1935 irão compor, conjuntamente com os nacionalistas, democratas e legalistas a partir de 1946, o grupo de *militares perseguidos*, conceito operacionalizado pela Comissão Nacional da Verdade (CNV). Aliás, comparados ao operariado e ao campesinato, proporcionalmente os militares foram a categoria mais atingida pelo golpe civil-militar de 1964. Relacionado ainda a este último golpe, há ainda um aspecto a ser considerado comparativamente aos presos militares da primeira insurreição, seguramente, reflexo norteado pelo *anticomunismo* na caserna e bem presente nas décadas subsequentes na política brasileira. Diferentemente da brutalidade dirigida aos praças, marinheiros ou civis considerados comunistas em 1935, os oficiais naquela ocasião foram tratados com respeito às suas patentes, quadro dramaticamente alterado após 1945. A partir dos anos 1950, e especialmente após 1964, a tortura foi campeada sem qualquer distinção de patente, e todos os militares *desfrutaram* do mesmo tratamento indigno à sua condição de oficiais.

Finalmente, temos em vista que essa é somente uma breve parte da história dos militares comunistas ou de esquerda em nosso longo século XX. Independentemente de algumas ressalvas críticas e discordâncias com a linha de interpretação que operamos nessa construção (Morares, 2005), avaliamos que a *esquerda militar* depois de 1964 se ressignificou com outra pauta e agenda inicialmente vistas em dinâmicas associações de militares na luta pela anistia e pela redemocratização do país ou em grupos atuantes até bem pouco tempo nas forças armadas, a destacar o Movimento Capitanismo e a Associação de Praças do Exército Brasileiro (Apeb), bem como as corporações policiais, entre as quais o Movimento de Policiais Antifascistas. Mas esse é outro debate. A continuidade da *ação política* relacionada à *esquerda militar* emerge ainda questionada e inconclusa em nossa imaginação, inegavelmente uma reflexão em aberto de uma problemática a ser ainda posta na agenda contemporânea.

6. A criação do Ministério da Aeronáutica e a invenção da Força Aérea Brasileira

André Barbosa Fraga

Um balanço da historiografia brasileira a respeito da Aeronáutica revela que, comparada às produções acadêmicas sobre o Exército e a Marinha, ainda há poucos estudos tendo a mais recente das forças armadas como objeto. Ao analisar-se essa produção, é possível dividi-la em duas categorias. A primeira é formada por trabalhos escritos no interior de instituições ligadas à Aeronáutica, principalmente por aviadores militares, destacando-se a *Revista da Unifa* e as publicações do Instituto Histórico-Cultural da Aeronáutica (Incaer). Já a segunda categoria é caracterizada por pesquisas desenvolvidas por historiadores no âmbito de programas de pós-graduação de universidades públicas e particulares do Brasil. A busca pelo termo "aeronáutica", no catálogo de teses e dissertações da Capes, na área de história, encontra somente 20 produções, tendo nove delas abordado alguma dimensão militar da Aeronáutica.

Para incentivar que novos estudos sejam feitos sobre essa temática, relacionando aspectos políticos e culturais, este texto tem como objetivo analisar o início da trajetória da Força Aérea Brasileira (FAB), ocorrido no primeiro governo Vargas (1930-1945) e alguns de seus desdobramentos no período de 1945 a 1964. Na década de 1940, a principal mudança operada no setor foi a reestruturação da aviação militar, a partir da instauração, em 20 de janeiro de 1941, do Ministério da Aeronáutica, unificando sob seu controle as aviações pertencentes ao Exército e à Marinha. O intuito principal do texto é compreender o processo de criação dessa pasta e as iniciativas materiais e simbólicas empregadas pelo primeiro ministro, Salgado Filho, para constituir a FAB, em um contexto marcado pela Segunda Guerra Mundial.

A organização inicial da aviação militar brasileira

A primeira década do século XX foi marcada por tentativas satisfatórias, ao redor do mundo, de construção e voo de aviões. Diante da frequência com que experiências bem-sucedidas eram anunciadas, dirigentes de vários países identificaram no novo meio de transporte a tecnologia necessária para fortalecer suas forças armadas e, consequentemente, manter a soberania nacional. A eclosão da Primeira Guerra Mundial (1914-1918) e os resultados promissores do uso regular do aparelho aéreo como arma evidenciaram a utilidade dessa tecnologia para fins militares, proporcionando avanços significativos em tal campo. Por exemplo, enquanto a indústria nascente desse setor havia produzido, entre 1906 e 1914, por volta de 10 mil aviões, os países em guerra construíram, de 1914 a 1918, cerca de 177 mil (Fay, 2012:16).

O êxito de aeronaves como recurso bélico, naquele conflito mundial, impactou diretamente a decisão das forças armadas brasileiras de também empregá-las com o intuito de defesa. Sem dúvida, colaborou para isso, entre outros aspectos, o fato de muitas nações da América inaugurarem suas escolas de aviação militar antes do Brasil, como haviam feito a Argentina, em agosto de 1912, e o Chile, em fevereiro de 1913 (Incaer, 1988:375-376). Diante desse contexto de acirrada disputa política e bélica global pelo domínio tecnológico do campo aéreo, a Marinha e o Exército brasileiros promoveram a instalação, no Rio de Janeiro, respectivamente, da Escola de Aviação Naval, em 23 de agosto de 1916 (Brasil, 1916), e da Escola de Aviação Militar, em 15 de janeiro de 1919 (Brasil, 1919).

A análise da trajetória dessas unidades de instrução aérea militar permitiu constatar que as duas forças armadas estabeleceram seus setores de aviação sem manter qualquer tipo de parceria ou vínculo um com o outro. Essa autonomia possibilitou a cada uma delas investir recursos próprios na área, de acordo com os interesses e as determinações dos seus próprios diretores, instrutores, comandantes e ministros. Tal decisão fez com que as aviações naval e militar apresentassem, ao longo dos 22 anos de coexistência, diferenças significativas em quase todos os aspectos, a começar pelo local no qual as atividades eram exercidas.

A Escola de Aviação Naval foi criada em 1916 por iniciativa do então ministro da Marinha almirante Alexandrino Faria de Alencar, no governo do presidente Wenceslau Braz. Tendo iniciado suas atividades no antigo Arsenal de Marinha, na praça Mauá, e na ilha das Enxadas, na baía de Guanabara, transferiu-se, em 1924, para a Ponta do Galeão, na Ilha do Governador, local considerado mais espaçoso para servir de instalação a um centro de aviação (Souza, 1944:143-148; Lavenère-Wanderley, 1975:53-54; 56; 65; Linhares, 2001:5-6; 24). Por sua vez, a Escola de Aviação Militar começou a ser estruturada no final de 1918, pelo ministro da Guerra general Alberto Cardoso de Aguiar, no governo presidencial de Delfim Moreira. Inaugurada em 1919, foi estabelecida no Campo dos Afonsos, em Marechal Hermes, subúrbio carioca (Lavenère-Wanderley, 1975:71-72).

Além da origem e da localização distintas, as duas instituições podem ser diferenciadas também pelos equipamentos e convênios internacionais adotados. A Escola de Aviação da Marinha, desde o início de suas atividades, utilizou-se de aviões e instrutores dos Estados Unidos. Tal parceria chegou ao ápice em 1922, com o estabelecimento da Missão Naval Americana, responsável por reorganizar administrativamente essa instituição militar brasileira e orientar como deveria ser ministrado seu ensino (Almeida, 1990:118-119; Vidigal, 1998:71). Já a Escola de Aviação do Exército valeu-se de aeronaves e de instrutores da França, recebendo a Missão Militar Francesa, a qual capacitou os militares brasileiros no emprego de novas armas, estratégias e táticas (Lott, 2002:25; 37).

Apesar de possuírem trajetórias próprias, as aviações militar e naval do Brasil compartilharam algumas características semelhantes, principalmente quanto a aspectos considerados negativos para as duas instituições, os quais podem ser divididos em dois grupos. O primeiro está relacionado às estruturas, aos poucos recursos disponíveis e, muitas vezes, mal empregados, resultando na falta de infraestrutura e na deficiência do treinamento e da formação dos aviadores (Fraga, 2021:213-243).[1] Comparando os investimentos concedidos a outros setores militares e navais, o Exército e a Marinha dispensavam às suas aviações uma verba pequena. Além disso, elas não possuíam qualquer independência administrativa, técnica ou operacional, adquirindo um papel auxiliar e incipiente (Teixeira, 1992:21).

1 A falta de investimento adequado sempre era apontada com destaque em relatórios produzidos por membros da aviação militar e naval para explicar as deficiências apresentadas ao longo dos anos. Ver, por exemplo, o ofício enviado em 1928 pelo diretor da Aviação Militar Álvaro Guilherme Mariante ao ministro da Guerra Nestor Sezefredo dos Passos. Fundo Góis Monteiro, SA 44. Microfilme: 045-97. Arquivo Nacional. A referência à questão monetária aparece especificamente em: SA 44.1.3 e SA 44.1.4.

O segundo grupo reúne os aspectos ligados às agências, portanto, ao comportamento individual de cada militar, frequentemente marcado pelo não cumprimento das regras, pela indisciplina, pela imprudência e pela inaptidão à carreira. Tal conformação resultou em irregularidades administrativas e no alto índice de acidentes, elevando a mortalidade e tornando a profissão ainda mais de alto risco (Fraga, 2021:213-243). A observação do desenvolvimento aéreo do Brasil nas décadas de 1910 a 1930 revela que, por muitos anos, o país adotou um modelo no qual o setor se encontrava dividido e controlado por três ministérios distintos: o da Guerra se responsabilizava pela aviação do Exército; e o da Marinha, pela aviação naval. Já os serviços civis de navegação aérea foram regulamentados em 22 de julho de 1925, ficando a cargo do Ministério da Viação e Obras Públicas (Brasil, 1925).

A criação do Ministério da Aeronáutica e a unificação da aviação militar

O rápido e expressivo desenvolvimento da aviação, não somente na Primeira Guerra, mas também no período entreguerras (1918-1939), fez com que as principais potências mundiais reorganizassem e unificassem suas forças aéreas. No momento em que o céu revelava potencial para ser um campo de batalha tão decisivo quanto o mar e a terra, nações europeias optaram, então, por dar autonomia aos setores aéreos militares, tornando-os independentes da Marinha e do Exército. A Inglaterra foi a pioneira ao criar, em abril de 1918, um Ministério do Ar, encarregado de administrar toda a atividade aeronáutica militar e civil, autorizando, em 1937, que apenas a aviação embarcada retornasse ao controle do Ministério da Marinha. Por sua vez, a França, em 1928, unificou suas forças aéreas, embora tenha mantido sob a administração do Ministério da Marinha parte da aviação naval. Já a Itália instituiu, em 1929, o Ministério do Ar, o qual obteve o controle da totalidade da aviação civil e militar do país (Falconi, 2009:26-28).

No Brasil, desde a criação das aviações de combate, já havia propostas para reestruturá-las. No entanto, a partir da década de 1930, a adoção do Ministério do Ar por várias nações estimulou, em muitos militares e civis brasileiros, a mobilização em prol de uma mudança significativa no setor, adaptando-o aos novos tempos. O ano de 1935 foi um marco na intensificação da busca por autonomia e integração administrativa da aviação. Por exemplo, em 20 de fevereiro, o capitão-aviador Antonio Alves Cabral realizou, no Clube Militar, a conferência "Política aérea brasileira", na qual propôs a criação no país de um Ministério do Ar, baseado no modelo italiano de unificação completa das aviações militares e civis. Ao final da exposição, o general Góis Monteiro, então ministro da Guerra, declarou-se favorável à ideia.[2]

No mesmo ano, multiplicaram-se campanhas com o objetivo de constituição da pasta, considerada essencial para impulsionar o crescimento da aeronáutica. Uma delas, de ampla repercussão na imprensa, foi lançada em abril por uma comissão de aviadores da Marinha e do Exército, liderada pelos tenentes-coronéis Ivo Borges e Armando de Souza Ararigboia, pelo capitão Antônio Alves Cabral e pelos capitães de corveta Amarílio Vieira Cortez, Luiz Leal Netto dos Reis e Álvaro de Araújo (Lavenère-Wanderley, 1975:213). Os partidários de um ministério exclusivo alegaram que a alteração traria uniformidade e economia às atividades da aviação (Ministério..., 1940:4). Além disso, os defensores do Ministério do Ar, buscando reforçar a argumentação favorável à proposta de mudança, enfatizaram e até mesmo superdimensionaram características observadas nas aviações do Exército e da Marinha, tais como a falta de infraestrutura e a deficiência na seleção, treinamento e formação dos aviadores.

No entanto, o governo brasileiro cogitou uma reforma estrutural no setor só depois da eclosão da Segunda Guerra e dos resultados bem-sucedidos do emprego, logo no início do conflito, das aviações alemãs e italianas na conquista de territórios. Diante da importância da arma aérea para a garantia da segurança nacional, Getúlio Vargas decidiu consultar, em 1940, as instituições que controlavam os setores civis e militares da aviação, solicitando a produção de pareceres nos quais concordassem ou não com a unificação. Em resposta, tanto o Exército quanto o Ministério da Viação e Obras Públicas demonstraram-se favoráveis à medida.[3]

---

2 Informação extraída do diário de Eurico Gaspar Dutra, produzido quando este ocupou, de julho de 1933 a abril de 1935, o posto de diretor da Aviação Militar. Ver Arquivo Eurico Dutra, ED dp 1930.10.14. Pasta I.2. P. 105. FGV Cpdoc.

3 O parecer do Estado-Maior do Exército e o ofício do ministro da Guerra Eurico Gaspar Dutra consentiram a iniciativa, desde que baseada na centralização e na reunião, sob uma só direção, de todos os meios aéreos existentes no país. Tais documentos estão depositados em: Arquivo Nacional. Fundo Salgado Filho, BR AN RIO R0, caixa 6, pacote 15, dossiês 12 e 13. Já os ofícios com os projetos de autoria do Departamento de Aeronáutica Civil e do Conselho Nacional de Aeronáutica localizam-se em: Arquivo Nacional. Fundo Salgado Filho, BR AN RIO R0, caixa 6, pacote 15, dossiês 14 e 15.

Por sua vez, o Estado-Maior da Armada, representando a Marinha, já havia se manifestado contrário, em abril de 1939.[4]

Além de tomar conhecimento da posição desses órgãos e ministérios, o presidente quis conhecer também a opinião individual dos militares da aviação. Para isso, entregou ao capitão Nero Moura, seu piloto particular, documentação que vinha sendo produzida por civis e militares a respeito do tema e pediu que ele reunisse colegas aviadores, consultando-os sobre a questão da unificação. Após reuniões deste com membros da aviação militar, como Clóvis Travassos, Faria Lima e Miguel Lampert, todos se mostraram favoráveis à fundação do novo ministério, decisão apresentada em agosto ou setembro a Getúlio Vargas (Moura, 1996:92; 93). Avaliando essas contribuições, o chefe de Estado, no segundo semestre de 1940, decidiu tornar o Ministério da Aeronáutica realidade, criando-o em 20 de janeiro de 1941, estruturado no modelo italiano de unificação completa das aviações militares e civis. Junto com ele, surgiram as Forças Aéreas Nacionais (Brasil, 1941a), as quais, em 22 de maio de 1941, passaram a se chamar Força Aérea Brasileira (FAB) (Brasil, 1941e).

Em relação à escolha do ministro a ocupar a nova pasta, o presidente inevitavelmente acabaria se indispondo com o Exército ou com a Marinha caso optasse por um oficial da aviação militar ou da naval. Para tal situação não ocorrer, Getúlio Vargas apostou em uma solução que evitava provocar desnecessariamente atritos entre as duas forças armadas. Já que o cargo também englobava o controle do setor aéreo comercial e esportivo, escolheu um civil: o gaúcho Joaquim Pedro Salgado Filho. A opção por esse nome para gerir um ministério que, no contexto da Segunda Guerra, já surgia estratégico, pode ser explicada por sua extensa experiência política e administrativa. Formado em direito, havia sido ministro do Trabalho, Indústria e Comércio (1932-1935) e deputado federal (1935-1937). Além disso, sua trajetória familiar e profissional continha elementos que o aproximavam tanto da segurança pública, ao ter exercido a atividade de chefe de polícia (1932), quanto dos militares, por ter sido filho do

4 Em memorando encaminhado ao Conselho de Segurança Nacional, tal força armada argumentou que a criação do Ministério do Ar ofereceria apenas desvantagens para o desenvolvimento das diversas atividades da aviação civil ou militar. Portanto, mesmo que o governo aprovasse a criação de tal pasta, a Marinha exigiria a completa independência administrativa de suas próprias forças aéreas. O parecer da decisão pode ser consultado em: Arquivo Nacional. Fundo Salgado Filho, BR AN RIO R0, caixa 1, pacote 1, dossiê 2.

coronel Joaquim Pedro Salgado e exercido a atividade de ministro do Supremo Tribunal Militar (1938-1941) (Moreira, 2001).

Salgado Filho e a invenção da Força Aérea Brasileira

Ao assumir o novo cargo, a primeira ação do ministro da Aeronáutica foi selecionar a equipe que integraria seu gabinete. Em relação aos oficiais civis, optou pelo diplomata Manoel Pio Corrêa Júnior e pelo agente de divisão municipal Alfredo Bernardes Netto. Já para os quadros militares, Salgado Filho escolheu exatamente a mesma quantidade de membros pertencentes ao Exército e à Marinha. Com isso, procurou evitar desagradar alguma dessas forças armadas, estratégia que já havia sido empregada pelo próprio presidente quando o convidou para comandar a pasta. Dessa forma, designou como chefe de gabinete o tenente-coronel Dulcídio do Espírito Santo Cardoso; como assistentes militares, o capitão-aviador militar Nero Moura e o capitão-tenente-aviador naval Dyonísio Cerqueira de Taunay; e como ajudantes de ordem, o primeiro-tenente-aviador militar Ewerton Fritsch e o primeiro-tenente-aviador naval Oswaldo Pamplona Pinto (Incaer, 1991:130).

Seguindo a mesma lógica, compôs seu gabinete técnico da seguinte maneira: três militares do Exército, o tenente-coronel-aviador Vasco Alves Secco, o major-aviador Nelson Freire Lavenère-Wanderley e o major-aviador José Vicente de Faria Lima; três da Marinha, o capitão de fragata e aviador Luiz Leal Netto dos Reys, o capitão de corveta e aviador Ismar Pfaltzgraff Brasil e o capitão-tenente-aviador Hélio Costa; e dois civis, Cesar da Silveira Grillo e Jorge Moniz (Incaer, 1991:130). Com a ajuda deles, Salgado Filho, durante o ano de 1941, desenvolveu as primeiras medidas burocráticas necessárias à fusão das aviações militar, naval e civil.

Uma delas, que gerou intensos debates na equipe, consistiu na criação das denominações atribuídas aos postos da hierarquia da Força Aérea Brasileira, publicadas em lei no dia 13 de fevereiro de 1941 (Brasil, 1941b). Um grupo preferia identificações novas, diferenciando-as, assim, completamente daquelas adotadas pelo Exército e pela Marinha. Contudo, prevaleceu a proposta de utilizar os nomes dos postos do Exército, acrescidos ao final da palavra "aviador". A única inovação empregada foi para designar os generais, chamados, na FAB, de "brigadeiros" (Lavenère-Wanderley, 1975:240). Três meses depois, mais uma decisão tomada: a elaboração dos novos uniformes dos oficiais e praças (Brasil, 1941f), por uma comissão especial constituída pelo tenente-coronel Armando Ararigboia, pelos majores Américo Leal e Lauro Menescal e pelo capitão Ari Presser Belo (Ministério..., 1941:6).

Em outubro de 1941, passadas essas resoluções iniciais, Salgado Filho divulgou uma frase, escrita por ele, que sintetizava o planejamento traçado para sua pasta, visando transformar o Brasil em uma potência aérea: "Pilotos para o Brasil, aviões para os pilotos e técnicos para os aviões. Esta é a flâmula aeronáutica" (Asas..., 1941:13). Ou seja, o objetivo principal do ministério foi dotar o país de uma quantidade significativa de aviadores competentes, de aeronaves para treiná-los e de profissionais capazes de projetar e de fazer a manutenção dos aviões. Todavia, formar pilotos e técnicos qualificados, disciplinados e em grande número demandava ao Brasil um novo "espírito militar", isto é, um conjunto de valores, atitudes e comportamentos aprendidos pelos cadetes nas aulas, manuais e regulamentos e na interação cotidiana com colegas e superiores (Castro, 1990). Na expectativa da pasta da Aeronáutica, esse "espírito" seria construído a partir da criação da Escola de Aeronáutica e da Escola de Especialistas de Aeronáutica.

Com o término das escolas de aviação naval e militar, a pasta de Salgado Filho instituiu, em 25 de março de 1941, nas antigas dependências da aviação do Exército, no Campo dos Afonsos, a Escola de Aeronáutica, cujos alunos foram chamados oficialmente de cadetes de Aeronáutica[5] (Brasil, 1941d). O ensino dado aos pilotos compreendia um curso de três anos, constituído por instrução fundamental, "relativa às disciplinas necessárias ao preparo básico superior do futuro oficial"; instrução militar, "relativa a regulamentos militares, à reorganização de serviços da Aeronáutica, do Exército e da Armada"; e instrução aeronáutica, "relativa aos assuntos que são necessários ao preparo profissional do futuro oficial, tais como: aerodinâmica, teoria de voo, motores, navegação, armamento, meteorologia, tecnologia aeronáutica, fotografia aérea, rádio, tática e instrução prática de voo" (Panorama..., 1941:224).

Tal escola objetivou reestruturar a formação dos oficiais aviadores do passado, considerada marcada pela falta de investimento e por uma elevada indisciplina. A nova fase da aviação de combate, inaugurada com a criação do Ministério da

---

5 Em 14 de dezembro de 1943, essa designação foi alterada para cadetes do ar (Brasil, 1943).

Aeronáutica, buscou formar, em grande número, pilotos altamente qualificados, de alto nível intelectual (extensos conhecimentos técnicos) e perfeita condição física, já que "a qualidade de uma corporação militar é condicionada diretamente pelas qualidades pessoais dos indivíduos que a compõem".[6] Diante disso, a pasta de Salgado Filho procurou seguir este direcionamento: "Já se foi o tempo em que a aviação era o elemento dos tresloucados e dos inconscientes: o piloto de hoje deve ter a noção exata do valor da própria vida e do material que é confiado pelo Estado à sua perícia".[7]

Com esse intuito, os jovens ingressantes nos quadros da nova escola seriam submetidos a uma severa seleção e formação, na qual se desenvolveriam qualidades morais esperadas dos pilotos, feitas de "serena coragem, de tranquilo e consciente arrojo, e sobretudo de inalterável sangue-frio"[8] e de "apuração de senso da responsabilidade e da disciplina de voo".[9] Em 1944, o Instituto Nacional de Cinema Educativo (Ince), com o apoio do coronel Henrique Dyott Fontenelle, primeiro comandante da Escola de Aeronáutica, produziu o filme *O segredo das asas*. Tal película intencionou revelar aos brasileiros o esforço do governo para dotar o Brasil de pilotos militares capacitados a proteger a pátria. As telas de cinema passaram a projetar detalhes de todas as etapas dessa formação, desde a chegada à escola até a formatura, enfatizando estar baseada nas mais modernas e eficientes técnicas de seleção e de ensino adotadas pelas principais nações do mundo (Fraga, 2018).

Além dessas mudanças, o desejo do ministro da Aeronáutica de criar um ambiente propício ao desenvolvimento de uma nova mentalidade incluiu também o espaço físico no qual a formação era realizada. Documentos de setembro e de outubro de 1944 revelam significativas alterações no Campo dos Afonsos, entre as quais a quase triplicação de sua área de campo de pouso e a construção de seis hangares com capacidade para mais de 200 aviões.[10] Todas essas ações objetivavam formar mais e melhor. Segundo projeção estruturada por Salgado Filho, o planejamento conduzido pela pasta seria capaz de fazer os números

6 Arquivo Gustavo Capanema, GC i 1938.00.00/2, microfilme rolo 70, pasta XIII, fot. 346/1. FGV Cpdoc.

7 Ibid., fot. 346/2.

8 Ibid.

9 Ibid.

10 Arquivo Nacional. Fundo Salgado Filho, BR AN RIO R0, caixa 8, pacote 23, dossiês 13 e 42.

aumentarem de 145 alunos matriculados e 24 efetivamente diplomados em 1941 para 1.100 matriculados e 256 diplomados em 1946. Resultado expressivo, uma vez que a antiga Escola de Aviação Militar, por exemplo, formava uma média de 20 pilotos por ano.[11]

Já para fortalecer a formação dos técnicos de aparelhagem aérea, Salgado Filho criou a Escola de Especialistas de Aeronáutica, em 25 de março de 1941 (Brasil, 1941c). Instalada nas dependências da extinta Escola de Aviação Naval, no Galeão, serviu à formação e ao aperfeiçoamento do pessoal que ingressava no Curso de Oficial Mecânico, destinado aos suboficiais e primeiros-sargentos mecânicos de avião, rádio, armamento e fotógrafos; no Curso de Especialistas, voltado aos praças das forças armadas e aos civis alistados voluntariamente; e em outros cursos, especialmente autorizados pelo ministro e destinados a formar e aperfeiçoar eventualmente o corpo de pessoal subalterno da Aeronáutica (Escola..., 1943:4).

Tal unidade de instrução alcançou um desenvolvimento significativo: havia formado em seis turmas, até setembro de 1944, mais de 300 sargentos, entre mecânicos de avião, radiotelegrafistas de voo e de terra, fotógrafos aéreos e mecânicos de armamento.[12] A eficiência da FAB dependia de técnicos bem preparados para garantir a integridade dos aviões (aparelhos caros, delicados e de curta duração), das cargas transportadas e da vida dos pilotos.[13] Dessa forma, a Escola de Especialistas de Aeronáutica foi criada para agir diferentemente das antigas escolas de aviação do Exército e da Marinha, nas quais a falta de manutenção dos equipamentos e das aeronaves havia provocado prejuízos consideráveis na preparação de oficiais.

Para formar esse novo "espírito militar" na Força Aérea Brasileira, caracterizado por cadetes disciplinados, responsáveis e vocacionados à profissão, o Ministério da Aeronáutica procurou, no passado, brasileiros considerados pioneiros do desenvolvimento da navegação aérea mundial e estimulou o culto a tais figuras. A intenção era a de que elas pudessem confirmar a existência no país de uma herança vocacional ao voo e edificar a carreira, servindo de exemplo aos cadetes e oficiais formados na Escola de Aeronáutica e na Escola de Espe-

---

11 Ibid., caixa 15, doc. 84.

12 Ibid., caixa 8, pacote 23, dossiê 13.

13 Arquivo Gustavo Capanema, GC i 1938.00.00/2, microfilme rolo 70, pasta XIII, fot. 346/2 e 347/1. FGV Cpdoc.

cialistas de Aeronáutica. Ao promover esse mapeamento, a nova pasta destacou quatro personagens, provenientes do Brasil colonial, imperial e republicano: Bartolomeu Lourenço de Gusmão (1685-1724), Júlio Cesar Ribeiro de Souza (1843-1887), Augusto Severo (1864-1902) e Alberto Santos Dumont (1873-1932) (Rodrigues, 1944).

Embora Salgado Filho tenha desenvolvido ações de enaltecimento de todos eles, Santos Dumont ocupou lugar central nessa política de valorização, até porque os feitos dele, na dirigibilidade dos balões e na criação do avião, foram considerados os mais significativos para sustentar a afirmação de que o Brasil havia sido o "berço da navegação aérea" (O Brasil..., 1943:17). Portanto, tornou-se exemplo e símbolo máximo da recém-criada FAB. Daí a especificidade dos militares do setor aéreo em comparação ao Exército e à Marinha: únicos a adotar como herói maior não um militar, mas um civil, e a ter como data principal não a conquista de uma batalha ou de uma guerra, mas do ar.

O Ministério da Aeronáutica investiu substancialmente na figura do inventor, buscando inserir o aeronauta no panteão dos heróis nacionais. Entre as inúmeras políticas culturais desenvolvidas para glorificá-lo, três se destacaram, contando com a participação ativa de Salgado Filho e dos membros da FAB. A primeira foi a inauguração, em 23 de outubro de 1942, de uma estátua de Santos Dumont, construída no aeroporto do Rio de Janeiro que leva o nome dele. O projeto escolhido, do escultor Amadeu Zani, apresentava uma representação do "pai da aviação" pensando na solução para viabilizar o desejo humano de voar (Projetam-se..., 1932:1; Inaugurado..., 1942:2).

A segunda medida foi a transformação da residência de veraneio do inventor, localizada na cidade de Petrópolis (RJ), no Museu Casa de Santos Dumont, inaugurado em 21 de março de 1943 (A "Encantada"..., 1943:1-2). Por fim, a terceira ação consistiu na solenidade de entrega à nação do coração atribuído ao aeronauta. Quando Santos Dumont morreu em São Paulo, no período de instabilidade causado pela chamada Revolução Constitucionalista de 1932, a família dele e autoridades públicas optaram pelo embalsamamento do corpo, preservando-o até que pudesse ser enterrado na capital federal. O médico Walther Harberfeld, ao fazer o procedimento, retirou o coração e o conservou em um globo de cristal. Em 1944, ele consentiu em doá-lo ao governo federal, o que se concretizou em cerimônia ocorrida no dia 24 de outubro de 1944, no Rio de Janeiro, na sede do Aeroclube do Brasil (Setembrino, 1957:7). Fortalecendo o projeto de intensificação do culto a Santos Dumont junto aos aviadores em formação na FAB, a Escola de Aeronáutica foi escolhida como destino do coração (A entrega..., 1944:10).

A participação da FAB na Segunda Guerra e o fim do Estado Novo

A política externa brasileira, na década de 1930, foi caracterizada pelo não estabelecimento de alianças rígidas com determinado país, explorando os benefícios comerciais trazidos pela disputa entre Estados Unidos e Alemanha por influência na América Latina (Moura, 1986:28). Contudo, ao declararem guerra ao Eixo, em 1941, os norte-americanos passaram a negociar com o Brasil o fim de sua neutralidade. O acordo envolveu a cessão de bases militares no Nordeste e de matérias-primas estratégicas, em troca do investimento necessário à instalação da usina siderúrgica de Volta Redonda e ao reaparelhamento das forças armadas brasileiras. A declaração de guerra do Brasil ao Eixo ocorreu em 22 de agosto de 1942 (Seitenfus, 2003:270-275; Dois..., 1944:15-18).

Durante a guerra, os pilotos da FAB foram empregados em patrulhas antissubmarinas no litoral e contra qualquer ataque aéreo inimigo às bases militares brasileiras, sobretudo a de Natal, onde os aviões norte-americanos eram abastecidos para prosseguir sua jornada em direção à África (DIP, 1943:110). Em 1943, o governo decidiu enviar militares para lutar na Europa. Em decorrência disso, o Brasil criou, na sua Força Aérea, o 1º Grupo de Aviação de Caça, comandado pelo major-aviador Nero Moura. Essa divisão, após ser treinada nos Estados Unidos, tomou parte nas missões de guerra em 31 de outubro de 1944, na campanha da Itália (Lavenère-Wanderley, 1975:277; 284).

A parceria com os norte-americanos permitiu investimentos financeiros significativos na aviação militar brasileira, com a cessão de tecnologia e a ampliação da capacidade de formar novos pilotos e técnicos. Tal participação privilegiada da FAB no conflito fez com que a Aeronáutica se consolidasse rapidamente, alcançando importância política equivalente à da Marinha, passando a dividir com ela posição somente superada pelo Exército. Enquanto o avanço dos Aliados sobre o Eixo indicava a aproximação do fim da guerra, no Brasil a contradição entre lutar externamente contra ditaduras, tendo uma internamente, fez com que o movimento pela redemocratização do país crescesse. Apreensivos com as pretensões continuístas de Getúlio Vargas, militares do Exército deram um golpe e o depuseram, em 29 de outubro de 1945, com a anuência também de oficiais da Marinha e da Aeronáutica. O prestígio da participação bem-sucedida dos militares brasileiros na guerra estimulou que o general Eurico Gaspar Dutra (PSD) e o brigadeiro Eduardo Gomes (UDN) lançassem suas candidaturas à presidência da República, ficando, respectivamente, em primeiro e segundo lugares.

A FAB no pós-1945 e no golpe civil-militar de 1964

Após a experiência inicial de um civil à frente do Ministério da Aeronáutica, o período de outubro de 1945 a abril de 1964 foi marcado pela sucessão de 11 ministros militares na condução da pasta.[14] Ao longo desses anos, os ocupantes do cargo procuraram fortalecer a corporação por meio de uma série de medidas, entre as quais se destacaram a expansão das linhas do Correio Aéreo Nacional para a América do Sul e os Estados Unidos, na década de 1940; a centralização administrativa, em 1950; a inauguração do Instituto Tecnológico de Aeronáutica (ITA), em 1950; a criação da Esquadrilha da Fumaça, em 1952; e a transferência da Escola de Aeronáutica do Campo dos Afonsos para Pirassununga (SP), iniciada nos anos 1960.

Politicamente, o período foi de bastante instabilidade, com intensa atuação de membros das forças armadas. Em relação à Aeronáutica, seus integrantes promoveram vários movimentos de contestação à atuação de determinados presidentes, conforme são exemplos a exigência da renúncia de Getúlio Vargas feita por oficiais reunidos no Clube de Aeronáutica, consequência de uma crise instalada em 1954 no Palácio do Catete, cujo ápice se deu com o atentado contra Carlos Lacerda, provocando a morte do major Rubens Vaz; a eclosão, em 1956,

14 Armando Figueira Trompowsky de Almeida (no governo de José Linhares e no de Eurico Gaspar Dutra); Nero Moura e Epaminondas Gomes dos Santos (no segundo governo de Getúlio Vargas); Eduardo Gomes (no governo de Café Filho); Vasco Alves Secco (no governo de Nereu Ramos e no de Juscelino Kubitschek); Henrique Fleiuss e Francisco de Assis Corrêa de Mello (no governo de Juscelino Kubitschek); Gabriel Grün Moss (no governo de Jânio Quadros e no de Pascoal Ranieri Mazzilli); Clóvis Monteiro Travassos e Reynaldo Joaquim Ribeiro de Carvalho Filho (no governo de João Goulart); Anísio Botelho (no governo de João Goulart e no de Pascoal Raniere Mazzilli). Ver Sousa (1997).

de um levante militar contra a posse de Juscelino Kubitschek, sob a chefia do major-aviador Haroldo Veloso e do capitão-aviador José Chaves Lameirão; e a tentativa, em 1961, dos ministros da Aeronáutica (Gabriel Grün Moss), da Guerra e da Marinha de vetar a posse de João Goulart (Sousa, 1997:96; 127; 137).

Por fim, o golpe de 1964 depôs João Goulart, assumindo o poder, inicialmente, uma junta militar formada por um representante de cada força armada. No caso da FAB, foi o brigadeiro Francisco de Assis Corrêa de Mello. Durante a ditadura, a Aeronáutica teve um papel estratégico na repressão, utilizando, por exemplo, a Base Aérea do Galeão para tortura e desaparecimento de opositores e, dada sua proximidade com o aeroporto internacional, para prisão de militantes exilados que tentavam retornar ao Brasil (CEV-Rio, 2015:328-329). No entanto, se houve membros das forças armadas apoiando o golpe, existiram também aqueles que se mostraram contrários. Militares da Aeronáutica foram os mais perseguidos pelo governo instituído em 1964 (ao todo, pelo menos 3.340, sendo 150 oficiais e 3.190 praças), em comparação a membros da Marinha (2.214), do Exército (800) e de forças policiais estaduais (237) (CNV, 2014:11).

Considerações finais

Este capítulo analisou as principais ações materiais e simbólicas empregadas pelo primeiro ministro da Aeronáutica para unificar as aviações do Exército e da Marinha, criando, como resultado, a Força Aérea Brasileira (FAB). Diante do papel decisivo da aviação para a soberania nacional no contexto da Segunda Guerra, mais do que nunca capacitar bem os aviadores de combate era considerado imprescindível. Diante disso, segundo o planejamento de Salgado Filho, deveria ser incentivada, na Escola de Aeronáutica e na Escola de Especialistas de Aeronáutica, a formação de um novo "espírito militar", com o qual se reuniriam as condições necessárias à transformação da nação em uma potência aérea. Para isso, o ministro utilizou os quatro anos e nove meses em que ocupou o cargo a fim de implementar seu plano de formar, em quantidade expressiva, profissionais bem preparados, entre pilotos e especialistas, na projeção e manutenção dos aviões.

Já tendo sido estudado esse projeto de Salgado Filho, que estruturou a ação do Ministério da Aeronáutica em seus primeiros anos, ainda persistem, do ponto de vista historiográfico, questões a serem exploradas por pesquisas futuras. Como foi a recepção à unificação no interior da Marinha e do Exército? Durante a integração, como se deu o processo de constituição da identidade do ser militar da aviação no cotidiano da corporação? No período de 1945 a 1964, como os distintos ministros da Aeronáutica atuaram politicamente na mediação entre os interesses presidenciais e aqueles advindos dos oficiais da FAB? Por fim, como foi, em detalhes, a atuação de militares da Aeronáutica em oposição ou apoio ao golpe de 1964? Dada a pouca produção acadêmica, o papel dessa força armada na história republicana brasileira ainda está por ser mais bem investigado.

7. Revoltas militares e instabilidade da Terceira República (1946-1964)

Maud Chirio
Mariana Joffily

A caracterização do período 1946-1964 não é consenso na historiografia: os apelidos atribuídos a este ciclo – geralmente depreciativos – referem-se a aspectos diversos de sua vida política. Uma "República populista", ao longo da qual a expansão da cena democrática, interrompida em 1964, teria sido enquadrada e limitada por partidos e sindicatos pelegos, por meio de dispositivos de controle dos setores populares.[1] Uma "República liberal-democrática", momento de experimentação da democracia com a implementação de projetos desenvolvimentistas e ampliação da participação política popular (Gomes, 2019), ou de guerra declarada entre o projeto nacional-desenvolvimentista, herdeiro do varguismo, e o conservador entreguista (Ferreira, 2020). Uma "democracia incompleta" ou "instável", com mandatos presidenciais quase sistematicamente interrompidos. O período é sobretudo apresentado como um parêntese entre uma ditadura e outra, no qual as forças armadas tiveram um papel central. Os estados-maiores militares efetivamente constituíram um dos pilares da ditadura estadonovista, sobre a base de uma adesão ao projeto de poder desenvolvimentista, industrialista, autoritário e anticomunista promovido por Getúlio Vargas. Atores decisivos do golpe de Estado de 1937 desempenharam em seguida papel próprio, entre colaboração e imposição de seus interesses, antes de a retirada de seu apoio a Vargas provocar sua queda (Carvalho, 2019b). A ditadura militar, quando o poder foi diretamente exercido pela instituição militar, encerra ao mesmo tempo o curto ciclo do pluralismo democrático e do primado civil sobre o poder de Estado.

As leituras da presença militar na República de 1946 são diversas. A grande maioria dos trabalhos que escrutinaram o período sob o ângulo do intervencionismo militar é marcada por uma abordagem teleológica, compreensível em

1 Para uma leitura crítica dessa categoria, ver Ferreira (2001).

um mundo intelectual atingido pela ditadura militar. Trata-se do "choque de realidade política" de 1964, evocado por José Murilo de Carvalho em 2005, que, aliás, dá origem à historiografia das relações entre militares e política no Brasil. As pesquisas dos anos 1970 e 1980 são atravessadas por uma mesma inquietação: "Como foi possível que ninguém tivesse previsto aquele tipo de golpe, embora todos falassem, e muito pensassem, em golpe? Como foi possível ignorar as mudanças por que passara esse ator político [os militares], responsável por sua nova postura?" (Carvalho, 2019a:10). Valorizando a autonomia organizacional das forças armadas ou seu papel de braço armado da burguesia; considerando que a Guerra Fria mudou profundamente o lugar dos militares no jogo político, ou que a instituição possuía um projeto de poder de mais longa data, os trabalhos nascem de um choque e de um desejo idênticos: apaziguar o abatimento que suscitou o golpe de Estado, mediante a exposição dos mecanismos invisíveis, subterrâneos, ignorados, que teriam conduzido à vitória fácil dos militares golpistas em 1964.[2]

A narrativa clássica da presença militar na Terceira República constitui-se, portanto, em uma urgência de compreender que incita interpretações deterministas. Os anos 1946-1964 teriam representado uma longa vigília, ao longo da qual o projeto golpista em gestação desde a formulação da Doutrina de Segurança Nacional (DSN), adiado pelo suicídio de Vargas em 1954, teria finalmente se concretizado em 1964.[3] Contudo, a marca da experiência dos contemporâneos não é a da inevitabilidade mas, ao contrário, a da intensa conflitualidade e indeterminação.

Interpretações mais recentes ressaltam esse aspecto, seja em termos dos embates em torno das duas heranças conflitivas do governo Vargas – o anticomunismo autoritário e o nacional-desenvolvimentismo com tinturas populares (Carvalho, 2019b:149-170) –; de uma disputa feroz pelo controle das forças armadas, em particular no interior do Exército, vencida pelos setores conservadores por meio do uso de violência extralegal contra seus adversários (Smallman, 2004); ou do

---

2 Entre os principais expoentes e pioneiros da leitura instrumental, numa acepção marxista, encontram-se Nelson Werneck Sodré, João Quartim de Moraes e René Armand Dreifuss. A interpretação chamada de "organizacional", que valoriza a autonomia da instituição, é sustentada por Edmundo Campos Coelho, José Murilo de Carvalho e Alexandre Barros. Alfred Stepan, que formulou a hipótese de um abandono do papel moderador em razão das novas doutrinas da Guerra Fria, foi questionado por diversos pesquisadores que consideram que os imaginários intervencionistas eram mais antigos (Nunn, 1972; McCann, 1979).

3 Segundo a historiadora Angela de Castro Gomes (1994:8), "não só os analistas profissionais – historiadores, jornalistas – da política nacional, como também grande parte da população que tem acesso a informações sabem e repetem que o suicídio adiou por 10 anos o golpe".

progressivo acúmulo da capacidade de articulação dos grupos militares conservadores no interior da caserna e com setores das elites civis, que teria conduzido a uma efetiva possibilidade de tomada do poder (Martins Filho, 2020). Coincidem no diagnóstico de que um dos fatores centrais da instabilidade política ao longo dessas duas décadas foi a insubordinação militar.

Todos os governos identificados, em diferentes níveis, com a herança nacionalista, desenvolvimentista e social da era Vargas foram alvo de rebeliões de oficiais de diversas patentes, que se apresentaram como salvadores da nação. Embora as dinâmicas da politização e do intervencionismo militar não se esgotassem neles, esses militares dotavam-se de imaginários profundamente ancorados na oficialidade conservadora, hostis ao pluralismo democrático, à classe política civil, obcecados com a manutenção de uma hierarquia social rígida e imbuídos de uma mística revolucionária. Propomos aqui uma análise que permita compreender como se articulam as lógicas retóricas e de ação deste núcleo altamente turbulento, gerador de instabilidade e potencializador dos conflitos políticos e ideológicos dentro e fora das casernas.

Conflito e politização nas forças armadas: a era das insurreições

A imagem pública apresentada pelo Exército é a da profunda divisão entre suas alas nacionalista-desenvolvimentista e autoritária anticomunista – duas heranças opostas do primeiro governo de Getúlio Vargas. Seus oficiais são onipresentes no jogo político e na gestão do Estado. Não como parlamentares, pois estão em número reduzido nas assembleias federais, estaduais ou nas câmaras municipais,[4] mas como figuras nacionais e, em particular, candidatos às eleições presidenciais: todos os segundos colocados, a partir de 1950, são oficiais-generais.[5] Cada uma

---

4 Representam, em média, 5% dos parlamentares eleitos no Senado Federal no período (Neiva e Izumi, 2014).

5 Em 1945, o general Eurico Gaspar Dutra (PSD) teve como principal adversário o brigadeiro Eduardo Gomes (UDN). Em 1950, o segundo colocado da eleição vencida por Getúlio Vargas foi, novamente, o brigadeiro Gomes. Em 1955, o segundo colocado foi o general Juarez Távora (UDN). Jânio Quadros venceu em 1960 o general Henrique Teixeira Lott (PSD). Interessante notar que a eleição do general Castelo Branco, em abril de 1964, foi também disputada pelos generais Eurico Dutra (dois votos) e Juarez Távora (três votos), numa ficção de pluralismo.

dessas candidaturas carrega o projeto de um campo político e atesta a grande permeabilidade entre a cena partidária e as forças armadas da ativa. Ao longo de todo o período, parte dos estados-maiores aprova e apoia o campo nacionalista e assegura as investiduras de seus representantes: Getúlio Vargas em 1951, Juscelino Kubitschek em 1956, e mesmo João Goulart em 1961.

O Exército como instituição integra a paisagem democrática sob a República de 1946. Encontra-se atravessado pelas questões políticas de seu tempo e participa ativamente do debate público, através dos espaços de expressão autorizados, como o Clube Militar.[6] Essa instituição recreativa, destinada aos militares da reserva, havia sido o lócus de intensos debates na década precedente à Proclamação da República. Volta a sê-lo no imediato pós-guerra. Até 1952, a ala nacionalista é majoritária, a ponto de imprimir uma tonalidade progressista e até esquerdista à *Revista do Clube Militar* (Silva, 2018). A direção do periódico engaja-se no início dos anos 1950 a favor do monopólio do Estado sobre a extração de petróleo, contra os grandes latifúndios e o imperialismo estadunidense, em particular durante a guerra da Coreia (1950). Essa linha editorial encontra uma hostilidade feroz da parte da direita militar, que se reúne em 1952 sob o estandarte da Cruzada Democrática, vitoriosa nas eleições para a presidência do clube naquele mesmo ano. A extrema intensidade do confronto entre as duas chapas indica a violência política latente no interior das forças armadas, mas também a vitalidade do campo nacionalista e sua capacidade de resistência (Smallman, 2004). Na sequência, o campo militar conservador contribuirá fortemente para a instabilidade política do país – particularmente contra o segundo governo Vargas (1951-1954) – e construirá sua hegemonia sobre o corpo de oficiais, a despeito do retorno dos nacionalistas à presidência do clube em 1956.

Os eventos que conduziram ao suicídio de Getúlio Vargas, em agosto de 1954, constituem um momento de mutação no modo de ação dos militares. Embora o gesto, em sua radicalidade e teatralidade, provoque temporariamente a remobilização do campo nacionalista, ao passo que o luto popular reduz a possibilidade de atacar frontalmente os governos herdeiros do líder, marca igualmente a passagem à ação insurrecional de certo número de oficiais – uma mudança nos "registros da ação política", segundo a categoria de Charles Tilly (1984).[7]

---

6 O Clube Militar ocupa essa posição, embora seu estatuto proibisse o debate político tanto quanto os regulamentos disciplinares na caserna (Gaio, 1992:27).

7 Para uma leitura crítica dessa categoria e seus usos, ver Offerlé (2008).

Houve precedentes: em fevereiro de 1954, um Memorial de Coronéis da ativa, hostil à política salarial do ministro do Trabalho, João Goulart, constituíra grave gesto de contestação a Vargas. O investimento na cena pública deixava de ser apanágio apenas dos oficiais da reserva, nas associações recreativas como o Clube Militar ou na imprensa, ou afastados da instituição para exercer funções eletivas. Entre agosto de 1954 e dezembro de 1959, quatro movimentos de naturezas distintas ameaçam, ou decididamente infringem, a legalidade constitucional e o regulamento disciplinar.

O primeiro é deflagrado pelo atentado contra o jornalista e vereador pelo Distrito Federal da União Democrática Nacional (UDN), Carlos Lacerda, em 5 de agosto de 1954. Figura crescentemente popular em meio à juventude militar ultraconservadora, emitiu a célebre declaração:

> O sr. Getúlio Vargas senador não deve ser candidato à Presidência. Candidato, não deve ser eleito. Eleito, não deve tomar posse. Empossado, devemos recorrer à revolução para impedi-lo de governar [Lacerda, 1950:4].

O moralismo anticorrupção do jornalista, seu palavrório agressivo e certa gramática revolucionária fazem eco ao radicalismo desses oficiais. Essa proximidade e o fato de o atentado ter levado à morte de um major da Aeronáutica que fazia a guarda de Lacerda explicam a intensidade da reação militar. Alguns dias mais tarde, fora de toda jurisdição, um grupo de oficiais comandados pelo ministro da Aeronáutica encarrega-se do inquérito, a partir da base aérea do Galeão. A revelação de que Gregório Fortunato, membro da guarda pessoal de Getúlio Vargas, está implicado no atentado deflagra uma crise política de grandes proporções: o governo perde suas últimas bases de apoio e passa a ser objeto de ameaças diretas por parte dos estados-maiores. No dia seguinte, Vargas põe fim à própria vida.

Os eventos de agosto de 1954 são centrais na memória militar conservadora. Representados retrospectivamente como ponto de virada para um conflito insolúvel entre as duas facções militares, são quase sempre lidos em termos de moral, traição, martírio, solidariedade e camaradagem, que evocam o vocabulário aplicado à insurreição de 1935 e selam a impossibilidade de reconciliação. Possuem um impacto muito importante sobre os oficiais de patentes intermediárias da Aeronáutica, que se identificam com o major Vaz.

Os eventos levam a aproximá-los ainda mais de Carlos Lacerda, identificado com seu "líder".[8]

Diversos deles participaram da aventura do cruzador *Tamandaré* em novembro de 1955, novo episódio de ruptura com a legalidade constitucional. Os acontecimentos são bastante conhecidos (Carloni, 2007): em 3 de outubro de 1955, Juscelino Kubitschek consagra-se presidente com 35% dos votos, seguido do marechal Távora (30%) e de Adhemar de Barros (26%). Sob o argumento de que Kubitschek não havia obtido a maioria absoluta de votos, parte dos estados-maiores militares e do *establishment* político questiona o resultado eleitoral e busca anular o pleito, ou ao menos impedir a posse do presidente eleito. O emprego de uma retórica legalista para justificar uma ruptura constitucional confirma essa observação do cientista político Alain Rouquié (1984:48), dirigida ao conjunto da América Latina:

> Mesmo quando os princípios liberais e os quadros constitucionais são violados ou contornados, as pessoas reivindicam a manutenção dos valores permanentes da ordem democrática. Os mercadores da nova ordem não têm chance ao sul do Rio Bravo. Tanto civis como os militares não se referem a outra coisa além da democracia, nem pensam em nenhuma outra legitimidade além da dominante do liberalismo.

O braço de ferro é travado inicialmente entre generais: o ministro da Guerra, marechal Henrique Teixeira Lott, busca fazer valer uma linha legalista sobre parte dos altos-comandos e grupos de coronéis exaltados que fizeram do Clube Militar sua tribuna. É contraposto pelo coronel Jurandir Mamede, porta-voz dos grupos conservadores, que indaga:

> Não será por acaso indiscutível mentira democrática um regime presidencial que, dada a enorme soma de poder que concentra em mãos do Executivo, possa vir a consagrar, para a investidura do mais alto mandatário da nação, uma vitória da minoria?[9]

Ao mesmo tempo, conclama publicamente um golpe de Estado. Os golpistas encontram um aliado inesperado no presidente da Câmara dos Deputados, Carlos Luz, que ocupa provisoriamente a cadeira presidencial após a crise

---

8 Sobre os usos da categoria de "liderança" nos meios militares, ver Chirio (2012a:70).

9 *Diário de Notícias*, 4 nov. 1955.

cardíaca de Café Filho; e um adversário implacável na pessoa do marechal Lott, que, no dia 11 de novembro de 1955, coloca os quartéis da capital em pé de guerra, para resistir ao golpe em curso. Seu movimento, conhecido como a Novembrada de 1955, provoca a fuga dos facciosos a bordo de um cruzador que se dirige a Santos, onde Luz pretende estabelecer a presidência. No navio *Tamandaré* reúne-se um conjunto de oficiais ao mesmo tempo extremamente anticomunistas e pouco propensos a respeitar os preceitos democráticos: O contra-almirante Pena Boto, fascinado pelo senador estadunidense McCarthy e fundador da Cruzada Anticomunista Brasileira (1952), comanda a tripulação da embarcação, pilotada, por sua vez, pelo ultrarradical capitão de mar e guerra Silvio Heck. Carlos Lacerda também integra a trupe. A correlação de forças militar é, entretanto, desfavorável e assegura-se a posse de Juscelino Kubitschek e João Goulart, em janeiro de 1956.

O episódio conduz a algumas reflexões. Demonstra que o suicídio de Vargas não desencoraja em absoluto as veleidades golpistas dos oficiais conservadores. Muito pelo contrário, constrói-se um consenso hostil à continuidade do campo getulista no poder, em particular no seio da oficialidade da Marinha e da Aeronáutica – ao passo que a do Exército encontra-se mais dividida. Evidencia-se igualmente que o intervencionismo militar, não obstante seu verniz "democrático", dispõe-se a ir até as últimas consequências, amparado por um campo civil disposto a associar-se à ruptura constitucional. Enfim, o uso da força para contestar um resultado eleitoral é dificilmente redutível à impregnação de uma gramática política da Guerra Fria. Se o anticomunismo segue como peça central nos discursos e mobilizações dos militares ativistas, a renovação doutrinária ainda não havia ocorrido. A Argentina peronista e o modelo do nacionalismo popular representam, por si sós, antagonismo suficiente para dispor os setores conservadores a infringir a legalidade.

As duas sublevações seguintes podem parecer muito distintas, por envolverem um número mais reduzido de oficiais e ativistas civis, fora de um contexto de real crise política, como o da desagregação do segundo governo Vargas, ou da eleição de Juscelino Kubitschek. A primeira ocorre em janeiro de 1956, alguns dias após a posse. Implica um pequeno grupo de oficiais da Aeronáutica que toma militarmente a base aérea de Jacareacanga, no Pará. Os objetivos dos revoltosos são imprecisos: prevenir eventuais represálias profissionais aos oficiais que se haviam oposto à posse do presidente, protestar contra a indicação de um ministro da Aeronáutica considerado excessivamente esquerdista e, no limite, acender a pólvora nos meios militares e desestabilizar o novo poder. As tropas legalistas logram sem dificuldades sufocar um movimento que havia, contudo, obtido o apoio de um número importante de oficiais.

Operação similar produz-se no início de dezembro de 1959, à qual aderem alguns dos veteranos de Jacareacanga, que a anistia concedida por Juscelino Kubitschek havia reintegrado a seus postos, em esforço conciliatório que haveria de cobrar um alto preço no futuro governo de seu vice. A revolta de Aragarças, cuja denominação origina-se de uma das bases aéreas tomadas pelos rebeldes, visa, desta vez, promover a candidatura às eleições presidenciais de outubro de 1960 de Jânio Quadros, ex-governador de São Paulo, cujos talentos de orador e posicionamento radical contra a corrupção o converteram em ídolo dos militares conservadores. Na ocasião, o "homem da vassoura" ameaçava retirar-se do pleito. A revolta pretende, além disso, impedir um suposto projeto de levante de Leonel Brizola, governador do Rio Grande do Sul e arqui-inimigo dos militares conservadores. O levante fracassa e seus artífices correm ao exílio. Jânio Quadros, porém, muda de ideia e triunfa nas eleições de 1960, suscitando um entusiasmo inédito na direita brasileira.

As revoltas de Jacareacanga e Aragarças mobilizam os jovens oficiais próximos de Carlos Lacerda e de militantes anticomunistas, que logo vão povoar a miríade de grupúsculos violentos do início dos anos 1960.[10] Radicais, porém politicamente isolados – o próprio Lacerda recusa-se a participar do movimento, o que suscita profunda decepção entre seus seguidores[11] –, os participantes dessas revoltas não são periféricos nas dinâmicas internas à instituição militar. Conspiradores ativos sob o governo de João Goulart, detentores de patentes de majores ou coronéis, haveriam de constituir os pilares de diversos grupos de "linha dura" sob a ditadura militar, como militantes de grupos ativistas, terroristas e/ou atores de uma radicalização do processo repressivo (Chirio, 2012a:52).

Alguns exemplos permitem observar a variedade de seus perfis. Há coronéis-aviadores, Alberto Fortunato e João Paulo Moreira Burnier, presentes no cruzador *Tamandaré* e veteranos da revolta de Aragarças, que integram em seguida o

10 Ver Motta (2002b:155-160).

11 Esta ausência de implicação dos meios civis é inicialmente devida ao consenso político que Juscelino Kubitschek consegue surpreendentemente construir. Sobre a posição de Lacerda, ver Mendonça (2007).

chamado Grupo Secreto, responsável por atentados terroristas no final dos anos 1960. Serão igualmente pilares do aparelho repressivo sob a ditadura. Os levantes mobilizam ainda alguns oficiais paraquedistas, como o capitão Tarcísio Nunes Ferreira, sedicioso de Aragarças e lacerdista convicto. Conspirador, participa das mobilizações lideradas pelo coronel Francisco Boaventura no início da ditadura, reivindicando maior protagonismo dos oficiais mais jovens e radicais. Enfim, os levantes implicam a participação de civis também próximos de Lacerda, como o advogado Luís Mendes de Moraes. Vários deles integrariam a Liga Democrática Radical (Lider), entidade que reivindicaria um endurecimento da repressão após o golpe de Estado (Chirio, 2012a:69).

Forças armadas: politização, insubordinação e revolução conservadora

Essa nebulosa de oficiais ativistas merece atenção não apenas por seu papel efetivo durante a conspiração e como força de protesto sob a ditadura, mas por uma atuação que parece desmentir todos os valores pelos quais afirmam lutar: intervêm ativamente na política, desrespeitam a democracia, infringem a hierarquia e violam a ordem constitucional. Examinar suas justificativas e a lógica dentro da qual estão inseridos nos informam sobre a relação com o político que entretém a extrema direita militar na década que precede o golpe de 1964.

O fato de esses levantes e contestações eleitorais, acompanhados da difusão de manifestos, serem atos políticos é negado pelos insurrectos. Trata-se do discurso dos militares conservadores: apresentam-se como os únicos fiadores de uma instituição despolitizada e distante de conflitos partidários, ao passo que a facção oposta é responsabilizada pela agitação interna ao meio militar. A situação é evidentemente paradoxal, uma vez que o grupo antinacionalista faz uso tão ou mais frequente de manifestos e golpes de força – em violação do regulamento disciplinar – que o campo adverso. Nelson Werneck Sodré capta acuradamente essa contradição. Ao comentar o Memorial dos Coronéis, conclui: "Como os que, habitualmente, suprimem a democracia, a pretexto de salvá-la, queriam salvar a disciplina com ato de indisciplina; revigorar a autoridade, desrespeitando-a". E mais adiante:

> Em esquema, tudo se resumia na tese do apoliticismo do militar, mantida como dogma; [...] quanto mais distante e avesso aos problemas políticos, mais próximo [o soldado] estaria da perfeição. Como derivada, surgia e se mantinha a ideia de que a característica essencial da atividade política é a corrupção; enojar-se com essa corrupção era prova de devotamento ao país; os males deste provinham, precisamente, da referida corrupção, inerente à atividade política, presidida apenas por mesquinhos sentimentos pessoais de lucro, de vantagens materiais. Aos políticos, gente corrupta, pertencia revolver essa imundície que é a política; aos militares, gente pura, pertencia manter distância [Sodré, 1988:142].

A atividade política num contexto liberal e pluralista, em meio civil, é considerada fonte de poluição moral e sistematicamente associada a malversações, à defesa de interesses particulares e à fraqueza de caráter, que caracterizaria os "paisanos".[12] A elaboração desse antipolitismo acompanhou a profissionalização da instituição armada desde o início do século XX; nos anos 1950 e 1960, encontra um forte eco no moralismo conservador de um segmento da UDN. A visão da política desse grupo é marcada, por um lado, pela hostilidade aos partidos políticos, aos quais seus membros preferem o "'primado dos homens de bem', da 'autoridade moral' e a visão do poder como um 'sacrifício pelo bem público'".[13] Por outro lado, carrega uma hostilidade às mobilizações populares, assim como "o moralismo (combate à corrupção administrativa) aliado ao anticomunismo (pavor de uma suposta 'proletarização igualitária')" (Benevides, 1981:215).

A retórica antipolítica desses oficiais conservadores e sediciosos deve ser igualmente compreendida em oposição às mobilizações do campo adverso: o dos militares nacionalistas, mais jovens – notadamente os sargentos, assim como tenentes e capitães –, cujo discurso é associado à luta por direitos, em particular a partir do início dos anos 1960 (Parucker, 2009; Rodrigues, 2004). Essa inferioridade hierárquica permite aos oficiais alertar para a ameaça de insubmissão dos sargentos e apresentar-se como legítimos combatentes da indisciplina: manifestam-se, assim, como os defensores da "hierarquia", mantra profundamente integrado ao *ethos* institucional após o esforço de subordinação conduzido pelo general Góis Monteiro sob o Estado Novo. A subversão da hie-

---

12 Sobre as características dos paisanos tais como imaginadas pelos militares, ver Castro (1990:41).

13 Maria do Carmo Souza apud Benevides (1981:152).

rarquia militar por meio do envolvimento em atividades políticas é, portanto, uma atitude atribuída ao campo adversário: distinguir-se da mesma significa fazer prova de respeito à ordem, conformar-se ao papel das forças armadas no sistema político.

A categoria de "subversão" é crucial para compreender as atitudes dos militares conservadores com o campo político. O restabelecimento da ordem – social, moral, mas também hierárquica – é apresentado como uma missão histórica da instituição militar. A memória da revolta comunista de 1935[14] torna indissociáveis a salvação da nação do inimigo interno, associado ao comunismo, e a luta contra a indisciplina dos escalões inferiores, adeptos de discursos contestatários. A instituição armada é o último bastião contra o comunismo. Deve-se, por isso, impedir que seja envenenada pela política, que haja contaminação dos meios militares pelos atores civis que buscariam inverter as hierarquias sociais. Os manifestos que acompanham os movimentos de oficiais conservadores nos anos 1950 e 1960 mencionam todos a noção de "subversão". O Memorial dos Coronéis, de fevereiro de 1954, por exemplo, contesta a elevação do salário mínimo sob o argumento do risco de "emigração de militares para cargos civis", onde, "dissecados dos interesses profissionais e dos problemas de sua classe, nem sempre se podem conservar imunes às intrigas da política partidária" e à "infiltração de perniciosas ideologias antidemocráticas". Tratar-se-ia, enfim, de uma "aberrante subversão de todos os valores profissionais".[15]

Do mesmo modo como a politização das camadas inferiores da sociedade equivale à subversão social, a politização dos escalões inferiores do Exército significa uma inversão hierárquica – os dois fenômenos estando intimamente conectados. Ao militar que se opõe a esse processo não se poderia atribuir a culpa por esse degradante ativismo político: defende o papel histórico e constitucional do Exército. Os militares contestadores não se contentam em utilizar o campo lexical do guardião da ordem: para justificar seus levantes, utilizam quase sistematicamente o termo "revolução".[16] Desse ponto de vista, o manifesto que acompanha a revolta de Aragarças é eloquente. O texto descreve um país à beira do caos, "em um estado de desordem sem exemplo", sem autoridade, um Exe-

---

14 Sobre a memória da insurreição comunista, ver Ferreira (2004), Motta (2002a) e Castro (2002).

15 Arquivo Cpdoc, GV c 1954.02.20-5.

16 Sobre o emprego da palavra "revolução" pelos militares conservadores, ver Chirio (2012a).

cutivo "enfraquecido e engolfado com o Legislativo na desordem" e numa "onda de corrupção sem limites", os partidos políticos "degenerados em facções", o Judiciário "omisso, coagido e corrompido". A este quadro clássico da República degenerada, acrescenta-se a ameaça comunista, assim como um projeto golpista de poder, com o intuito de impedir o povo de eleger Jânio Quadros. Isso demonstra, segundo os sediciosos, que "a única via para o reerguimento nacional e a libertação do País do grupo que atualmente o domina e arruína, é a revolução". Nesse momento "grave para a nacionalidade", "a destinação constitucional das forças armadas impõe o pronunciamento a favor da Pátria, quando os governos se desmandam". Assim, explicam que "nosso gesto não tem nenhum caráter político-partidário. Anseia apenas pelo bem da Pátria".[17]

Aflora aqui o imaginário da revolução do século XIX: a insurreição legítima contra o "mau governo", em nome do povo e da Constituição. Essa revolução é, antes de mais nada, dirigida contra as elites civis, que ocupam as trincheiras que os golpistas não podem conquistar, o Legislativo e o Judiciário. A semelhança, porém, reduz-se a esse único aspecto: o posicionamento desses grupos é profundamente autoritário e opõe-se concretamente ao liberalismo, incluindo a noção de democracia representativa, vista com suspeição. Por isso, a despeito das esperanças repousadas no mandato de Jânio Quadros, alguns dos sediciosos duvidam da possibilidade de uma "revolução pelo voto", dentro de um quadro legal. É o que explica o coronel Tarcísio Nunes Ferreira, partícipe como capitão de Aragarças:

> Houve um hiato [...] [entre] os que achavam que era preciso fazer uma revolução, uma quebra do sistema político para reformular e começar tudo de novo, e havia um outro grupo que achava que tinha que fazer mudanças legais. [...] Jânio Quadros se propunha a fazer a revolução através do voto. E eu que estava do outro lado dizia para ele: [...] na hora que o Legislativo se juntar com o Judiciário... [...]. Os deputados representantes da classe dominadora, política, o Executivo não terá condições de se romper isso. Foi provado, que não rompeu. [...] Jânio não conseguiu ter maioria no Congresso. Não teve apoio do Judiciário e caiu, embora por um golpe que ele tentou fazer, no meu entender.[18]

17 Reproduzido em Argolo, Ribeiro e Fortunato (1996:81-84).

18 Entrevista concedida pelo coronel Tarcísio Nunes Ferreira a Maud Chirio (Rio de Janeiro, jun. 2006).

A hostilidade às classes dominantes, longe de estar relacionada à concentração de poder, ou à decorrente restrição à participação das classes populares no jogo político, provém da percepção de uma captura dos poderes do Estado por interesses particulares de civis, contrastados com uma suposta vocação dos militares para a defesa dos interesses gerais da nação. A disputa política, elemento inevitável em uma sociedade plural e democrática, assim como a independência dos poderes, são apreendidas sob as lentes do "caos", da "ausência de autoridade política" e da luta entre "facções". Essas percepções justificariam um projeto "revolucionário", um recomeço. Daí a multiplicação de insurreições e, após as novas influências doutrinárias e o contexto tensionado do governo Goulart, a "revolução democrática" do golpe de 1964.

A era das doutrinas e o golpe de Estado

A imprevista renúncia de Jânio Quadros em agosto de 1961 representa uma ducha de água fria na esperança de uma "revolução pelo voto" à direita. A posse de João Goulart, vice-presidente eleito na chapa de oposição a Quadros, abre nova crise e gera enorme resistência de setores conservadores, militares e civis. Novamente, argumentos de ameaça à ordem e às instituições são bradados em defesa de manobras anticonstitucionais. O campo legalista também se mobiliza, em particular no Rio Grande do Sul, sob a liderança do governador Leonel Brizola, apoiado pelo general José Machado Lopes, comandante do III Exército. A solução conciliatória de adoção do parlamentarismo, que limitaria os poderes do Executivo, evita o confronto direto.

Abre-se uma nova fase. Os jovens oficiais sediciosos, todos anistiados tanto por Juscelino Kubitschek quanto por Jânio Quadros, renunciam a empreitadas isoladas. Uma vez iniciado, o mandato de João Goulart surpreendentemente não é marcado por nenhuma insurreição de oficiais conservadores, a despeito da violenta hostilidade que lhe consagravam havia uma década. Após a tentativa de impedimento liderada pelos três ministros militares e difundida em 31 de agosto de 1961, chega a hora de outros processos mais articulados. Essa conspiração em arquipélago mobiliza outros setores da oficialidade, em particular aqueles engajados na apropriação das novas teorias contrainsurrecionais formuladas na França (Martins Filho, 2004), transmitidas aos escalões inferiores das forças armadas por meio de artigos, manuais e estágios. Essa renovação doutrinária desenrola-se no terreno fértil de um anticomunismo de longa duração, nutrido desde o início da Guerra Fria, e da ideologia de Segurança Nacional, estabelecida e promovida pela ESG. A teoria da guerra revolucionária, formulada nas guerras coloniais francesas, fornece o roteiro e os métodos de luta concretos contra o inimigo comunista, oferecendo à oposição política militar a João Goulart uma justificativa profissional. A partir desse momento, o ato de opor-se à "subversão" passa a ser considerado parte integrante da missão histórica das forças armadas, amparado por uma doutrina militar que enquadra e justifica as veleidades golpistas.

O período 1961-1964 corresponde à construção de um duplo consenso. O primeiro, no seio do campo conservador civil e militar, sobre a necessidade de uma remoção durável dos setores progressistas, de maneira a destruir qualquer possibilidade de equação econômica favorável às camadas populares e permitir o alinhamento sob os interesses geopolíticos e econômicos estadunidenses. Por meio de uma "aglutinação política de classe com uma coesão raramente vista na nossa história" (Silva, 2006), no seio dos grupos de pressão e de influência como o complexo Ipes-Ibad, descrito por René Dreifuss (1981), estabelece-se um acordo sobre a possibilidade, e, em seguida, a necessidade de rompimento com a legalidade. O segundo consenso é interno às forças armadas, resultado da doutrinação em contrainsurreição do conjunto da instituição e do temor que suscitam as mobilizações de militares subalternos, em especial dos sargentos em luta por seus direitos: a urgência de impedir ao mesmo tempo a subversão da ordem social e hierárquica impõe-se ao conjunto da oficialidade.

A facilidade com a qual os golpistas derrubam o governo e em seguida tomam o poder no 1º de abril de 1964 é consequência direta desse duplo consenso. O apoio massivo das elites civis, incluindo a grande mídia, permite a construção de uma narrativa que transforma a ruptura democrática em "defesa da Constituição" e as resistências legalistas em manifestações insurrecionais no seio das forças armadas. Estas últimas são escassas, ainda que subestimadas pela historiografia: a doutrinação nas teorias contrainsurrecionais realizada no caldo do temor da inversão hierárquica e de imaginários anticomunistas antigos contribuiu a soldar a oficialidade contra o governo. É a instituição armada que chega ao poder, apoiada por segmentos majoritários das elites civis. Contudo, por trás dos estados-maiores, um conjunto de oficiais mobilizados de longa data considera-se legítimo para conduzir uma "revolução", denominação, aliás, pela qual o golpe é enfeitado. Constituirão uma importante força de desestabilização durante a ditadura.

8. Limitações aos mandatos presidenciais sob o regime militar: uma solução para as divisões políticas no seio das forças armadas*

Octavio Amorim Neto
Igor Acácio

Introdução: o longo regime militar brasileiro

A literatura acadêmica sobre regimes autoritários mostra que as ditaduras militares tendem a durar menos do que as de partido único e do que as de tipo personalista (Geddes 1999; Geddes, Wrighte Frantz, 2014). Contrariando esse padrão empírico, o regime militar brasileiro de 1964-1985 foi duradouro. Na verdade, este foi o regime militar mais longevo da América Latina e um dos mais duradouros entre todos os tipos de regimes autoritários de 1946 a 2010, como pode ser visto nas figuras 1 e 2, na próxima página.

O banco de dados de Geddes, Wright e Frantz (2014) lista 280 regimes autoritários entre 1946 e 2010. As 19 monarquias autoritárias identificadas por esses autores têm, em média, 55,4 anos de duração. Os 83 regimes de partido único têm uma média de 28,2 anos. Cem regimes personalistas encontrados nesse período duram, em média, 11,1 anos. E os 78 regimes militares incluídos no banco de dados duram, em média, 6,6 anos. O regime militar do Brasil é o quarto mais longevo entre todos os regimes militares. Quais condições facilitaram esse resultado? Esta é a questão que este capítulo buscará abordar.

Contra o senso comum segundo o qual os limites de mandatos não são exequíveis em regimes autoritários, vários desses regimes foram capazes de desenvolver mecanismos de limite de mandatos no que diz respeito à seleção de chefes do Executivo. Sustentamos que a razão subjacente a essa tendência reside no fato

* Este capítulo foi publicado originalmente em inglês (Amorim Neto e Acácio, 2019). Os autores receberam autorização da Oxford University Press para publicar o texto em português.

Figura 1 | Durabilidade de regimes autoritários (1946–2010)

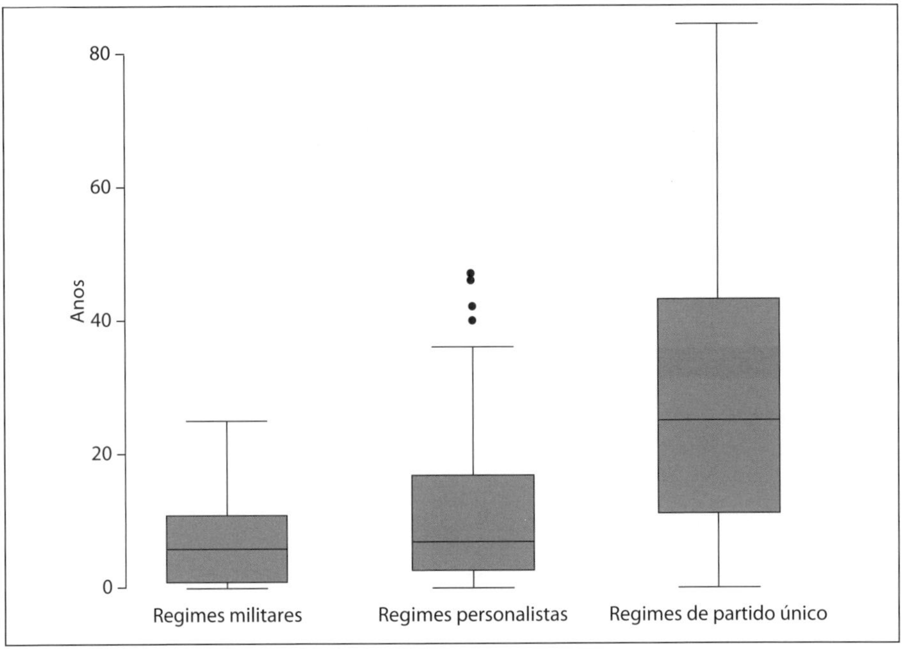

Fonte: elaborada pelos autores com base em Geddes, Wright e Frantz (2014).

Figura 2 | Durabilidade de regimes militares (1946-2010)

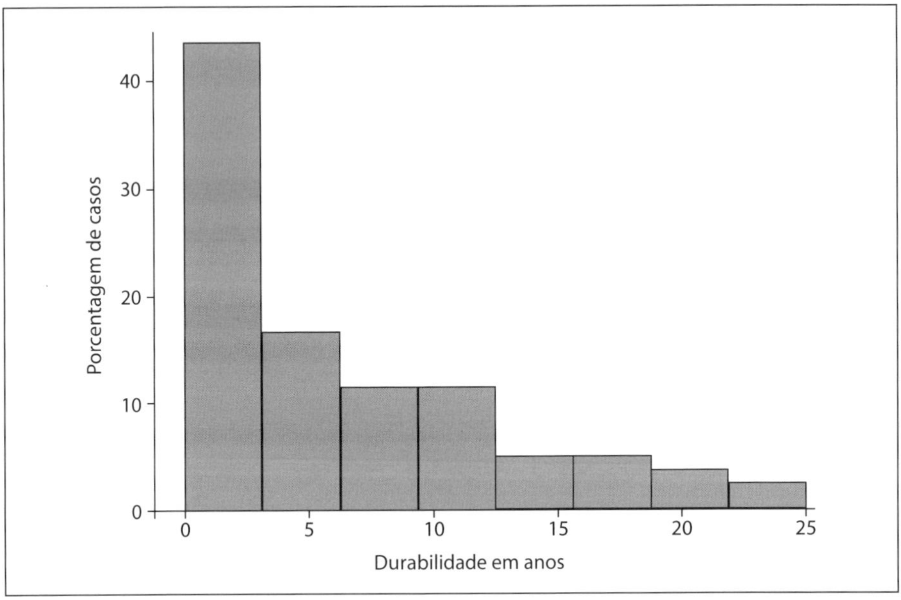

Fonte: elaborada pelos autores com base em Geddes, Wright e Frantz (2014).

de que limites de mandato moderam os conflitos intraelites, contribuindo para a estabilidade dos regimes. Dito isso, este capítulo discute o estabelecimento de limites de mandato presidencial no regime militar brasileiro, sob o qual presidentes poderosos cumpriram tais limites, deixando o cargo quando chegada a hora previamente acertada.

Apesar de um mandato de quatro anos ter sido estabelecido pela Constituição de 1967, promulgada pelo regime militar, pairavam dúvidas sobre quanto tempo os militares ficariam no poder. Nos primeiros anos do regime militar, havia tensões agudas entre duas facções no seio das forças armadas, em particular dentro do Exército: os linha-dura, que queriam aniquilar os movimentos de esquerda radical e permanecer no poder por um longo período, e os moderados, ou liberais, que queriam devolver o poder aos civis assim que o sistema político tivesse sido, por assim dizer, higienizado de elementos indesejáveis. A adoção de limites de mandato presidencial foi fundamental para reconciliar os dois grupos. Nesse sentido, vemos os limites de mandato como um mecanismo de comprometimento digno de crédito – no sentido de *credible committment*, em inglês – (North e Weingast 1989; Magaloni, 2008; Boix e Svolik 2013) que se mostrou eficaz, como demonstraremos a seguir.

Observe-se que o mecanismo supracitado não foi planejado para satisfazer os interesses de um amplo eleitorado (isto é, a população adulta ou vastos setores da sociedade). Os limites de mandato serviam ao propósito de nivelar o campo de jogo para facções militares rivais. Ao reduzir a probabilidade de lutas internas no seio das forças armadas, os limites de mandato presidencial, previstos pela Constituição de 1967, criaram um ambiente político estável em que as duas facções militares poderiam disputar o poder através de instituições eleitorais expurgadas, fornecendo também o benefício adicional de dar ao regime uma aparência de legalidade. Em suma, os limites de mandato presidencial tornaram-se essencialmente um dispositivo de coordenação interno ao Exército, o qual certamente ajudou o regime militar a sobreviver mais do que qualquer outro regime do tipo na América Latina depois da Segunda Guerra Mundial.

Além disso, o estabelecimento de limites de mandato também deve ser considerado uma forma significativa de partilha de poder no seio de regimes autoritários, com consequências em termos de aumento da estabilidade. Assim, um estudo detalhado do caso brasileiro nos apresenta a oportunidade de avaliar algumas das principais intuições teóricas fornecidas pela literatura sobre instituições autoritárias.

Ademais, seja por sua durabilidade ou por seu desempenho econômico, o regime militar brasileiro é um caso atípico que merece uma análise mais aprofundada. Curiosamente, conquanto Geddes, Wright e Frantz (2014)[1] atribuam aos interesses corporativos das forças armadas e ao medo das divisões internas a condição de principais fatores explicativos da curta duração dos regimes militares, esses fatores foram justamente a força motriz subjacente à adoção de limites de mandato pelo regime militar brasileiro.

O restante deste capítulo prosseguirá da seguinte maneira. A próxima seção revisa brevemente a história do envolvimento dos militares brasileiros na política interna desde o início do regime republicano no final do século XIX. Em seguida, na terceira seção, investigamos os dilemas enfrentados pelos militares ao tomarem o poder em 1964, mostrando como os limites de mandatos presidenciais desempenharam um papel fundamental na estabilização de uma ordem política autoritária incipiente. A quarta seção avalia brevemente algumas consequências econômicas e políticas dos limites de mandato. A seção final resume nossa análise, confrontando nossas verificações empíricas relativas ao regime militar brasileiro com algumas das principais proposições da literatura comparada sobre a política dos regimes autoritários.

Os militares na política

O Brasil tornou-se independente de Portugal em 1822. Em 1824, a primeira Constituição do país foi promulgada, estabelecendo a base legal para uma monarquia parlamentar centralizadora. Esta teve um sucesso considerável, visto que o Brasil evitou a fragmentação territorial e os frequentes episódios de ruptura de regime que caracterizaram as ex-colônias espanholas. Além disso, durante suas primeiras cinco décadas, o império brasileiro foi um regime solidamente civil.

O Brasil se tornou um país latino-americano típico depois que a monarquia foi derrubada por um golpe militar em 1889 e substituída por uma república

1 Geddes, Wright e Frantz (2014:147) definem governo militar como governança autocrática por um chefe militar ou por oficiais de alta patente que restringem as decisões de um autocrata.

presidencialista e federativa. A nova ordem política logo passou a ter as características emblemáticas da região: um sistema político centrado no presidente e forças armadas empenhadas em intervir na política. Presidencialismo e pretorianismo passaram a ser as marcas da política brasileira ao longo do século XX.

No entanto, à medida que as forças armadas brasileiras se tornaram um ator-chave na política interna a partir do final do século XIX, raramente existiu unidade política no seio do Exército e entre este e a Marinha. Na verdade, o Exército e a Marinha chegaram a lutar entre si na primeira década do novo regime republicano. Dentro do Exército, havia uma rivalidade entre oficiais dedicados ao dever profissional de defesa nacional e oficiais que se assemelhavam a funcionários públicos civis com laços íntimos com as elites políticas e econômicas (Carvalho, J. M., 2005; McCann, 2007; Smallman, 2002).

Na década de 1920, surgiu outro elemento de divisão dos militares. Os jovens oficiais rebelaram-se contra a ordem política e, como consequência, Artur Bernardes cumpriu seu mandato presidencial (1922-1926) quase inteiramente sob estado de sítio. Em 1930, a Primeira República foi derrubada por um movimento político liderado por Getúlio Vargas e amplamente apoiado por aqueles jovens oficiais cujo principal objetivo político era "modernizar" o Brasil. Os militares passaram a ser um dos principais pilares políticos de Vargas ao longo de seus primeiros 15 anos no poder (1930-1945). Foi com o apoio deles que protagonizou um autogolpe em 1937, vindo a governar o país por oito anos como ditador (Coelho, 2000).

Conforme visto em capítulos anteriores deste volume, o general Pedro Aurelio de Góis Monteiro, um dos principais apoiadores militares de Vargas desde 1930 até 1945, encarnou a nova atitude do Exército em relação à política interna após a queda da Primeira República. Este oficial elaborou uma formulação coerente do papel das forças armadas na vida nacional (Coelho, 2000). De acordo com ele, o antigo padrão de "política no Exército" precisava ser substituído com urgência pela nova "política do Exército". Esta última combinava uma postura política intervencionista na esfera econômica (por exemplo, uma política industrial ativa voltada para a criação de uma indústria militar nacional) e conservadorismo político com um forte viés anticomunista. Assim, a política do Exército resultou em um cristalino programa autoritário outorgado pelos militares, de cima para baixo, à sociedade. Ademais, a doutrina do general Góis Monteiro também funcionou como uma força de coesão dentro do Exército contra as ameaças de desobediência e faccionalização durante o primeiro governo Vargas (1930-1945). Ao seguir essa doutrina, os militares puderam se tornar uma das pontas de lança da modernização do Brasil, com potenciais consequências positivas para o equipamento militar e a possibilidade de neutralizar a Argentina como potência militar na América do Sul.

No entanto, durante a participação do Brasil na Segunda Guerra Mundial, a cúpula do Exército percebeu o quão incoerente era lutar pela democracia no exterior e, ao mesmo tempo, ser um dos pilares do governo autoritário em casa (McCann, 1973).[2] Não à toa, os generais começaram a conspirar para derrubar Vargas. Ironicamente, foram os mesmos líderes militares que faziam parte do entorno militar de Vargas desde 1930 que ordenaram que o palácio presidencial fosse cercado em 1945, causando a queda do governo. Eleições presidenciais foram realizadas em dezembro daquele ano e foram a primeira disputa presidencial efetivamente competitiva do Brasil, dando início à primeira experiência democrática do país. Não surpreende, portanto, que um general, Eurico Dutra, que havia sido ministro da Guerra de Vargas, tenha sido eleito presidente.

Na década de 1950, outra clivagem importante apareceu dentro do estabelecimento militar. A nova clivagem antepôs oficiais nacionalistas, os quais defendiam que o desenvolvimento se baseasse no capital nacional e na intervenção do Estado na economia, a oficiais que viam com bons olhos o investimento estrangeiro. No entanto, à medida que a Guerra Fria se intensificava, a distância entre nacionalistas e "entreguistas" foi um tanto encurtada devido ao crescente sentimento anticomunista no seio do oficialato.

Como mencionado, após o golpe militar de 1964, uma nova divisão surgiu dentro das forças armadas, opondo os militares que queriam combater os movimentos radicais de esquerda e permanecer no poder por um longo período contra aqueles que queriam devolver o poder aos civis assim que um cenário político "seguro" fosse estabelecido.

---

[2] O Brasil declarou guerra à Alemanha em 1942. Em 1944, uma divisão do Exército Brasileiro foi enviada à Itália para lutar ao lado do IV Exército dos EUA. O Brasil foi o único país latino-americano que realmente lutou na Europa durante a Segunda Guerra Mundial.

Finalmente, cabe uma nota a respeito da influente análise de Stepan (1971) sobre o papel político desempenhado pelos militares no Brasil. Os parágrafos acima fornecem o pano de fundo histórico contra o qual Stepan desenvolveu seu modelo de relações civil-militares no Brasil antes de 1964. De acordo com Stepan, o Exército era um poder moderador, incumbido pelas elites políticas de manter a estabilidade interna. Segundo essa lógica, a deposição do presidente – ou a ameaça de fazê-lo – tornou-se uma característica relativamente aceitável dos três regimes republicanos que o Brasil tivera antes de 1964 (a Primeira República, a era Vargas e o regime democrático iniciado em 1946), desde que o poder político fosse devolvido rapidamente aos civis. A noção-chave subjacente ao modelo de poder moderador era a de que a obediência militar à autoridade civil era discricionária, mas "dentro dos limites da lei". Isso significava que as forças armadas poderiam se recusar a obedecer a qualquer governo cujas políticas considerassem estar fora de sua noção de ordem legal estabelecida. O golpe militar executado em 1964 e o longo regime autoritário por ele instituído mostraram em cores vivas os limites desse perigoso padrão de relacionamento entre civis e militares.

O estabelecimento e o cumprimento dos limites de mandato no Brasil

Uma breve história dos limites dos mandatos presidenciais sob as Constituições brasileiras se faz necessária. O quadro 1, a seguir, mostra que a primeira e a segunda Constituições, as de 1891 e de 1934, estabeleceram mandatos de quatro anos para os presidentes, sem direito à reeleição para mandatos consecutivos. Vargas, que então liderava um governo provisório com amplos poderes de emergência, foi eleito indiretamente pelo Congresso para a presidência em 1934. Três anos depois, ele lideraria um autogolpe, estabelecendo uma ditadura. Outra Constituição foi posta em vigor em 1937. Esta Carta outorgada alterou o mandato do presidente para seis anos. Como ditador, não é de surpreender que Vargas tenha violado esse mandato, prolongando-o por mais dois anos, até ser destituído por um golpe militar em 1945.

Quadro 1 | Mandatos presidenciais e violações no Brasil

Ano da Constituição	Data de início	Data final	Anos em vigor	Duração legal do mandato presidencial	Reeleição	Violações / extensões de mandato	Eleições
1891	24/02/1891	11/01/1930	39	4	Permitida, mas não consecutivamente.	Nenhuma.	Diretas, mas não livres e justas.
1934	16/07/1934	11/10/1937	3	4	Permitida, mas não consecutivamente.	Vargas instalou uma ditadura no terceiro ano de seu mandato constitucional.	Primeira eleição indireta, demais diretas.
1937	11/10/1937	18/09/1946	8	6	Não mencionada, mas o incumbente tinha privilégio de indicar seu candidato.	Ultrapassando seu mandato, Vargas permaneceu até 1945, quando foi derrubado por um golpe militar.	Indiretas
1946	18/09/1946	24/01/1967	20	5	Não mencionada.	Goulart foi derrubado por um golpe militar. A Constituição de 1946 permaneceu em vigor. O mandato presidencial de Castello Branco deveria ter durado até 30 de janeiro de 1966. Ele deixou o poder em 15 de março de 1967, após votação do Congresso para conceder-lhe mais 14 meses de mandato.	Diretas até 1964, indiretas após 1964.
1967	24/01/1967	17/10/1969	2	4	Não mencionada.		Indiretas.
1969	17/10/1969	10/05/1988	19	Até 1977, 5 anos. Após 1977, 6 anos.	Permitida, mas não consecutivamente	Figueiredo permaneceu mais um ano na presidência porque o presidente Geisel, por decreto de abril de 1977, alterou a duração dos futuros mandatos presidenciais de 5 para 6 anos. Médici governou por 4 anos e 4 meses, pois foi o primeiro presidente após o período de anarquia militar posterior à crise de sucessão de 1969. Com o presidente Costa e Silva doente, o vice-presidente civil foi impedido de tomar posse pela junta militar, alterando profundamente a Constituição de 1967, e de presidir o processo de escolha do próximo presidente militar.	Indiretas
1988	10/05/1988	N/A	N/A	Até 1994, 5 anos. Após 1994, 4 anos.	Uma emenda constitucional foi aprovada em 1997, autorizando uma reeleição após um mandato.	O mandato original era de 5 anos, mas em 1994 a Constituição foi emendada para encurtar o mandato presidencial para 4 anos. O presidente Sarney, que assumiu o cargo em março de 1985, prometeu cumprir um mandato de 4 anos, mas fez com que o Congresso aprovasse mais um ano e governou por 5 anos. A Constituição foi revisada em 1994, reduzindo legalmente a duração dos mandatos para 4 anos.	Diretas

Fonte: Constituições brasileiras; Villa (2011).

A quarta Constituição do Brasil, a de 1946, abriu caminho para a primeira experiência democrática do país. Os mandatos presidenciais foram fixados em cinco anos, também sem direito à reeleição para mandato consecutivo, mas apenas dois presidentes conseguiram completar seus mandatos. Tentativas de intervenção militar foram recorrentes até o golpe de 1964, conforme demonstrado no capítulo 7. Nesse período, um contragolpe militar foi desfechado, de modo a permitir que um presidente eleito, Juscelino Kubitschek, assumisse o cargo em janeiro de 1956. Em setembro de 1961, um regime parlamentar foi rapidamente estabelecido para que o então vice-presidente João Goulart pudesse assumir o cargo após a renúncia do presidente Jânio Quadros em 24 de agosto. Como as forças armadas não iriam aceitar um populista de esquerda como Goulart para governar o Brasil como chefe do Executivo, o parlamentarismo surgiu como uma solução de compromisso. Goulart seria o chefe de Estado de um sistema parlamentar por 16 meses. No início de janeiro de 1963, um plebiscito concedeu a Goulart plenos poderes presidenciais de acordo com o texto da Constituição de 1946. Goulart foi derrubado por um golpe militar em março de 1964, mas a Constituição de 1946 permaneceu em vigor até 1967, embora com mudanças frequentes impostas pelos militares no governo, chamadas de "atos institucionais".

Após o golpe de 1964, o mandato do marechal Castelo Branco, primeiro presidente militar, deveria durar até 15 de março de 1966, quando se encerrava o período constitucional do presidente eleito em 1960, mas, a partir de então, a dinâmica política do país mudou drasticamente. Um Congresso expurgado com a cassação das oposições votou pela prorrogação de seu mandato até 15 de março de 1967. O Ato Institucional nº 1, decretado em 9 de abril de 1964, estipulou que eleições diretas seriam realizadas em outubro de 1965 para um mandato completo de cinco anos. O Ato Institucional nº 2, decretado em 27 de outubro de 1965, determinou que as eleições presidenciais fossem realizadas em 3 de outubro de 1966, eliminando assim uma eventual reeleição de Castelo Branco. A partir de então, o Congresso elegeria formalmente o presidente, com exceção da Junta militar de 1969, como veremos a seguir.

A Constituição de 1967, elaborada sem legitimidade democrática, fixou, novamente, o mandato presidencial em quatro anos, desta feita mediante eleições indiretas. O sucessor foi Costa e Silva, o mais radical dos generais de 1964, que morreu antes de cumprir seu mandato. Após um período de anarquia militar velada, novo arremedo de Constituição foi promulgado em 1969, endossando o arbítrio do Ato Institucional nº 5, de dezembro de 1968, o mais radical dos atos da ditadura, o qual aboliu as garantias dos direitos individuais e políticos. Os mandatos presidenciais foram fixados em cinco anos, passando os presidentes a serem eleitos indiretamente, de modo a referendar os generais escolhidos pela caserna. A reeleição consecutiva foi proibida. O presidente Artur da Costa e Silva estava gravemente doente, o vice-presidente civil foi impedido de assumir a presidência por uma junta militar, e esta alterou amplamente a Constituição de 1967. A junta regeu o processo de seleção do próximo presidente militar. O novo presidente escolhido foi o general Emílio Garrastazu Médici, que governou por quatro anos e quatro meses (entre outubro de 1969 e março de 1974). O presidente Ernesto Geisel (1974-1979), seu sucessor, cumpriu o limite de cinco anos de mandato estabelecido pela emenda de 1969. Já o general João Figueiredo, empossado como presidente em 1979, permaneceu no poder por seis anos, uma vez que, em 1977, o presidente Geisel, por meio do Pacote de Abril, havia decretado que a duração do próximo mandato presidencial seria de seis anos. Em 1985, o Brasil fez a transição para a democracia.

Ao todo, está claro que, embora houvesse limites para os mandatos presidenciais sob o regime militar, sua duração era flexível. Os generais presidentes e seus aliados mudaram a duração dos mandatos três vezes. No entanto, as mudanças efetuadas na duração dos mandatos não foram amplas, sinalizando uma preocupação por parte das forças armadas com o equilíbrio de poder entre as facções em conflito e com sutilezas constitucionais. A seguir, elaboramos mais detalhadamente nossa explicação para o estabelecimento de limites de mandato pelos militares brasileiros.

A partir de 1964, o papel de poder moderador desempenhado pelas forças armadas deu mais um passo em direção ao centro da arena política. Como setores substanciais da elite civil que apoiaram o golpe militar logo perceberam, esta não era mais uma intervenção episódica seguida por um rápido retorno do poder à liderança civil. Os generais começaram a governar o país. Argumentamos que, entre 1964 e 1969, quinquênio durante o qual um moderado foi sucedido por um linha-dura na presidência, um acerto final de contas entre essas duas facções era iminente, voltando a "política no Exército" a ser o padrão, contra as prescrições da doutrina do general Góis Monteiro, conforme já descrito. A necessidade de resolver o conflito no seio das forças armadas levou à adoção e ao cumprimento dos limites de mandato após 1969.[3]

Outro fator relevante para o estabelecimento de limites de mandato é a tradição legalista dos militares brasileiros. Essa tradição se verifica no constitucionalismo de fachada mantido durante o regime militar. Por exemplo, embora expurgado de políticos de esquerda, o Congresso permaneceu aberto na maior parte do tempo; os generais que ocuparam a presidência eram formalmente selecionados pelo Poder Legislativo; e eleições para vários cargos subnacionais foram realizadas regularmente, com taxas crescentes de participação eleitoral (Nicolau, 2012). No que diz respeito às taxas de comparecimento eleitoral em relação ao total da população, a média para as cinco eleições para o Congresso realizadas entre 1966 e 1982 foi de 50,6%, com incrementos positivos substanciais em cada eleição (Nicolau, 2004:10). Note-se que regimes autoritários de longa duração, como os da Espanha e de Portugal, tiveram, na década de 1970, taxas de participação de 15% e 21%, respectivamente, e ainda menores antes dessa década (Vanhanen, 1997:259).

Para mostrar como os limites de mandato foram fundamentais para reduzir as divisões entre os militares, construímos uma base de dados contabilizando episódios de tensão política gerada por militares ou crises ocorridas no período 1946-1985. Conforme destacado por vários autores, o Brasil experimentou muitas intervenções militares na política ao longo dessas quatro décadas (Skidmore, 1988a, 2988b, 1982; Carvalho, J. M. 2005; Gaspari, 2002a; 2002b; 2003; 2004). No entanto, nem todos esses episódios tiveram o mesmo impacto na política nacional. Por exemplo, uma carta de militares criticando abertamente o governo não tem o mesmo impacto de um golpe que destitui o presidente. Assim, o primeiro passo a ser dado para medir as tensões militares refere-se à sua intensidade (figura 3).

Outra característica importante é a de que, como já mencionado, durante o regime militar houve o cumprimento dos limites de mandatos presidenciais. No entanto, as sucessões presidenciais estavam longe de ser tranquilas, tornando também relevante a identificação de eventos relativos às sucessões (figura 4).

[3] Do lado profissional, o primeiro presidente do regime militar também criou uma legislação que limitava o período de serviço dos oficiais generais a quatro anos por posto. Esse movimento visava reduzir a participação dos militares na política (Carvalho, J. M., 2005:116).

Figura 3 | Eventos de tensão ponderados *vs* não ponderados (1946-1985)

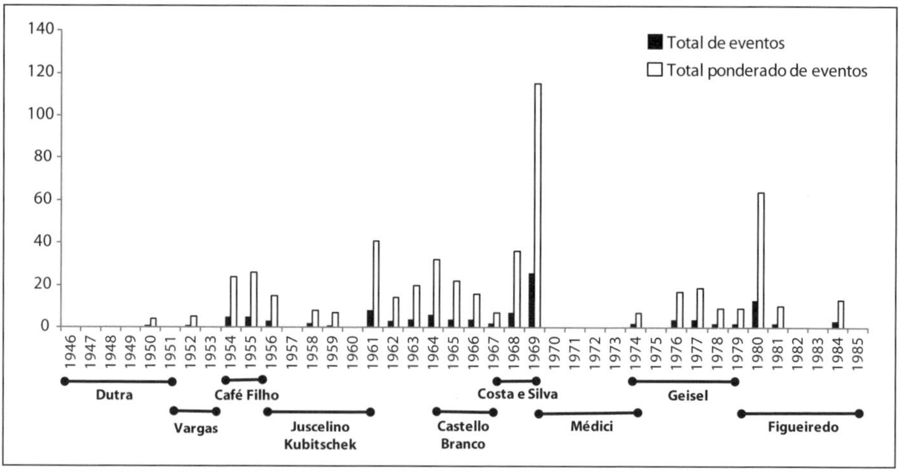

Nota: apenas os mandatos presidenciais que duraram mais de um ano são marcados.
Fonte: <www.biblioteca.presidencia.gov.br/presidencia/ex-presidentes>. Acesso em: maio 2018.

Figura 4 | Total ponderado de eventos de tensão relacionados com a sucessão presidencial *vs* pontuação total (1964-1985)

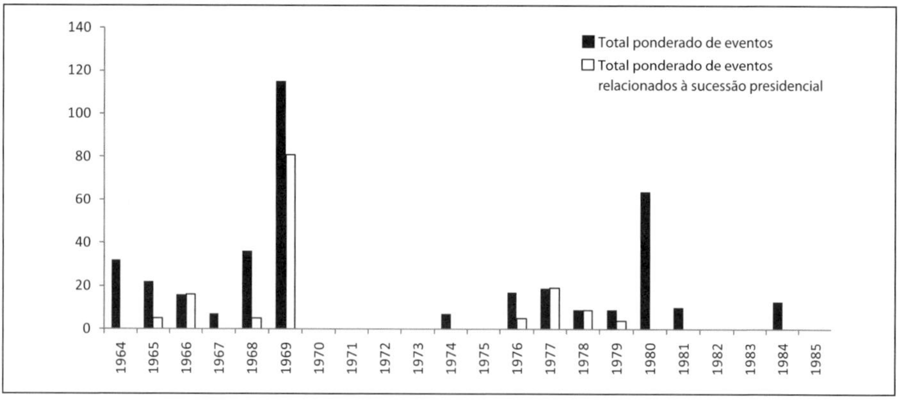

Fonte: elaborada pelos autores a partir de vários bancos de dados.

Para identificar episódios de crises militares, muitas histórias e cronologias foram utilizadas como fontes para nosso banco de dados, incluindo Martins Filho (1995, 2008), Skidmore (1988a, 1982), Soares, D'Araujo e Castro (1994a, 1994b, 1995), Chirio (2012a) e Gaspari (2002a, 2002b, 2003, 2004); bem como o Arquivo Histórico do Centro de Pesquisa e Documentação de História Contemporânea do Brasil da Fundação Getulio Vargas (FGV Cpdoc), no Rio de Janeiro, disponível na internet. É importante mencionar que há limitações para essa abordagem: nós nos baseamos em diversas fontes históricas, mas é provável que crises menores não tenham sido registradas por estudiosos que analisaram o período. No entanto, até onde sabemos, nenhum outro trabalho acadêmico catalogou e classificou sistematicamente as crises militares durante o regime militar.

Usando uma tipologia de crise militar baseada em J. M. Carvalho (2005) e Feaver (2003), codificamos os eventos de tensão de acordo com o quadro 2. Depois de codificar esses eventos, calculamos três medidas: eventos de tensão ponderados anuais, eventos totais relacionados à sucessão presidencial ponderados, e eventos de tensão não ponderados anuais. A primeira medida, também chamada de eventos de tensão anuais, representa a soma das pontuações dos eventos de tensão por ano e usa a seguinte fórmula:

$$\Sigma Y = \text{Pontuação do evento}_a + \text{Pontuação do evento}_b + \ldots + \text{Pontuação do evento}_i$$

A segunda medida é o total de eventos relacionados à sucessão presidencial ponderados (ver figura 4) e usa a mesma lógica da primeira medida – a soma de todas as pontuações de eventos de tensão por ano. No entanto, apenas os eventos codificados como de alguma forma relacionados às sucessões presidenciais foram incluídos na soma dos eventos ponderados anuais.

Por último, a medida do total não ponderado de eventos de tensão anuais (ver figura 3), também referida como número de casos, reflete uma contagem simples dos eventos de tensão por ano, ou seja, sem usar ponderações.

Quadro 2 | Tipologia de crises militares

	Pontos
Inatividade, demora no cumprimento das diretrizes do poder civil	1
Desobediência, recusa expressa de cumprir missão ou imposição de condições para cumprir tarefas	2
Críticas abertas por oficiais reformados	3
Críticas abertas dos militares da ativa ao governo	4
Pressões dos militares sobre líderes políticos	5
Protesto	6
Revolta, a qual inclui os casos de motim do tipo "agravante", segundo J. M. Carvalho (2005), quando realizado por oficiais não comissionados	7
Tentativa de golpe ou conspiração incluindo oficiais generais	8
Golpe com derrubada do governo	10

Fonte: elaborado pelos autores a partir de vários bancos de dados.

Análise empírica

A figura 3 mostra as pontuações dos eventos de envolvimento dos militares em tensões com o regime político no período 1946-1985. Sob a experiência democrática de 1946-1964, o mandato do presidente Dutra teve o menor número de tensões. Isso pode ser explicado pelo fato de Dutra ter sido eleito democraticamente, mas ele também era um general que, como mencionado, colaborou de perto com o regime de Vargas e, eventualmente, contribuiu para derrubá-lo e garantir eleições democráticas. McCann (2007:553) indica que a presidência de Dutra (1946-1951) ocorreu sob um Exército altamente politizado, mas também sob um general que contava com o respeito da maioria dos oficiais.

A década de 1950 é um período de várias tentativas de golpe – algumas mais sérias que outras – e intensa participação militar nos debates públicos. Essa tendência se intensificou na década de 1960, culminando com o golpe militar de 1964.

No entanto, o número de eventos de tensão militar não cai depois de 1964 e antes de 1969. Seria de esperar que a vigência de um regime militar contribuísse para a paz nos quartéis, já que o presidente Castelo Branco não era apenas comandante em chefe, segundo a Constituição, mas também um general de alto escalão que havia sido chefe do Estado-Maior do Exército.[4] Conforme destacado acima, o corpo de oficiais do Exército, que havia se unido com o propósito de derrubar um governo eleito democraticamente, tinha expectativas divergentes em relação à orientação política e às políticas a serem adotadas pelo novo regime. Portanto, não é de admirar que o número de declarações públicas de generais e ameaças de rebelião seja bastante grande no início do regime militar.

Além disso, os eventos políticos gerados pelos militares também foram influenciados por confrontos associados à sucessão presidencial. Linha-dura, o general Costa e Silva conseguiu garantir os votos no chamado colégio eleitoral, mas só depois de apelar para sua influência nos quartéis. Quando Costa e Silva ficou fisicamente incapacitado devido a um acidente vascular cerebral, os chefes das forças armadas impediram o então vice-presidente Pedro Aleixo – um

[4] A unidade também seria mais provável por conta dos numerosos expurgos nas forças armadas em 1964-1968: 96 oficiais de alta patente, 478 oficiais de médio escalão e 738 soldados rasos foram expulsos das forças armadas (Carvalho, J. M., 2005:116; Figueiredo, 1978:171).

civil – de tomar posse, conforme já mencionado. Acalorados debates ocorreram para definir as regras de sucessão. Portanto, 1969 é o ano com o maior número de eventos de tensão militar. O processo político nesse ano é relatado por testemunhas como caótico, com um sistema *ad hoc* complicado, o qual implicava consultar todos os generais do Exército e até oficiais de escalão inferior (Muricy, 1981:722).

O compromisso específico de manter uma fachada de legalismo era uma característica dos oficiais militares do "grupo *Sorbonne*". Seu líder e primeiro presidente do regime militar brasileiro, o marechal Castelo Branco, foi inflexível em insistir retoricamente que o país ainda tinha um estado de direito e que os militares não permaneceriam no poder por muito tempo. Ele afirmou estar comprometido com os princípios do constitucionalismo e da democracia, destacando que a intervenção militar era apenas uma solução de curto prazo. Quando questionado a respeito de se gostaria de ser reeleito, ele recusou, alegando que "não tinha talento para ser ditador" (Skidmore, 1988a:40). No entanto, esse compromisso precisa ser matizado, dado o conflito estrutural entre as facções ideológicas no seio das forças armadas, especialmente dentro do Exército. Castelo Branco chegou a pressionar por uma extensão de mandato de um ano pelo Congresso (já expurgado). Na realidade, sua situação política era frágil em meio ao crescente apoio militar a uma "candidatura" do então ministro do Exército, marechal Costa e Silva. Este último, quando ocorreu o golpe militar em 1964, tinha antiguidade hierárquica sobre Castelo Branco, mas optou pelo cargo de ministro do Exército. Linha-dura, Costa e Silva ficou descontente com o curso "relativamente" moderado que o novo regime estava tomando. Assim, passou a exigir várias mudanças na política e, posteriormente, conseguiu impor sua candidatura à presidência. Não sabemos como teria agido o então presidente Costa e Silva no que se refere ao respeito aos limites de mandato, visto que ocupou a presidência por apenas dois anos, tendo sido dispensado das suas funções por doença grave, não antes de ter promulgado o duro Ato Institucional nº 5.

Os eventos de dezembro de 1968 são referidos nos livros de história do Brasil como "o golpe dentro do golpe". O Ato Institucional nº 5 fechou o Congresso – o qual só seria reaberto 11 meses depois –, suspendeu o *habeas corpus*, permitiu a intervenção federal em estados e municípios, concedendo ao Poder Executivo amplos poderes legislativos e a prerrogativa de declarar estado de emergência sem permissão do Poder Legislativo. A comunidade de inteligência, encarregada de lutar contra as guerrilhas urbanas e rurais, foi substancialmente fortalecida. Assim, o Brasil mergulhou profundamente em uma longa noite de repressão política e poder estatal arbitrário. A esperança de que o regime militar seria curto evaporou.

A figura 4 exibe eventos de tensão militar que foram especificamente relacionados às sucessões presidenciais. Recorde-se que nossa expectativa teórica é a de que o estabelecimento de regras específicas para a sucessão presidencial levaria a uma redução dos eventos de tensão entre os militares e o regime.[5] Nossa expectativa se sustenta: há uma redução substancial no número de eventos após 1969. Mais importante ainda, eventos relacionados às sucessões presidenciais – que incluem oficiais militares reclamando publicamente sobre a maneira como a questão estava sendo tratada ou lançando-se como potenciais candidatos – não parecem ter acontecido no primeiro mandato presidencial depois de 1969 (a presidência de Emílio Médici). Dada a boa relação política entre o ministro do Exército, general Orlando Geisel, e o presidente Médici, um esforço conjunto para cessar as divisões no seio das forças armadas foi envidado – de mãos dadas com brutal repressão política. De maneira não surpreendente, ao longo de cinco anos, não houve protestos militares, ameaças de revoltas ou mesmo cartas públicas ou pronunciamentos de generais (Gaspari, 2002b:140).

O período posterior a 1974 testemunhou eventos de desobediência militar, a maioria deles relacionada a explosões e sequestros secretamente orquestrados por militares linha-dura de direita contrários à abertura política iniciada quando o presidente Geisel – um moderado – assumiu o cargo. A sucessão presidencial foi debatida, mas em termos muito mais brandos e discretos do que em 1969, com o regime sendo capaz de selecionar o general Figueiredo, candidato de compromisso entre os moderados e a linha dura, para ocupar a presidência em 1979-1985.

Destarte, o estabelecimento de limites de mandatos ajudou a resolver os graves problemas de coordenação e ação coletiva enfrentados pelas forças armadas após terem removido os civis do poder em março de 1964. Esse resultado positivo – do ponto de vista do regime – foi possível porque os limites de mandatos geraram um equilíbrio intertemporal de poder entre as duas facções rivais no seio do Exército: a linha dura e os moderados.

---

[5] Observe-se que outro ato chamado institucional, o nº 17, foi imposto pela Junta Militar em 14 de outubro de 1969, listando todas as punições potenciais a militares que pudessem "ameaçar a coesão das forças armadas", mostrando, assim, que o perigo de divisão era cristalino em meio à crise de sucessão.

As consequências dos limites de mandato, de sua abolição e de seu abuso

Dados os limites dos mandatos presidenciais, a estabilidade do calendário eleitoral para pleitos legislativos (eleições para o Congresso foram realizadas em 1966, 1970, 1974, 1978 e 1982) e a longa transição para a democracia iniciada em 1974, é plausível esperar algum impacto destes nos ciclos político-econômicos sob o regime militar brasileiro. De fato, há alguma evidência de tais ciclos. Para demonstrar o ponto, vamos analisar brevemente a formulação da política econômica em 1964-1985, além de avaliar alguns dados primários e secundários.

Os militares brasileiros delegaram amplamente a gestão da economia para tecnocratas. Tal foi o caso do diplomata Roberto Campos (ministro do Planejamento em 1964-1967) e de acadêmicos como Otávio Gouveia de Bulhões (ministro das Finanças em 1964-1967), Delfim Netto (ministro das Finanças em 1967-1974 e do Planejamento em 1979-1985) e Mario Henrique Simonsen (ministro da Fazenda em 1974-1979). No entanto, esses tecnocratas não eram completamente insensíveis a considerações políticas ao conduzir a economia. Portanto, essa sensibilidade política é outra fonte potencial de ciclos político-econômicos.

Entre 1969 e 1973, o Brasil experimentou o chamado "milagre econômico", com investimentos maciços liderados pelo Estado, os quais levaram a altas taxas de crescimento, delineadas na figura 5. Após a crise internacional do petróleo de 1973, a economia brasileira desacelerou, embora os esforços de planejamento e os investimentos estatais realizados durante o governo Geisel procurassem conter os ventos de proa vindos da economia mundial. Além disso, o segundo choque do petróleo em 1979 e as respostas equivocadas do Brasil levaram a um severo aumento da dívida externa do país e a taxas de inflação catastroficamente altas na década seguinte.

O processo hiperinflacionário do Brasil na década de 1980 desorganizou totalmente as finanças e as contas públicas. Na verdade, a inflação já havia começado a subir substancialmente em 1974, quando passou de 15,5% em 1973 para 35,5%. Em 1980, saltou para 110,2%, continuando a disparar até 1994. É por isso que os dados agregados sobre gastos públicos e déficits fiscais do governo central do Brasil – indicadores-chave de ciclos político-econômicos – não são confiáveis para a segunda metade da década de 1970 e toda a década de 1980. Assim, ficamos apenas com uma medida limitada do impacto dos mandatos presidenciais sobre os ciclos econômicos: a taxa de crescimento do PIB. Dito isso, a figura 5 indica que os anos de sucessão presidencial (1968, 1973, 1978 e 1984) coincidiram com algumas das maiores taxas de crescimento do PIB de cada governo que se encerrava (9,8%, 14,0%, 5,0% e 5,4%, respectivamente). Essas podem ser consideradas evidências sugestivas de ciclos eleitorais e econômicos associados aos limites de mandato presidencial sob o regime militar brasileiro.

Figura 5 | Crescimento do produto interno bruto do Brasil (1960-1990)

Fontes: IBGE – Estatísticas do século XX. Disponíveis em: <https://seculoxx.ibge.gov.br/> e Sistema de Contas Nacionais. Disponível em:<www.ibge.gov.br/estatisticas-novoportal/economicas/contas-nacionais/9052-sistema-de-contas-nacionaisbrasil.html?edicao=10752&t=sobre>. Acesso em: jan. 2023.

Além disso, é necessária uma menção ao trabalho de Ames (1990). Este autor realizou uma investigação detalhada dos gastos por ministério no Brasil nas administrações de Geisel (1974-1979) e Figueiredo (1979-1985), a fim de identificar as estratégias de sobrevivência política do regime militar. Ele conclui o seguinte:

> As políticas de gasto de Geisel e Figueiredo revelam semelhanças e diferenças. Ambos cortaram as verbas dos ministérios militares e de transporte e aumentaram

> os gastos com agricultura, educação e assistência social. Figueiredo também investiu em habitação, um programa muito bem sintonizado com as ambições presidenciais do Ministro do Interior, Mario Andreazza. As eleições de 1978 e 1982 ilustram a diferença entre os dois presidentes. As mudanças verificadas nas despesas de Geisel no último ano de seu mandato (1978) refletiram a continuação das estratégias que haviam anteriormente motivado sua administração. Figueiredo, por outro lado, teve o azar de presidir durante uma situação econômica e política em deterioração. Seus gastos em 1982 representam um ajuste de rota, pouco antes de uma eleição crucial: mais gastos para pacificar os militares e mais gastos em obras públicas para reduzir o desemprego e recompensar as elites estaduais e locais [Ames, 1990:180-181].

Assim, com base em Ames, não é exagero afirmar que também há evidências sugestivas de ciclos econômico-partidários associados aos limites de mandato presidencial e às eleições para o Congresso no Brasil na década de 1970 e primeira metade dos anos 1980.

Por fim, em termos de efeitos políticos, o último limite de mandato presidencial (seis anos) estabelecido pelos militares foi uma questão muito disputada durante a transição e consolidação democráticas do Brasil. De 1985 a 1997, a maioria das administrações procurou alterar, em alguma medida, a legislação sobre limites de mandato.[6] Depois do afastamento dos militares, José Sarney – o vice-presidente eleito indiretamente e empossado após o presidente eleito Tancredo Neves adoecer na véspera da sua ascensão ao Palácio do Planalto – jurou servir um mandato de quatro anos, como havia sido prometido por Tancredo durante sua campanha presidencial. No entanto, mais tarde, Sarney conseguiu que o Congresso aprovasse mais um ano, vindo a governar por cinco anos. Assim, esperava-se que o primeiro presidente diretamente eleito depois de 29 anos no Brasil, Fernando Collor em 1989, governasse também por cinco anos. Com o *impeachment* deste último em 1992, seu vice-presidente Itamar Franco assumiu o cargo e cumpriu o restante do mandato, sem concorrer à reeleição. Em junho de 1994, o Congresso promulgou uma redução do mandato presidencial para quatro anos, proibindo reeleições consecutivas. A questão dos limites de mandato voltou ao debate legislativo em 1997, quando o então presidente Fernando Henrique Cardoso, que viria disputar a reeleição em 1998, logrou a

---

6 Além disso, em 2009, aliados parlamentares do então presidente Lula iniciaram um debate legislativo para permitir que ele concorresse a um terceiro mandato. A proposta foi derrubada nas comissões.

aprovação, pelo Congresso, de uma emenda constitucional permitindo uma reeleição consecutiva.

Dito isso, a prática do regime militar de alterar os limites dos mandatos presidenciais acabou contaminando o novo regime democrático brasileiro. Em outras palavras, enquanto o período autoritário gerou o efeito positivo de fortalecer a tradição constitucional do país de fixar prazos para os mandatos do Executivo, também legou às elites democráticas o hábito pouco saudável de alterar limites de mandato com muita frequência. Portanto, não devemos nos surpreender se os limites dos mandatos presidenciais mudarem novamente no Brasil num futuro próximo.

Conclusão

Este capítulo investigou os fatores que contribuíram para a adoção e cumprimento dos limites de mandato sob o regime militar brasileiro de 1964-1985. Nosso tema de pesquisa é relevante porque esse regime foi um dos mais longevos de seu tipo e o mais longo da história latino-americana. Três elementos se destacam em nossa explicação: (1) a decisão tomada pelas forças armadas, em 1964, de quebrar o molde tradicional de intervenções políticas rápidas e permanecer no cargo e no poder por um longo prazo; (2) uma tradição legalista que levou o novo regime militar a manter uma fachada de constitucionalismo através de uma miríade de instituições políticas (embora expurgadas); e (3) as clivagens ideológicas e políticas no seio das forças armadas. Essas são, em conjunto, condições suficientes para a criação de um mecanismo digno de crédito: limites de mandato presidencial a serem respeitados pelos generais que fossem selecionados para chefiar o Executivo.

Dos três fatores listados acima, consideramos o último – divisões intensas dentro das forças armadas – o mais relevante ou o de maior peso relativo. Considere-se o seguinte contrafactual: se as forças armadas brasileiras não tivessem manifestado nenhuma clivagem política séria – em outras palavras, se elas fossem uma organização altamente coesa e obediente a seus líderes – haveria um forte incentivo para a adoção de limites de mandato? Certamente não. Nesse caso, a estrutura institucional do regime militar no Brasil provavelmente teria adotado o arcabouço legal de uma ditadura como a do general Augusto Pinochet, no Chile.

Além disso, este capítulo também dialoga com a literatura sobre a durabilidade dos regimes autoritários, uma vez que argumentamos que o estabelecimento de limites de mandato foi decisivo para a sobrevivência do regime militar no Brasil. Curiosamente, esse regime contradiz algumas proposições-chave dessa literatura. Enquanto tais proposições sustentam que divisões internas dentro das forças armadas levam a regimes autoritários pouco longevos, o Brasil é precisamente o caso oposto. Ou seja, uma vez decidido que as forças armadas substituiriam os civis no poder por um longo período, tais divisões, combinadas a uma tradição legalista, levaram à adoção de limites de mandato e várias outras instituições políticas que governaram o país por 21 anos. A criação de tais instituições no Brasil em 1964-1985 é coerente com uma vertente da literatura sobre a política dos regimes autoritários que enfatiza os mecanismos de partilha de poder como meio de gerar compromissos críveis ou dignos de crédito.

Finalmente, à luz de nossas verificações, novas pesquisas a respeito da sobrevivência de regimes autoritários que levassem em conta a experiência brasileira poderiam ser realizadas por meio de diferentes abordagens. Por exemplo, pesquisas comparadas se beneficiariam de uma confrontação entre os mecanismos de compartilhamento de poder observados no Brasil e em outros regimes autoritários em que instituições, como limites de mandato, também foram adotadas. Outra linha de pesquisa interessante seria um estudo estatístico multivariado que medisse o impacto dos limites de mandato sobre a durabilidade de sistemas políticos autoritários.

9. O golpe de 1964, os atos institucionais e o fechamento do regime

Maria Celina D'Araujo
Mariana Joffily

Este capítulo trata de dois temas bastante visitados pela historiografia brasileira – o golpe de 1964 e o Ato Institucional nº 5 (AI-5) –, objetos de inúmeros trabalhos de literatura acadêmica, memorialística ou jornalística, quer pela importância histórica da ruptura que provocou, quer pelos aspectos derivados, em especial os abusos aos direitos humanos, o impacto sobre as instituições e o legado de autoritarismo. Os acontecimentos dos anos 2010/2020 – que incluem a retomada, por parte de alguns setores sociais, do anticomunismo, geralmente revestido de antipetismo, manifestações de apoio e defesa da ditadura militar, crescente protagonismo dos militares na cena política e militarização do governo – levaram à eleição do presidente Jair Bolsonaro em 2018, com apoio dos quartéis. As duas conjunturas históricas de ascensão do autoritarismo convidam a reflexões sobre temas bastante presentes na historiografia do golpe de 1964 e o período autoritário que se seguiu. Nos dois momentos, a alegação de que o país precisava se libertar da esquerda, entendida como comunismo, teve papel central. A volta ao poder, pelo voto popular e dentro de um sistema de garantias democráticas, de um projeto político abertamente autoritário, convoca igualmente a revisitar o alentado debate historiográfico sobre as bases de apoio civil à ditadura militar. Parece-nos, porém, considerando a quadratura histórica em que escrevemos este texto (o segundo turno das eleições presidenciais de 2022), e sua inserção em visão de mais amplo fôlego sobre os militares a que se propõe esta coletânea, que o eixo mais significativo para tratar os temas que aqui nos ocupam repousa no exame das forças armadas como um fator central de instabilidade política dentro da ditadura e do sistema democrático.

Propomos aqui uma leitura do período a partir dos atos institucionais, que formalizaram um lado obscuro do governo, posto que lhe permitiram embasar em textos "legais" soluções discricionárias para problemas que apareciam no cenário político. Nesse sentido, argumentamos que se tratou de um recurso *ad hoc* para problemas não antecipados pela Constituição improvisada de 1967, que receberá nova roupagem em 1969. Em outras palavras, os atos institucionais explicitam o mais alto nível de arbítrio do regime por meio de um recurso inovador de poder, para reprimir temas emergentes não previstos nos códigos em vigor. Serviram para sobrepujar um amplo espectro de oposição ao regime e enquadrar o mundo político civil à nova ordem, o que conduziria a um crescente isolamento do governo militar, embora, como mostraremos, mesmo nos períodos mais duros apoiadores civis nunca tenham deixado de existir. Sustentamos, ainda, que o recurso de imposição dos atos institucionais, sem prejuízo de sua vigência, cederia espaço, a partir de 1970, a uma nova fase do regime, baseada em certa estabilidade, possibilitada pelas práticas de vigilância e repressão do Sistema de Segurança e Informações (Sissegin).

O golpe

Como vimos no capítulo 7 desta coletânea, a capacidade de os militares produzirem instabilidade política e tramarem golpes e levantes no regime de 1946 foi expressiva. Sua reação à renúncia inesperada do presidente Jânio Quadros, reconhecido como liderança civil por setores conservadores, foi uma mobilização ativa para impedir a posse do vice-presidente João Goulart, que se encontrava então em missão comercial na China. Marcado por suas estreitas ligações com Getúlio Vargas, com o Partido Trabalhista Brasileiro (PTB) e o movimento sindical, Jango representava um misto de trabalhismo com nacionalismo e populismo, abarcado pela oposição dentro de um conceito vago e amplo de comunismo. A despeito da oposição de grande parte da caserna, as forças armadas não eram um bloco monolítico e, nas disputas políticas do período, parte delas aderia ao campo nacionalista. Foi com o apoio de parte desses setores do Exército, sediados em Porto Alegre, que o governador do Rio Grande do Sul, Leonel Brizola, promoveu a Campanha da Legalidade. Assim, a falta de consenso e de unidade nas forças armadas garantiu a volta ao Brasil do futuro presidente e sua posse, mediante um pacto político-militar pelo qual teria seu poder mitigado pela adoção do parlamentarismo. A mudança do sistema de governo foi a fórmula palatável para os segmentos golpistas das forças armadas, empresários, Igreja Católica, ruralistas e classes médias, em geral, aceitá-lo como chefe de Estado.

A conturbada posse de 1961 e os anos seguintes até o 31 de março de 1964 são provavelmente um dos assuntos mais abordados na história política brasileira. As análises vêm da ciência política, da história, do jornalismo, do cinema documentário, da memorialística militar e civil, de ensaios etc. O empenho analítico faz jus à importância do período, afinal a democracia brasileira nesse governo foi duramente posta à prova e a crise que se armou levaria à ruptura constitucional. O tema segue tendo extrema relevância, uma vez que a democracia no país ainda é ameaçada por fortes correntes que remetem ao discurso e aos conceitos dessa época.

O período parlamentarista durou 14 meses e foi marcado por instabilidade política e ministerial. Três gabinetes foram formados, sempre com alta taxa de oposição, mesmo dentro do campo da esquerda. Paralelamente a ação do governo e de seus apoiadores se concentrava em fazer retornar o presidencialismo, para que o presidente tivesse força para implementar as "reformas de base". As crises econômica e de confiança se autoalimentavam, enquanto do ponto de vista internacional era praticada a política externa independente, o que significava, para a oposição conservadora, uma falta de compromisso mais sólido com o mundo ocidental. Data do período parlamentarista, entre outras iniciativas nacionalistas, a Lei de Remessa de Lucros, mal recebida por empresários nacionais e estrangeiros e que dará fermento ao envolvimento mais intenso dos Estados Unidos em questões internas. No Congresso, foi criada a Ação Democrática Parlamentar (ADP), que se opôs à Frente Parlamentar Nacionalista e que visava combater o comunismo na sociedade brasileira (Ribeiro, 2017). Nas eleições parlamentares de 1962, já estava criado o Instituto Brasileiro de Ação Democrática (Ibad), destinado a financiar, com recursos externos, candidatos de oposição ao governo. Também já existia o Instituto de Pesquisas e Estudos Sociais (Ipes), organização de recorte liberal e internacionalista, que reunia empresários e militares com o objetivo de defender as liberdades individuais e empresariais e "aperfeiçoar" a consciência cívica dos brasileiros (Flores, 1998).

O Congresso estava polarizado assim como a sociedade. Em janeiro de 1963 um plebiscito decidiu por 82% dos votantes a volta do presidencialismo. O intuito era acelerar as reformas de base: tributária, educacional, urbana, eleitoral, bancária e agrária, esta última mais temida pela falta de convergência quanto aos critérios de indenização das terras e pelo temor de que fosse feita ao arrepio da lei. Entrava em vigor o Plano Trienal de Desenvolvimento Econômico e Social, de autoria do ministro Celso Furtado, que estabelecia oito objetivos: (1) manter uma elevada taxa de crescimento; (2) reduzir a inflação; (3) melhorar a distribuição de benefícios na sociedade; (4) intensificar o papel do Estado em educação, pesquisa, tecnologia e saúde pública; (5) reduzir as desigualdades regionais; (6) eliminar "entraves institucionais" à continuidade do desenvolvimento (entre esses "entraves" estava a estrutura agrária); (7) refinanciar a dívida externa; (8) assegurar unidade de comando ao governo em sua esfera de ação (Miranda, 2001).

Não era, contudo, apenas a sociedade e o Congresso que estavam cindidos. A polarização estava nos quartéis, especialmente entre os menos graduados, com apoio de alguns comandantes, a exemplo do ocorrido nas revoltas dos sargentos em 1963 e dos marinheiros em 1964. A indisciplina militar era uma realidade, o que colocava um problema grave para os comandantes. Estes, depois de muito atrito, entenderam que a solução era depor o que seria a origem dos problemas, ou seja, o governo Goulart, que àquela altura não contava no Parlamento com apoio coeso de suas bases políticas, também radicalizadas. A principal fricção no Congresso dava-se em torno da reforma agrária, a mais polêmica das reformas de base (Camargo, 1991). A maior parte dos partidos era contrária e seria necessária uma negociação que se tornou lenta e imprevisível em meio à polarização que dominava a política parlamentar. Essa discussão e os embates daí decorrentes paralisaram as decisões do Congresso. O Poder Executivo ficou sem força parlamentar, sem apoio militar e, o mais grave, não contou com o suporte de seu próprio partido, o PTB (D'Araujo, 1996). Para atores políticos e militares da época, como Ernani do Amaral Peixoto (1986), Cordeiro de Farias (1981) e Ernesto Geisel (D'Araujo e Castro, 1997), a volta ao presidencialismo foi a senha para a conspiração e o golpe. Os tempos da Guerra Fria redimensionavam a força do comunismo no hemisfério ocidental e era público que o Partido Comunista apoiava o governo. Enquanto a esquerda se digladiava pela iniciativa das reformas, parte da sociedade ia às ruas, em grandes marchas pela fé, pela família e pela propriedade (Cordeiro, 2009), temas centrais também nas eleições de 2018 e 2022.

No comício de 13 de março de 1963, uma sexta-feira, na Central no Brasil, Rio de Janeiro, o governo fechou seu enredo. Os comandantes militares, com tropas, começam a articular sua movimentação. Oficialmente, o golpe ocorreu no dia 31 de março de 1964, quando tropas se levantaram em Minas Gerais sob o comando do general Mourão Filho. Houve momentos tensos de incerteza quanto ao início de uma guerra civil, pois de imediato nem todos os comandos concordaram com a mobilização militar. Entre eles, o comando do Exército de São Paulo, a mais importante base militar do país. Ao fim, venceu o espírito de corpo militar e todas as três forças aceitaram a interpretação de que o cargo de presidente ficara vago. Isto porque, com a movimentação das tropas, João Goulart, que estava no Rio, retirou-se para o Rio Grande do Sul, para planejar a reação a tomar.

Observador atento daquele momento, Tavares (2014) relata como na noite de 1º de abril, já na madrugada do dia 2, o presidente do Congresso Nacional, Auro de Moura Andrade, reuniu 183 deputados federais (de um total de 404) e 29 senadores (de um total de 60) para comunicar que a presidência estava vaga, embora nota da Presidência da República, lida na ocasião, afirmasse que João Goulart havia seguido para Porto Alegre onde prepararia a resistência. Assim mesmo, foi declarada a vacância, numa decisão parlamentar monocrática, que durou apenas três minutos. Para evitar discussões, o presidente do Congresso Nacional mandou desligar os microfones e as luzes da casa. À luz de velas, o presidente da Câmara, Ranierri Mazzilli, com proteção militar, entrava no Congresso pela porta dos fundos para tomar posse. Com esses improvisos, buscava-se dar aparência constitucional à troca de presidentes.

Enquanto em Brasília o Congresso seguia ritos aparentemente legais para a transferência de poder, no Rio de Janeiro o general Costa e Silva, o mais antigo general no posto e o mais assediado pelos jovens oficiais anticomunistas, autodeclarava-se chefe do Comando da Revolução. Horas depois da posse de Mazzilli, o governo norte-americano reconheceu o novo governo. Segundo Jorge Ferreira (2011:471), Goulart desistiu de reagir militarmente quando foi informado por seu ex-ministro das Relações Exteriores, San Tiago Dantas, de que o Departamento de Estado daria suporte militar aos rebeldes. Gaspari (2002b:60-61) lembra que, descontente com as colorações populares e esquerdistas do governo João Goulart, a administração de John Kennedy havia enviado ao Brasil, em julho de 1962, o coronel Vernon Walters como adido militar. Walters era antigo conhecido de um dos principais articuladores do golpe, o general Castelo Branco, com quem havia lutado na Itália durante a Segunda Guerra. Ao lado do embaixador Lincoln Gordon, o novo adido acompanhou de perto a conspiração e, juntos, deram ativa contribuição para a vitória do que denominaram uma "revolta democrática" (Gaspari, 2002b:109). A ajuda militar americana não foi necessária, pois não houve reação armada nem mesmo mobilização de massa nas ruas.

No dia 11 de abril, Castelo Branco foi eleito pelo Congresso como novo presidente da República, e o país entrava na era dos atos institucionais, uma maneira autocrática adicional de dar legalidade ao regime. O golpe teve como principais vetores a ameaça comunista nos quartéis, a mobilização da sociedade contra e a favor das reformas e as divisões do Congresso, incapaz de dar respostas políticas às demandas que lhe eram apresentadas. Em suma, um governo paralisado, quartéis mobilizados pró e contra o governo, esquerda dividida.

Os pilares: AI-1, AI-2 e AI-5

O primeiro ato institucional (AI-1), proclamado em 9 de abril de 1964, embora mantivesse a Constituição de 1946, anunciava pretensões fundacionais: "A revolução se distingue de outros movimentos armados pelo fato de que nela se traduz, não o interesse e a vontade de um grupo, mas o interesse e a vontade da Nação" e autorizava a edição de normas jurídicas "sem que nisto seja limitada pela normatividade anterior à sua vitória" (AI-1, 9 abr. 1964). Contudo, limitava-se no tempo, pois devia vigorar até 31 de janeiro de 1966 e previa eleições para 3 de outubro de 1965. O prazo estabelecido contribui para compreender a urgência na realização da Operação Limpeza, que incluiu, entre outras intervenções repressivas, uma série de expurgos, buscando alterar radicalmente a paisagem política nacional, no intuito de superar a polarização do período precedente pela eliminação do jogo político de partidários de projetos associados ao governo João Goulart, ou ao espectro político à esquerda deste. Segundo levantamentos de Maria Helena Moreira Alves (2005:77;79), dos 1.530 expurgos realizados até 1967 nos ministérios civis e 1.228 na burocracia militar, 92% e 97,7%, respectivamente, ocorreram em 1964. No meio militar, as intervenções tiveram como foco oficiais legalistas, nacionalistas ou progressistas com influência ou comando de tropas, num esforço de "estabelecer a predominância da ESG e da extrema direita" (Alves, 2005:78).

Por efeitos não antecipados, o que aconteceu em 1964 foi mais do que uma decorrência natural de uma prática golpista inscrita na história das forças armadas brasileiras. Como assinala José Murilo de Carvalho, também neste volume, o golpe de 1964 diferiu profundamente das intervenções e golpes de 1937, 1945, 1954, 1955, 1961. Nesses casos, os militares derrubavam o governo civil e eram sucedidos por outro governo civil. Decorrido o golpe, o vigor anticomunista, a convicção de superioridade moral das forças armadas e de sua vocação para a defesa da ordem social e dos interesses gerais da nação, aliados à desconfiança em relação ao mundo político civil, convenceram os militares de que a devolução do poder aos civis deveria ser adiada. Entendia-se que a intervenção não poderia terminar sem a realização de reformas significativas, que impedissem o ressurgimento de forças sociais que contestassem a ordem vigente e ameaçassem a sociedade com os males da "subversão" e da "corrupção", o que conduziria a novas crises políticas. Dois acontecimentos foram cruciais para essa mudança de paradigma. O primeiro foi a eleição de quatro candidatos oposicionistas nas eleições de outubro de 1965, entre os quais, os governadores dos estados estratégicos da Guanabara e de Minas Gerais.[1] O segundo foi a reticência do Congresso em aceitar uma emenda constitucional que limitava os poderes do Judiciário e do Legislativo.

Ainda que o primeiro ato institucional e a escolha do general Castelo Branco para presidente já tivessem significado uma cisão importante no bloco civil-militar que derrubou João Goulart, assinalando que a fonte de decisão política emanava dos militares (Martins Filho, 1995:48), a imposição do AI-2 demarcou nova etapa. É significativa a defecção do ministro da Justiça da União Democrática Nacional (UDN), partido de apoio do governo, em discordância da proposta de reforma partidária apresentada pelos militares. Milton Campos tivera ativa participação no golpe de 1964 e era adepto de parte significativa do programa implementado pelo novo governo, porém discordava do teor das reformas políticas em curso. Foi substituído pelo então embaixador do Brasil em Washington, Juracy Magalhães, que, ao antever que o Congresso recusaria o projeto, declarou que "se necessário abriria caminho à força" (Coutinho, 2001). Lucia Grinberg (2009:58) nota que anos mais tarde, em 1977, Magalhães reconheceu que o ato fora necessário para evitar que o Partido Social Democrático (PSD) e o PTB, unidos, vencessem as disputas eleitorais em desfavor do governo militar.

---

1 Elegeram-se: na Guanabara, Francisco Negrão de Lima, em coligação do PSD com o PTB; em Minas Gerais, Israel Pinheiro, pelo PSD; em Santa Catarina, Ivo Silveira, do PSD; em Mato Grosso, Pedro Pedrossian, pelo PSD.

Observe-se, contudo, que o ato não emerge apenas de disputas entre as forças militares e as civis, mas igualmente da resultante do quadro de conflitos internos dos diferentes grupos das forças armadas, politizados nas décadas anteriores e no próprio processo de preparação do golpe (Chirio, 2012a).

O AI-2, em seu preâmbulo, indicava defender a democracia contra aqueles que "já ameaçam e desafiam a própria ordem revolucionária" e esclarecia que já não se tratava de uma intervenção pontual: "Não se disse que a revolução foi, mas que é e continuará. [...] A revolução está viva e não retrocede". Anunciava, ainda, que havia um programa a ser implementado, embora este não fosse explicitado: "[a revolução] tem promovido reformas e vai continuar a empreendê-las, insistindo patrioticamente em seus propósitos de recuperação econômica, financeira, política e moral do Brasil" (AI-2, 27 out. 1965).

O AI-2 endossava o teor do AI-1 no sentido de propor a refundação do país "limpando-o" de suas mazelas comunistas. Assim como os jacobinos de 1789, nossos militares golpistas achavam que podiam começar uma nação do zero, a partir de novos paradigmas e valores. Os "revolucionários" de 1964 nutriam a utopia autoritária de que poderiam redesenhar o país a partir de um recomeço, anulando o que fosse inconveniente. No furor ingênuo daqueles que pensam que tudo pode ser construído de acordo com desígnios previamente urdidos, achavam ser possível fazer do país uma página em branco, onde seria inscrita a sociedade desejada. Se conhecessem melhor John Locke, o grande pensador do empirismo, se entendessem um pouco da teoria democrática dos federalistas e do grande debate entre conservadores e racionalistas, seriam mais modestos em suas pretensões.

O AI-2, além de estabelecer as eleições indiretas para a presidência da República, frustrando o projeto de importantes lideranças civis que estiveram na linha de frente do golpe de 1964, reabriu o processo de punições aos oposicionistas, concentrou uma série de poderes no Executivo – entre os quais o de decretar estado de sítio sem consulta prévia ao Congresso, intervir nos estados, baixar decretos-leis para assuntos de segurança nacional –, aumentou de 11 para 16 o número de ministros do Supremo Tribunal Federal, extinguiu os partidos políticos e colocou sob o foro da Justiça Militar os civis que cometessem crimes contra a segurança nacional ou as instituições militares. Este foi mais um marco nas relações entre o governo militar e o Congresso Nacional, que, expurgado, havia se mantido até outubro de 1965 subserviente ao governo Castelo Branco

(Martins Filho, 1995:46). A vigência do AI-2, limitada a 15 de março de 1967, supunha dar ao novo poder o tempo necessário para institucionalizar-se, o que ocorreria com a entrada em vigor da Constituição que viria a ser promulgada em 24 de janeiro de 1967 e pela nova Lei de Segurança Nacional, vigente a partir de 15 de março desse mesmo ano. De fato, as etapas previstas pelo governo militar não refletiam a dinâmica da sociedade e da política. O futuro desejado era "arrumar o país", termo recorrente entre os golpistas. Porém, o *design* dessa arrumação não era convergente e, paradoxalmente, exigia mais repressão: o meio era a repressão, mas o fim desejado era indefinido. Em que momento e de que forma poder-se-ia dizer que o país ficaria arrumado no sentido finalístico dado pelos militares vencedores?

Não por acaso, o AI-2 pôde ser interpretado, *a posteriori*, como um passo decisivo no caminho que levaria, na feliz formulação de Adriano Codato (2004), do golpe de 1964 ao regime de 1968. Conforme relembrado nos considerandos do AI-5, ato que representa essa guinada para uma nova fase da ditadura militar, decide-se, já na promulgação do AI-2, que o processo aberto com o golpe não se reduziria a uma intervenção pontual para retirar um governante indesejável, mas que seria necessário dar continuidade ao processo revolucionário, que paulatinamente se transformava em projeto de manutenção de poder e buscava institucionalizar-se.

O contexto da edição do AI-5 já foi exaustivamente revisitado pela historiografia. Aqui cabe apenas mencionar a constituição da Frente Ampla reunindo os rivais políticos Carlos Lacerda, Juscelino Kubitschek e Jânio Quadros, a atuação da base oposicionista no Congresso e um progressivo posicionamento mais crítico de setores da Igreja. Há que mencionar, ainda, a turbulenta conjuntura de 1968, conjugando extensas manifestações estudantis, ampliadas pela participação de artistas e setores das classes médias, e as greves de trabalhadores nas regiões de Contagem (MG) e Osasco (SP), sinais da "rearticulação das forças político-sociais do pré-64" (Codato, 2004:17).

O diagnóstico realizado pelo chefe do Gabinete Militar da Presidência e secretário-geral do Conselho de Segurança Nacional, general Jayme Portella de Mello, em reunião do governo para debater a conjuntura nacional em julho de 1968, foi o de que a contrarrevolução estaria em fase de plena concretização. O ministro da Justiça e professor catedrático da Universidade de São Paulo, Luís Antônio Gama e Silva, foi encarregado, juntamente com os três ministros das pastas militares, de elaborar um instrumento jurídico que pudesse dar uma resposta enérgica ao que viam como uma situação política conturbada e ameaçadora para a "revolução". O incidente que serviu de pretexto para a adoção das drásticas medidas do AI-5 foi o pronunciamento, na Câmara, do deputado do Movimento Democrático Brasileiro (MDB) Márcio Moreira Alves, criticando os militares e sugerindo um boicote aos desfiles do 7 de setembro, revelando, uma vez mais, os conflitos do governo militar com a indocilidade do Parlamento. Nem sempre se lembra que o deputado em pauta foi adversário do governo de João Goulart e apoiador do golpe de 1964. Voltou-se contra o regime militar já com a edição do AI-1 e, como repórter, publicou uma série de reportagens no jornal *Correio da Manhã* denunciando a prática de torturas em prisões brasileiras, sobretudo no Nordeste. Reunidas mais tarde, deram origem ao livro *Torturas e torturados*, publicado em 1967. Em artigo recente, Rodrigo Patto Sá Motta pontua, a partir de fontes militares e da embaixada estadunidense, que o maior incômodo da caserna havia sido então provocado pela referência aos militares como torturadores (Motta. 2018:201). Ultrapassa a ironia que essa "ofensa" tenha conduzido os mesmos militares, acusados de torturadores, a editar um ato institucional que derrubou as garantias constitucionais que ainda restavam, após seguidas ofensivas ao Legislativo, abrindo espaço ainda maior para a constituição de um aparato repressivo no qual torturas, assassinatos e desaparecimentos de opositores foram o instrumento central.

Menos do que o próprio discurso, porém, o estopim para a imposição de uma série de medidas planejadas com antecedência foi a recusa da Câmara em permitir a cassação do deputado Márcio Moreira Alves. Assim como ocorrera com o AI-2, foi a indocilidade pontual de um Congresso diversas vezes expurgado a antecâmara para a imposição das reformas autoritárias do governo militar. O AI-5 conferia amplos poderes ao presidente da República, autorizando-o, sem apreciação judicial, a decretar o recesso do Congresso Nacional, das assembleias legislativas e das câmaras de vereadores; intervir em estados e municípios; demitir, remover ou aposentar servidores públicos; cassar mandatos parlamentares nos níveis federal, estadual e municipal; suspender, por 10 anos, os direitos políticos de qualquer cidadão, assim como as garantias constitucionais de vitaliciedade, inamovibilidade e estabilidade de servidores; decretar o confisco de bens considerados ilícitos; e suspender a garantia do *habeas-corpus* para crimes políticos contra a segurança nacional, a ordem econômica e social e a economia popular (AI-5, 13 dez. 1968).

A reunião do Conselho de Segurança Nacional, na qual o ato foi debatido pelos componentes do governo, merece ser reapresentada por significar, nas palavras – mas não sentido – do então ministro da Agricultura Ivo Arzua, um "encontro com a verdade nacional".[2] Dos 24 presentes, nove eram civis, ou seja, um pouco mais que um terço. Embora fosse uma instância meramente consultiva, com exceção do vice-presidente Pedro Aleixo, político da UDN mineira, todos aprovaram o ato, em sessão considerada histórica por muitos dos presentes. A abertura do encontro foi realizada por Costa e Silva, que se apresentou como "legítimo representante da Revolução de 1964" e descreveu um contexto de crise, no qual "ou a revolução continua, ou a revolução se desagrega". Lamentou a falta de compreensão e união entre "a área política e a militar, ambas responsáveis pelo advento revolucionário" e questionou a falta de responsabilidade do Congresso em um momento que estaria conduzindo o país a uma "desagregação material, moral e política". Seu diagnóstico da situação foi acompanhado por outros membros presentes. Rondon Pacheco, ministro-chefe do Gabinete Civil, fala em uma "guerra revolucionária" e um "processo contrarrevolucionário" em marcha, referindo-se a alguns membros do Congresso como líderes desse processo. O ministro da Justiça e responsável pela redação do anteprojeto da nova medida foi ainda mais longe, afirmando que a "subversão está nas ruas" e acusando de "autêntica subversão" contra o regime a atuação dos deputados federais, incluindo aqueles do partido aliado do governo, que se negaram a aprovar a licença para processar Márcio Moreira Alves.

Inegável, portanto, que entre as razões para a proclamação de um instrumento tão autoritário naquela conjuntura, estava a submissão do mundo político civil, incluindo os aliados. Como bem notou Rodrigo Patto Sá Motta, o AI-5 foi um meio "para enquadrar e disciplinar segmentos rebeldes da própria elite situados em lugares estratégicos, como o Poder Legislativo, o Poder Judiciário e a imprensa" (Motta, 2018:209) Em diversas falas da reunião, aparece a avaliação de que a Constituição vigente (a de 1967) não oferecia meios suficientes para lidar com as ameaças à democracia. Gama e Silva caracteriza o ato como uma

---

2 As citações aqui reproduzidas provêm da transcrição do áudio da reunião do CSN pela *Folha de S.Paulo*. Disponível em: <www1.folha.uol.com.br/folha/treinamento/hotsites/ai5/reuniao/index.html>. Acesso em: out. 2022.

> verdadeira medida de salvação nacional [...]. Não encontramos outro instrumento, dentro dos quadros legais do Brasil, que possa conter a subversão e que possa assegurar a ordem, a paz, a tranquilidade, o progresso e o desenvolvimento cultural e social do país.[3]

As intervenções na reunião do CSN são ilustrativas da variação de posicionamentos dentro do espectro limitado proposto pela concordância com a medida de força que significava o AI-5. Observamos certa clivagem entre os civis e militares nos escrúpulos para lançar mão do instrumento autoritário. Entre os civis, encontramos aqueles que se utilizam de contorcionismos verbais para justificar o ato como uma medida necessária para a salvação do país. Gama e Silva, por exemplo, aposta no negacionismo, considerando o ato um "instrumento revolucionário" adequado para "restaurar a verdadeira democracia, autêntica democracia". Tratar-se-ia, portanto, de uma continuidade lógica do processo iniciado em 1964, de modo que sua legitimidade derivaria do próprio golpe. O ministro da Educação e Cultura seguiu linha distinta. Tarso Dutra defendeu ser mais adequada a adoção de um ato adicional, e não institucional, pela transitoriedade intrínseca que deveria ter a medida "revolucionária". Se por um lado seu posicionamento colocava em relevo os limites que a aplicação das leis de exceção deveria ter no tempo, por outro minimizava os efeitos inconstitucionais do ato, por sua provisoriedade. Já o ministro do Planejamento, Hélio Beltrão, após identificar-se como um homem de "respeito às instituições democráticas e à ordem jurídica", adota uma linha paralela: a de que os poderes excepcionais concedidos ao Executivo representavam uma ditadura de direito, mas não necessariamente de fato. A passagem de uma a outra dependeria da ausência de moderação na sua aplicação: "é na execução dela [medida do AI-5] que se revelará ou não o conteúdo antidemocrático, ditatorial ou arbitrário". Ou seja, a responsabilidade pelo autoritarismo não incidiria sobre aqueles que aprovaram o ato, mas sobre aqueles que porventura o aplicassem de maneira infundada ou excessiva. Interessante ainda notar como os ministros civis ligados à área econômica não hesitaram em defender a adoção de medidas discricionárias para impor um modelo de modernização econômica a partir do Estado. O ministro da

---

3 Ata da reunião do Conselho de Segurança Nacional em dezembro de 1968. Disponível em: <www1.folha.uol.com.br/folha/treinamento/hotsites/ai5/reuniao/index.html>. Acesso em dez. 2023.

Fazenda Antônio Delfim Netto, outro catedrático da USP, interpretou a "revolução" como meio de modificar as "estruturas que facilitassem o desenvolvimento econômico" e, nessa direção, considerou o AI-5 uma medida até insuficiente, sendo partidário de "certas mudanças constitucionais, que são absolutamente necessárias para que este país possa realizar o seu desenvolvimento com maior rapidez". O ministro das Comunicações, Carlos Simas, saído do mundo das atividades privadas, posicionou-se pelo rompimento de algumas normas que estariam "dificultando" o progresso do país. O ministro do Planejamento, Hélio Beltrão, enfim, considerou que o ato atenderia à "responsabilidade de assegurar neste país a ordem e a tranquilidade para o trabalho e para o desenvolvimento".

Os ministros militares, por sua vez, não apenas assumiram frontalmente o caráter ditatorial do ato, como o defenderam sem pudores. O ministro da Marinha, Augusto Rademaker, foi direto ao ponto: "Nós não temos que debater juridicamente, legalmente ou constitucionalmente a questão. [...] Eu julgo que por essa situação o que se tem que fazer é realmente uma repressão". Seu colega da Aeronáutica, Marcio de Sousa Melo, seguiu no mesmo sentido, considerando "as medidas corretivas propostas", as mais "adequadas, intransferíveis e convenientes". O chefe do Serviço Nacional de Informações e futuro presidente Emílio Garrastazu Médici declarou-se "perfeitamente à vontade" e mesmo satisfeito em aprovar o ato, que daria resposta à contrarrevolução que estaria em curso, no que foi acompanhado pelo chefe do Estado-Maior das Forças Armadas e futuro ministro do Exército nos anos de chumbo, Orlando Geisel: "Se não tomarmos, neste momento, esta medida que está sendo aventada, amanhã vamos apanhar na cara, senhor presidente". O posicionamento militar, enfim, é condensado na fórmula bastante sugestiva do brigadeiro chefe do Estado-Maior da Aeronáutica, Carlos Alberto Huet: "Creio que o caso é de amputação e não de passar pomada".[4]

O firme e inequívoco posicionamento dos ministros militares apontava para a fase seguinte da ditadura, na qual os atos institucionais, num primeiro momento utilizados como ferramentas *ad hoc* de governabilidade, seriam reforçados por uma arquitetura mais permanente e efetiva de controle da oposição: o Sistema de Segurança e Informações. Não por acaso, encontram-se entre os partidários

[4] Nesse mesmo período, Itália e Alemanha ocidental foram confrontadas com fortes grupos terroristas, respectivamente, Brigada Vermelha e o Grupo Baader-Meinhof, ambos combatidos e derrotados dentro do estado democrático de direito.

convictos da adoção das novas medidas, nessa histórica reunião do CSN, expoentes da estrutura repressiva que se voltou contra os oponentes do regime na nova etapa que se abria com o AI-5. Baixado em 13 de dezembro de 1968, o ato vigoraria por 10 anos e "significou o ápice do projeto modernizador-autoritário da ditadura, fase em que os tecnocratas civis e militares tiveram mãos livres para agir, de maneira semelhante aos 'técnicos' que operavam os aparelhos de repressão" (Motta, 2018:197).

A despeito de seu caráter amplo e ditatorial, o AI-5 não esgotou o expediente a esse instrumento arbitrário de resolução de conflitos imprevistos. Em 1969, ainda seriam editados outros 12 atos institucionais, recurso que apenas seria superado no ano seguinte, com a ascensão de Médici ao poder, acompanhado do Sissegin. O escopo e a variedade dos temas a que se dedicaram os atos institucionais revelam a precariedade institucional da ordem instaurada com o golpe e aparentemente certa ingenuidade – além de arrogância – de seus protagonistas, que, ao instituírem o movimento antidemocrático como resultado das "aspirações mais legítimas" do povo brasileiro e tradução "não [d]o interesse e [d]a vontade de um grupo, mas [d]o interesse e [d]a vontade da Nação" (AI-2), pareciam surpreender-se com os obstáculos que iam encontrando, tanto da parte de seus "inimigos", quanto de sua própria base aliada. Não entenderam que a política, em sua versão democrática, é o campo do conflito e não do consenso. A cada fato novo fora da régua do regime, erigia-se nova barricada contra a sociedade. Havia inimigos, não adversários.

Os atos institucionais: um balanço

Tomados em conjunto, podemos distinguir os atos institucionais editados de 9 de abril de 1964 a 14 de outubro de 1969 em algumas categorias. A primeira e mais importante seria a dos atos que ampliam os poderes do Executivo e que podem ser considerados os pilares da nova ordem. Nela podemos incluir os atos já discutidos, o AI-1, de abril de 1964, o AI-2, de outubro de 1965 e o AI-5, de dezembro de 1968, além daqueles que complementam os anteriores, acrescentando novos poderes punitivos, todos de 1969: o AI-6 (fevereiro) voltou a reduzir para 11 o número de ministros do Supremo Tribunal Federal, expandidos para 16 pelo AI-2, e ampliou disposições do AI-5; o AI-10 (maio) determinou que a suspensão de direitos políticos ou a cassação de mandatos eletivos com base nos atos anteriores acarretaria penas acessórias, como perda dos cargos ou funções na administração ou em instituições de ensino e pesquisa, com efeito retroativo. Os AI-13 e 14, editados no mesmo dia 5 de setembro, após o sequestro do embaixador dos Estados Unidos, Charles Elbrick, por uma ação conjunta do Movimento Revolucionário 8 de Outubro e da Ação Libertadora Nacional, instituíram a pena de banimento do território nacional (AI-13) e a de pena de morte, "nos casos de guerra externa, psicológica adversa, ou revolucionária ou subversiva" (AI-14). Por fim, o AI-17, último dos atos institucionais, decretado em outubro de 1969, após a escolha do general Emílio Garrastazu Médici para presidente da República, autorizava-o a transferir para a reserva, por período determinado, os militares que "hajam atentado ou venham a atentar contra a coesão das forças armadas" (AI-17). Ou seja, a série de instrumentos de governabilidade, inaugurada com o golpe, que comportara medidas dedicadas a combater tanto os inimigos ideológicos quanto os aliados civis, encerrava-se voltando-se contra ameaças provindas do próprio núcleo de poder da ditadura militar: as forças armadas constituíam *locus* alimentadores de instabilidade política.

Outra categoria em que podemos classificar os atos institucionais é a do estabelecimento de novas regras ou calendários para as eleições. Nela entrariam novamente os atos 1 e 2, que estipularam eleições indiretas para o presidente e o vice-presidente da República, o AI-3, de fevereiro de 1966, estendendo para os cargos de governador e vice-governador as eleições indiretas – já previstas pelo AI-2 à presidência e à vice-presidência –, fixando datas para as eleições de 1966 e determinando a nomeação de prefeitos das capitais pelos governadores estaduais; o AI-7, de fevereiro de 1969, que anulou temporariamente o calendário eleitoral, além de disciplinar o funcionamento das assembleias legislativas e câmaras municipais; o AI-11, de agosto do mesmo ano, que fixou novo calendário eleitoral, estabelecendo uma data conjunta para as eleições do âmbito municipal; e a de setembro, fixando a data das eleições dos municípios sob intervenção federal para 15 de novembro de 1970. Integra a categoria dos atos dedicados a reformas do governo o AI-4, de dezembro de 1966, convocando o Congresso em sessão extraordinária para debater, votar e promulgar em tempo exíguo o projeto de Constituição de 1967 – que institucionalizava a ordem implementada em 1964, incluindo os atos institucionais instituídos até então e os cerca de 190 decretos e leis promulgados pelo governo Castelo Branco (Calicchio, 2001). Pertencem igualmente a essa categoria dois atos de abril de 1969, o AI-8 e o AI-9, respectivamente dedicados à reforma administrativa e agrária. Finalmente, dois atos ocuparam-se de processos de sucessão presidencial, o AI-12, de setembro de 1969, que constituiu a Junta Militar que ocuparia interinamente o cargo da presidência da República, após o afastamento por motivos de saúde do general Costa e Silva; e o AI-16, de outubro de 1969, penúltimo da série, fixando a data para a eleição e posse do presidente e do vice-presidente da República.

A variedade de temas cobertos pelos atos e sua periodicidade irregular apontam para um uso pouco criterioso e não planejado. As categorias aqui propostas mostram que os dois centros de preocupação do regime até 1969 foi punir adversários e aliados recalcitrantes da nova ordem e regular as eleições, possível porta de entrada de oposicionistas no jogo do poder. Percebe-se, ainda, o braço de ferro com o Congresso Nacional e o esforço para submeter a Justiça – redução das atribuições do STF, modificação em sua composição e afastamento de juízes. Certamente não foi obra do acaso o fato de 12 dos 17 atos terem sido instituídos em 1969, período de instabilidade sucessória aberto com o afastamento de Costa e Silva da presidência, da nomeação da Junta Militar e da ousada ação da esquerda armada, envolvendo um diplomata estadunidense. Esse ano agitado marcou, ao mesmo tempo, o ápice da utilização dos atos institucionais como resposta a desafios de variada natureza ao regime militar e o esgotamento desse instrumento.

Nova fase institucional: o Sissegin

O AI-5, por seu teor discricionário, foi considerado um golpe dentro do golpe. Na reunião do CSN aqui analisada, o ministro do Trabalho, Jarbas Passarinho, conclamou a uma nova revolução, "para ir direto às origens da primeira. Não se trata de vestir, talvez, uma roupa usada e sim de fazer um novo figurino". Críticos dessa visão lembram que o regime de exceção começara em 1964 e, portanto, essa expressão poderia obnubilar o caráter autoritário do período anterior a dezembro de 1968. Pode-se argumentar, ainda, que o golpe dentro do golpe não teria sido a promulgação do AI-5, mas a destituição do vice-presidente civil, Pedro Aleixo, e a constituição da Junta Militar para ocupar a presidência quando Costa e Silva foi afastado. Sem a pretensão de questionar marcos cronológicos estabelecidos, gostaríamos de chamar a atenção para uma mudança de paradigma na institucionalidade da ditadura militar, entre o que podemos chamar de a era dos atos institucionais (1964-1969) e o período inaugurado pelo Sissegin (1970-1985).

A constituição de um aparato repressivo sob o comando militar foi um processo que levou anos, envolvendo a disseminação de doutrinas e teorias nas escolas militares (Martins Filho, 2004) e nas academias de polícia (Nascimento, 2016), além de ensinamentos práticos de técnicas de contrainsurreição (Huggins, 1998; Chirio e Joffily, 2018), vindo a se consolidar em 1970. Esse movimento ocorreu em paralelo à experimentação do uso de mecanismos legais circunstanciais para fazer frente às crises que se apresentaram como afrontas ou ameaças ao governo militar, conduzindo a uma crescente concentração de poder nas mãos do Executivo e a um progressivo isolamento dos militares em relação às demais forças do campo golpista. Abriu-se então uma fase de relativa estabilidade política, imposta pelo uso extremo da violência do Estado e sob a hegemonia da extrema direita militar, repousada nos efeitos duradouros do AI-5, cuja vigência seguiu até dezembro de 1978, e na estrutura ultimada em 1970, conjugando o Serviço Nacional de Informações, os centros de informações das três forças armadas, os destacamentos de operações de informações, os centros de operação de defesa interna, o Departamento da Polícia Federal e o Sistema de Segurança Pública, incluindo os departamentos estaduais de ordem política e social (Fico, 2001; Joffily, 2014, 2021) A atuação da máquina repressiva teria efeitos bastante amplos na sociedade brasileira, deixando profundas marcas e uma pesada herança. A histórica desconfiança dos militares brasileiros em relação ao mundo político civil, alentada pelo anticomunismo nutrido pelas lentes da Doutrina de Segurança Nacional e da teoria da guerra revolucionária, redundaria num regime orientado pela repressão e pelo arbítrio, não poupando sequer setores aliados golpistas. A lição, que não parece ter sido aprendida pelas elites brasileiras, deveria ter sido a de que a aposta em propostas e instrumentos antidemocráticos para lidar com demandas de segmentos sociais, populares ou não, e debelar conflitos pela força leva à destruição da ordem democrática e de seus meios de expressão política, o que supostamente, em sua arrogância política, queriam preservar. Levou, ainda, ao fim do regime com militares insatisfeitos por não terem realizado completamente "sua obra". A esse respeito é esclarecedora a conversa, em 1976, de Ernesto Geisel com seu ministro da Guerra, Silvio Frota, um expoente da linha dura, contrário ao Acordo Comercial com a China e ao reconhecimento do governo de Angola alegando que serviria de mais alento ao comunismo. Geisel argumentou: "Estamos, desde o Levante de 1935 combatendo o comunismo". Se está "cada vez mais poderoso, então o método de luta que estamos adotando há 40 anos não serve. A solução atual de matar, esfolar, de brigar, não serve, está errado!" (D'Araujo e Castro, 1997:365). Nos anos 2020, quando o comunismo se dilui como sistema de poder, o discurso da extrema direita, sob a liderança de Jair Bolsonaro, continua sustentando que ele está mais vivo do que nunca. O espectro do comunismo, revestido entre nós de várias roupagens – Vargas, Jango, sindicatos, estudantes e PT –, continua sendo acionado para justificar o uso do autoritarismo em nome de uma ideia democrática.

10. A atuação da Justiça Militar durante a era Vargas (1930-1945) e a ditadura militar (1964-1985)

Angela Moreira Domingues da Silva

Introdução

Acompanhar a história da Justiça Militar brasileira é tomar consciência de um aspecto da história do país ainda pouco conhecido. Compreender a relação da instituição militar com questões da política nacional, para pensar e escrever a história do Brasil, nos leva a esbarrar com a trajetória do foro militar, em momentos autoritários ou não. Seu processo de criação, o estabelecimento da sua estrutura, sua relação com o território nacional, sua interface de atuação entre questões e comportamentos eminentemente militares e aqueles de natureza política são todos enfoques que ainda precisam ser melhor descortinados e analisados.

Alguns pontos são centrais nas análises sobre a Justiça Militar, ao longo da sua história: a competência para julgar civis e militares; seu envolvimento com questões de conjuntura política; sua vinculação com os crimes associados à segurança do Estado, da ordem política e social e à segurança nacional; a conturbada elaboração da sua codificação penal e processual militar; o corporativismo militar, assim como sua composição em regime de escabinato, ou seja, composta por civis e militares, entre outros.

Com a vinda da Corte imperial para o Brasil, a Justiça Militar brasileira foi criada em 1808, por meio de um alvará de 1º de abril, existindo desde então, ininterruptamente, e tendo sua estrutura, função e alcance modificados em contextos políticos diversos. Organizada na intersecção entre o universo das forças armadas e o Poder Judiciário, caracteriza-se como uma das justiças especiais existentes no país, ao lado da Justiça do Trabalho e da Justiça Eleitoral.

Herdada de Portugal, a nascente Justiça Militar brasileira incorporou as instituições lá existentes e que espelhavam uma racionalidade "instituída como área específica do domínio jurídico, com lógica e temas próprios, que deveriam pôr em prática procedimentos regulares de disciplinarização da tropa e de resolução de conflitos" (Souza e Silva, 2016:365). Desse modo, no Brasil imperial, a Justiça Militar passou a operar com os conselhos de Guerra funcionando como primeira instância, além do Conselho Supremo Militar e de Justiça – órgão administrativo e judicial – atuando como instância de recurso. Além dessas duas, os conselhos de Disciplina funcionavam como instituições ordinárias, fixas em sua estrutura. Não foi incomum, portanto, ao longo do século XIX, a criação de instituições *ad hoc*, ou seja, temporárias, e à parte da sua conformação permanente, como as comissões militares e as juntas de Justiça Militar, criadas e depois desmontadas em conjunturas políticas singulares (Souza, 2014).

A mudança de regime político, em 1889, com a Proclamação da República, trouxe poucas modificações imediatas à Justiça Militar (Lemos, 2007). O início da Primeira República (1889-1930), caracterizada pelo envolvimento direto dos militares com a política, iniciado anos antes, assistiu à fluidez da estrutura do foro militar, que mantinha suas instâncias ordinárias, mas que ainda contava com o expediente de criação de comissões militares temporárias. Tal iniciativa visava, sobretudo, à contenção de movimentos monarquistas de oposição, ou de "conspiração contra a República", como foi o caso da edição do Decreto nº 85-A, conhecido como "Decreto Rolha", editado em dezembro de 1889 pelo marechal Deodoro da Fonseca (D'Araujo, 2010). Foi o que se observou, por exemplo, com o processo e julgamento de supostos envolvidos com a Revolta da Armada (Silva, 2007).

No início do governo provisório (1889-1891), a legislação militar era apontada como anacrônica, e a Justiça Militar aparecia como fonte de críticas de oficiais militares republicanos, acusada de produzir desgastes entre a instituição e o Estado imperial (Lemos, 2007; 2012). Temas como indisciplina, castigos físicos e (falta de) unidade corporativa, por exemplo, rondavam as discussões sobre o papel dos militares na nova ordem política. Ainda assim, as discussões sobre a Justiça Militar foram parar na Assembleia Nacional Constituinte, organizada em 1890, de modo bastante tímido.

O debate específico acerca da Justiça Militar girou em torno da criação de um novo tribunal para julgar os crimes militares e que funcionasse como instância de recurso, e de que modo esse tribunal estaria posicionado, em comparação com outros órgãos de justiça, como o Supremo Tribunal Federal (STF), por exemplo. A Constituição de 1891, em seu Título IV, sobre os *Cidadãos brasileiros*, mais especificamente na seção das *Declarações de direito*, previa a existência de um "foro especial" para os militares de terra e mar que cometessem delitos militares. Inserido nesse tópico, por ser compreendido do ponto de vista de quem cometia o delito, tal foro deveria ser composto por um Supremo Tribunal Militar, com membros vitalícios, e de "conselhos necessários" para a formação de culpa e julgamento dos crimes (Lemos, 2007; 2012). Bastante sucinta em termos de informações sobre como deveria se estruturar e qual seria a definição de delitos militares, o texto constitucional deixou a regulamentação acerca da atuação do foro para uma lei posterior.

Vale ressaltar que o início da República viu o alvorecer e a consolidação de uma compreensão dos militares como instituição nacional (McCann, 2007), além da sua associação com temas como defesa da nação, da segurança da pátria e da segurança pública, que se intensificaria com o passar das décadas e as mudanças de conjuntura (D'Araujo, 2010).

A questão da codificação penal e processual militar foi tema de intensos debates desde o período imperial e se fez presente no início do período republicano. A elaboração de códigos disciplinares e penais específicos para cada força – Exército e Armada – ou mesmo uma regulamentação própria sobre a aplicação de castigos corporais ainda permaneceria na ordem do dia décadas depois. A estrutura da Justiça Militar prevista na primeira Constituição republicana só foi alterada em 1920, quando da criação das auditorias militares, alteração esta que permanece até os dias atuais. O estabelecimento do Código de Organização Judiciária e de Processo Militar buscou "dar racionalidade à estruturação da primeira instância da justiça militar, de acordo com uma divisão administrativa do território brasileiro em 12 Circunscrições" (Souza e Silva, 2016). Esse novo órgão seria (e ainda é) organizado, na prática, a partir da criação de conselhos de Justiça Militar, integrados por juízes civis e militares. Acredita-se que tal modificação buscava criar maior sintonia entre a disposição do contingente militar, posicionado pelo país, e a atuação do foro militar.

Ainda faltam estudos mais profundos que analisem a atuação cotidiana da Justiça Militar durante a Primeira República (1889-1930), sobretudo porque foi um período de movimentos políticos marcados pela presença militar. Avaliar a atuação da Justiça Militar como árbitra judicial de conflitos políticos intestinos à própria caserna, no período, poderia iluminar o olhar para os primeiros anos do regime republicano. Compreender *se* e *como* as disputas entre militares do

Exército e da Marinha, ou militares monarquistas e republicanos, chegaram às barras do foro castrense permitiria analisar com mais rigor se tais contendas transbordaram para um processo de judicialização de viés corporativo. Outro aspecto que se destaca sobre o período recai na importância das análises acerca da ascensão do tenentismo, na década de 1920, como faceta importante do envolvimento dos militares com questões políticas. Seria oportuno, portanto, avaliar como o tribunal militar lidou com um movimento de contato entre a instituição militar e questões políticas mais amplas.[1]

A Justiça Militar alcançou a década de 1930 com a estrutura pensada e reorganizada durante os primeiros 30 anos da República brasileira. Se sua estrutura não sofreria grandes modificações a partir da Revolução de 1930 e a implantação do Estado Novo, não se pode dizer o mesmo sobre seu alcance e envolvimento com questões de natureza política e de vinculação com a retórica da segurança nacional. A seguir, veremos mais especificamente como a Justiça Militar estava organizada e os impactos na sua estrutura e competência durante os períodos ditatoriais varguista (1937-1945) e militar (1964-1985).

A Justiça Militar e a era Vargas

De natureza heterogênea e marcada por interesses políticos diversos, o movimento conhecido como Revolução de 1930 buscou produzir uma ruptura com o *status* político que se desenhara, com muitos influxos, a partir de 1889. Vitoriosos, os integrantes da iniciativa que resultou na deposição do presidente Washington Luís (1926-1930) organizaram-se em um governo provisório (1930-1934), cujo líder só sairia do poder 15 anos depois. A ascensão e permanência de Getúlio Vargas como chefe de Estado seriam marcadas por diferentes fases, considerando a reconstitucionalização do país, eleição presidencial indireta, golpe de Estado, suspensão de direitos políticos, além de intensificação da perseguição e repressão políticas. A Justiça Militar não passou ao largo desse processo; contudo, mais

[1] Vale mencionar os verbetes elaborados por Rogério Rosa Rodrigues sobre a Justiça Militar e as guerras de Canudos e do Contestado; por Angela Moreira D. Silva acerca da atuação do foro castrense por ocasião das revoltas da Armada e da Chibata; por Celso Castro, acompanhando o envolvimento da Justiça Militar com o debate sobre o serviço militar obrigatório; por Julia O'Donnell, sobre a existência de um código próprio, moral e não escrito, de justiça, durante a atuação da Coluna Prestes. Tais análises se encontram em Castro et al. (2007).

uma vez, é preciso afirmar que esse período da história do foro castrense ainda precisa ser alvo de mais atenções e pesquisas.

No ano seguinte à revolução, a Justiça Militar foi identificada, pelo governo provisório, como espaço de processo e julgamento de militares, assemelhados ou civis, que se envolvessem, "por qualquer forma nos atentados contra a ordem pública ou contra os governos da União e dos estados", como consta no texto do Decreto nº 20.656. Trazia em seu conteúdo, também, a constatação de que a ordem pública continuava sendo desafiada por civis e militares, logo, o governo deveria "reprimir severamente a reprodução desses fatos contrários à organização social e política do país, exigindo, no interesse, fórmula processual sumária". Em 1932, viria a regulamentação para que a Justiça Militar fosse responsável pelas apreciações judiciais de condutas vinculadas à conjuntura política, com a edição do Decreto nº 21.289 (Souza e Silva, 2016). Como se pode observar, o acionamento constante do foro militar como espaço de mediação do dissenso político não era novidade e não pararia por aí.

Na Assembleia Constituinte de 1934, o tema da Justiça Militar foi deslocado do debate sobre os direitos individuais, passando para as questões relacionadas à defesa nacional e à organização militar do país, considerando-a fundamental no que concernia à manutenção da disciplina na caserna (Lemos, 2007). Em uma discussão que colocava as forças armadas como instituição de sustentação do Estado, as propostas e deliberações sobre o conceito de crime militar encontraram terreno para uma aproximação mais tácita acerca do que deveria ser o papel da Justiça Militar no julgamento de delitos contra o Estado. Como evidência do caráter híbrido da Justiça Militar, instituição de justiça, mas impregnada pelo *ethos* militar, o tema dos crimes políticos também foi abordado no âmbito da comissão destinada a pensar o Poder Judiciário.

Conduzida para o âmbito do Poder Judiciário, a Justiça Militar aparece na Constituição de 1934 com a mesma estrutura anterior, figurando como foro especial para militares e pessoas assemelhadas, em caso de cometimento de delitos militares. Entretanto, seria estendido aos civis para a repressão de crimes contra a segurança externa do país ou contra as instituições militares. Deu-se, portanto, o início formal da responsabilidade da instituição judicial militar com o que seriam os crimes contrários à segurança nacional. Vale notar que, de acordo com Maria Celina D'Araujo, essa conjuntura assiste a um processo de transformação da segurança nacional em política de Estado, que foi sendo aprimorada ao longo do século XX, ganhando contornos mais nítidos a partir da Guerra Fria (D'Araujo, 2010:235).

A organização do funcionamento da Justiça Militar só viria quatro anos depois, com a edição do Código de Justiça Militar, em 1938, via Decreto-lei nº 925. Seu intuito era sistematizar as mudanças realizadas no foro militar desde a década de 1920, passando pela Constituição promulgada em 1934, chegando ao texto da Carta em 1937, após o golpe do Estado Novo. Durante quase três décadas, as disposições presentes no código, que previam a definição de quem eram as autoridades militares e seu papel na condução da investigação dos crimes sob a alçada do foro militar, que regulavam a composição dos tribunais que o estruturavam, assim como as atividades do Ministério Público Militar, seriam reguladas por este código. Dessa forma, a atuação da Justiça Militar no período conhecido como intervalo democrático (1946-1964) foi pautada por um dispositivo idealizado durante o período autoritário do Estado Novo.

O recrudescimento político varguista, que se intensificou com o golpe de 1937, já havia sido observado um ano antes com a criação de um tribunal de exceção, denominado Tribunal de Segurança Nacional (TSN), por meio da Lei nº 244. Concebido como uma reação do governo ao Levante Comunista articulado pela Aliança Nacional Libertadora (ANL) e desencadeado em 1935, o TSN possuía a finalidade de julgar os crimes contra a segurança externa do país, contra as instituições militares e os crimes com finalidades subversivas das instituições políticas e sociais, com jurisdição em todo o território nacional. A imagem sobre a criação e atuação do tribunal está diretamente vinculada ao caráter autoritário do governo Vargas e ao julgamento de comunistas e integralistas, naquilo que ficou conhecido como suas fases "vermelha" e "verde", respectivamente (Campos, 1982; Vianna, 1992).

Contudo, ainda há muitas nuances sobre sua atuação a serem exploradas, por exemplo, o trabalho do tribunal no que concerne ao julgamento dos crimes contra a economia popular, uma biografia coletiva dos seus ministros, seu vínculo estrito com as forças armadas, sua atuação no julgamento dos crimes associados ao cenário da Segunda Guerra Mundial, entre outras.

Faz-se necessário destacar três aspectos do funcionamento do TSN que o ligam à Justiça Militar e às forças armadas, quando da sua criação e da sua extinção. O primeiro diz respeito ao funcionamento do Superior Tribunal Militar como instância de recurso das decisões do TSN. Tal disposição durou pouco mais de um ano, quando a edição do Decreto-lei nº 88, em 1937, determinou que as decisões de um juiz do TSN seriam julgadas, em segunda instância, pelo tribunal pleno da própria corte de exceção.

O segundo aspecto mostra a vinculação direta entre o tribunal de exceção e a instituição militar, uma vez que sua composição estava marcada pela presença de juízes civis e militares. Pode-se afirmar, portanto, que ainda que a associação judicial direta entre o TSN e a Justiça Militar tivesse cessado em 1937, sua conexão com as forças armadas se manteve durante todo o seu período de funcionamento. Atribui-se tal característica à correlação intrínseca entre a defesa da segurança nacional e os militares.

O terceiro aspecto relaciona-se à conjuntura de desmonte da estrutura repressiva varguista, iniciada logo após a deposição do presidente, em outubro de 1945. Quase um mês depois da queda do Estado Novo, o presidente José Linhares editou a Lei nº 14, que dispunha sobre a extinção do TSN. Ainda que a abolição do tribunal de exceção possa ser lida como parte do processo de reorganização institucional pós-ditadura, há que se notar que as determinações em torno das atividades do TSN nos remetem a uma conjuntura de continuidades e permanências.

O Decreto-lei nº 8.186, por exemplo, publicado logo após a dissolução do TSN, estabelecia procedimentos burocráticos e administrativos para lidar com seu arquivo e com os processos judiciais em andamento até sua extinção. Determinava, portanto, que as peças judiciais em curso deveriam ser remetidas para outros órgãos do Poder Judiciário. No caso das acusações de crimes que atentassem contra a personalidade internacional, a estrutura e a segurança do Estado e contra a ordem social, os processos deveriam ser remetidos à Justiça Militar, incorrendo, uma vez mais, em um cenário de militarização judicial dos dissensos políticos. Segundo a lógica de tratativa das questões vinculadas à segurança nacional e do Estado, a linha de contato entre o tribunal de exceção e a Justiça Militar parecia óbvia aos governantes da época.

Tal transferência foi regulamentada pelo Decreto-lei nº 8.758, de 1946, e resultou no aumento considerável da quantidade de processos julgados pela Justiça Militar, de modo que, para lidar com o fluxo de ações judiciais oriundas do TSN, o presidente da República precisou criar o cargo de subprocurador da Justiça Militar, conforme noticiou o jornal *Correio da Manhã* de 22 de janeiro do mesmo ano.

Assim, a Justiça Militar entrou no período conhecido como intervalo democrático, a partir de 1946, julgando crimes militares e processos judiciais abertos durante a ditadura Vargas, sendo muitos deles vinculados à conjuntura da Segunda Guerra Mundial. Acusações de espionagem, nazismo e traição à pátria, antes abarcados pelo TSN, passaram a ser julgados pelo Superior Tribunal Militar. Além desses crimes, as páginas dos jornais dedicadas à agenda do Poder Judiciário, à época, dão conta de um movimento de réus condenados pelo TSN em direção ao STM com o intuito de solicitar revisões criminais das sentenças produzidas pelo tribunal de exceção.[2]

Faz-se necessário abrir um pequeno parêntese para conhecer a atuação da Justiça Militar durante a Segunda Guerra Mundial e como isso impactou na atuação do foro militar em território nacional. A entrada do Brasil no conflito mundial aconteceu, oficialmente, em agosto de 1942, com a declaração de guerra à Alemanha, resultando na criação da Força Expedicionária Brasileira (FEB) um ano depois (Ferraz, 2005). Para acompanhá-la em deslocamento ao continente europeu, mais especificamente à Itália, foi criada, em 1944, o que seria uma espécie de Justiça Militar especial, estruturada em três níveis: Conselho Supremo de Justiça Militar, conselhos de Justiça e Auditorias. O Decreto-lei nº 6.396, que dispunha sobre o foro militar em tempo de guerra, especificava que cada órgão dessa justiça especial deveria se encarregar de militares de diferentes patentes, sendo o primeiro situado no Rio de Janeiro, voltado para o processo e julgamento de oficiais-generais e coronéis, além de receber apelações provenientes das duas instâncias inferiores. Os conselhos de Justiça deveriam se encarregar do julgamento de oficiais até o posto de tenente-coronel, enquanto as auditorias seriam responsáveis pelo indiciamento e julgamento de praças e civis (Albuquerque, 1958; Bonfim, 2005). Ao observar tal estrutura, depreende-se o espelhamento, para a Justiça Militar em tempo de guerra, da manutenção da lógica hierárquica da caserna, reforçando seu *ethos* militar.

Tendo julgado em sua maioria crimes de deserção, mas também delitos de natureza sexual, a Justiça Militar especial foi encerrada em 1945, com a edição do Decreto-lei nº 8.443. Assim, os processos em andamento nas auditorias foram

---

[2] Para acompanhar o expediente de julgamentos do tribunal, ver as atas do STM disponíveis no Repositório Institucional da Justiça Militar da União (https://dspace.stm.jus.br), além das páginas dedicadas à movimentação judicial dos tribunais, na imprensa, disponíveis na Hemeroteca Digital da Biblioteca Nacional (http://memoria.bn.br/hdb/periodico.aspx).

remetidos para a 1ª Auditoria da 1ª Região Militar, e o tribunal de segunda instância deixou de ser o Conselho Supremo para ser o Superior Tribunal Militar. Desse modo, o que se observa é que a Justiça Militar brasileira passou a receber processos oriundos do cenário de guerra mundial a partir de dois caminhos distintos: (1) do foro militar criado para atuar junto à FEB, julgando crimes militares, e (2) do finado TSN, que se ocupava dos crimes contra a segurança do Estado, também vinculados ao contexto do conflito internacional. Valeria um exame mais acurado de como a Justiça Militar brasileira acomodou, em seu cotidiano e em termos de jurisprudência, esses processos.

O fim da ditadura do Estado Novo e o processo de reconstitucionalização do país levou o tema da Justiça Militar para a Assembleia Constituinte uma vez mais. Como aponta Renato Lemos, a questão central, no que concernia às discussões acerca da Justiça Militar, diziam respeito à competência do foro militar, para julgar tanto civis quanto os crimes associados à segurança nacional, leia-se, políticos. Outro ponto importante de debate foi o nome da segunda instância do foro castrense. Até então denominado Supremo Tribunal Militar, passaria a se chamar Superior Tribunal Militar. A argumentação vitoriosa, apresentada pelo deputado constituinte Silvestre Péricles, fundamentava-se na ideia de que já existiam dois "supremos" poderes, o presidente da República, como chefe supremo das forças armadas, e o Supremo Tribunal Federal, na condição de mais alta corte do país (Lemos, 2007).

De viés liberal, o texto constitucional preservou, portanto, a existência da Justiça Militar vinculada ao Poder Judiciário, então composta pelos tribunais e juízes inferiores, além do Superior Tribunal Militar como instância de recurso. No que diz respeito à competência do foro militar, previa que este deveria julgar os *crimes militares*, cometidos por militares ou assemelhados, podendo sua ação ser estendida aos civis, nas acusações que versavam sobre a segurança externa do país ou as instituições militares.

A nova Lei de Segurança Nacional, publicada por meio da Lei nº 1.802, em 1953, durante o segundo governo Vargas (1951-1953), associava explicitamente a Justiça Militar ao processo e julgamento de alguns crimes contra o Estado e a ordem política e social. Ainda que os crimes políticos fossem de responsabilidade da Justiça Comum, a concepção difusa sobre segurança nacional, oriunda das décadas anteriores, marcada pelo tom militar e acentuada pelo contexto de Guerra Fria, manteria o foro castrense no centro da engrenagem de perseguição política. Como veremos, a edição dessa lei teria um impacto profundo na repressão política após o golpe de 1964, levando para a estrutura da Justiça Militar o processo persecutório iniciado a partir de então.

A atuação mais específica do foro militar no período de 1946 a 1964 ainda carece de análises mais aprofundadas, considerando, sobretudo, os influxos da movimentação política do país e sua relação com as forças armadas. A análise de conflitos como a Revolta de Aragarças, em 1959, por exemplo, com sua resolução judicial tendo parado na Justiça Militar, é importante para compreender o transbordamento, para o aparato judicial, dos dissensos políticos envolvendo militares (Silva, 2007).

Pode-se afirmar, portanto, que a Justiça Militar alcançou a década de 1960, considerando inclusive a instabilidade política que caracterizou seu início, com algumas particularidades: uma codificação de organização judicial idealizada durante a ditadura Vargas; uma estrutura marcada pelas deliberações do pós-Estado Novo, que traziam uma exacerbada preocupação com a segurança nacional, além de uma lei de definição de crimes políticos pensada no segundo governo Vargas e que a colocavam no centro decisório judicial. Assim, após o golpe de 1964, não demoraria muito para a Justiça Militar ser acionada como instituição de sustentação da ditadura militar por, aproximadamente, duas décadas.

A Justiça Militar e a ditadura militar

Sem dúvida, os estudos sobre a história do foro castrense concentram-se, em sua maioria, em analisar sua atuação durante a ditadura militar (1964-1985), período no qual atuou em toda a sua estrutura julgando, oficialmente, crimes militares e políticos. Não são poucos os trabalhos e sua qualidade é incontestável. Análises sobre justiça e autoritarismo, produzidas nos estertores da ditadura, como as de Edmundo Moniz (1984), Felippe Augusto de Miranda Rosa (1985) ou mesmo aquelas mais sofisticadas, em tom de denúncia da violência de Estado, como as do projeto *Brasil: nunca mais* (1985) – obra de suma importância publicada pela Arquidiocese de São Paulo –, já traziam como argumento fundamental o papel central da Justiça Militar como instrumento de perseguição política.

Entre os anos 1985 e a década de 1990, observou-se o interesse de advogados de presos políticos, que atuaram durante a ditadura, em registrar suas experiências e impressões diante do foro militar, como foram os casos de Heleno Fragoso (1984), Mário Simas (1986) e Antônio Barandier (1994). Posteriormente, surgiriam diversos trabalhos que se dispunham a localizar a Justiça Militar como uma instituição parte da engrenagem repressiva adaptada ou criada durante a ditadura, legitimando, a partir da mecânica burocrática-judicial, práticas como tortura exercidas pelos órgãos de repressão policiais e militares.

Somar-se-iam às obras mencionadas outras de cunho acadêmico, como as de Marco Aurélio Vannucchi de Mattos (2002) e Wilma Maciel (2003), voltadas a entender, de modo mais específico, como a Justiça Militar havia atuado no processo e julgamento de integrantes de organizações de esquerda armada, como Aliança Libertadora Nacional (ALN) e Vanguarda Popular Revolucionária (VPR), respectivamente.

Com o interesse de compreender o envolvimento da Justiça Militar e de seus integrantes com a conjuntura política que resultou no golpe e na institucionalização do novo regime político, começaram a surgir análises como as do historiador Renato Lemos (2003; 2004b; 2012). Em perspectiva comparada, as reflexões do cientista político Anthony Pereira (2004; 2010) buscavam identificar o *modus operandi* da Justiça Militar como foro político nas ditaduras argentina, brasileira e chilena.

Na mesma época, trabalhos como os da autora (Silva, 2007; 2010; 2011) objetivavam analisar o envolvimento da Justiça Militar com o quadro repressivo colocado em prática durante a ditadura, considerando, sobretudo, a atuação e o padrão decisório do STM. As produções de Angélica Coitinho (2012; 2018) acompanharam tal reflexão, considerando, sobretudo, o governo dos presidentes Ernesto Geisel (1974-1979) e João Baptista Figueiredo (1979-1985). Pouco tempo depois, Ayra Garrido (2019) iniciaria sua análise com ênfase no processo de institucionalização da ditadura, entre 1965 e 1969, considerando o que chamou de transição jurídico-política da repressão.

Apesar dos diferentes enfoques, do período de produção e das distintas finalidades das obras, todas têm como ponto em comum o princípio de que o foro militar foi instrumentalizado como o espaço de julgamento político durante o período autoritário. Como vimos, o envolvimento da Justiça Militar com os crimes associados à segurança nacional não surgiria nesse momento, sendo uma prática observada ao longo de toda a história republicana até então.

O cenário de perseguição à oposição política, que marcou os meses seguintes à deposição do presidente constitucionalmente eleito, João Goulart (1961-1964), pode ser lido à luz do acionamento da Justiça Militar como esfera judicial de mediação de conflitos políticos. No calor dos acontecimentos políticos, os ministros do STM acordaram, por unanimidade, expedir uma moção de apoio, no início de abril de 1964, ao "movimento revolucionário" patrocinado pelas forças armadas, colocando-se à disposição do Comando Supremo da Revolução que assumiu o poder após o golpe militar (Silva, 2011:46).

De lá até 1965, a Justiça Militar e, mais especificamente, o STM foram palco de disputas entre advogados de presos políticos, ministros do STM e ministros do STF no que dizia respeito à competência do foro militar para julgar *habeas corpus* solicitados por advogados de pessoas que estavam presas, às vezes, incomunicáveis e com paradeiro desconhecido. A falta de entendimento acerca do que previam o Código de Justiça Militar de 1938, a Constituição de 1946 e a Lei de Segurança Nacional de 1953 fez com que o STF decidisse pela incompetência do foro castrense acerca desses casos.

Tal confusão jurídica só se resolveria com a edição do Ato Institucional nº 2 (AI-2), em 1965, que transferiu, oficialmente, para a Justiça Militar os processos e julgamentos de civis ou militares, acusados de crimes contra a segurança nacional, ou seja, políticos (Silva, 2011; Schwaitzer, 2017). O ato alterou diretamente a estrutura e o alcance do foro militar, ampliando o número de ministros de 11 para 15, em maior sintonia com os desígnios governamentais. Elaborado pelo governo do presidente Castelo Branco (1964-1967), o AI-2 pode ser lido como uma reação ao resultado das eleições para governador de estado (Alves, 1985; Martins Filho, 1995; Lemos, 2004b; Garrido, 2019) e como um dos elementos vinculados ao processo de institucionalização do regime, que contaria, ainda, com a edição de nova Constituição, da Lei de Imprensa, de nova Lei de Segurança Nacional, em 1967, além da organização de um sistema repressivo bastante complexo (Fico, 2001; Joffily, 2013).

Com o aumento sucessivo do julgamento dos crimes políticos que chegavam ao foro militar, a partir de 1965, é possível compreendê-lo como um espaço judicial híbrido e complexo. Tal afirmação reside no fato de que, por um lado, a Justiça Militar podia ser utilizada como um espaço de punição aos inimigos do regime, fazendo parte de um projeto político de maior envergadura. Por outro, também podia ser vista como um ambiente de salvaguarda à vida daqueles que eram inseridos em uma mecânica judicial e burocrática, tendo suas identidades registradas em documentação oficial (Silva, 2007, 2011). Vale registrar que a iniciativa de criação do projeto *Brasil: nunca mais* (Arquidiocese, 1985), com denúncia das violações de direitos humanos por agentes estatais, só foi possível graças à pesquisa e sistematização minuciosas de informações presentes na própria documentação produzida pela Justiça Militar.

Julgando crimes militares, como deserção e insubordinação, com base no Código Penal Militar, crimes políticos com base nas leis de Segurança Nacional (de 1953, 1967, 1969 e 1978) e crimes contra a economia popular (entre 1965 e 1966), a Justiça Militar se mostrou sólida como instituição de apoio e legitimação do poder instituído discricionariamente a partir de 1964. Voltado a apreciar acusações de delitos no âmbito da corporação militar ou em virtude da oposição política à ditadura, o foro militar atravessou o período da ditadura militar, sendo responsável pela apreciação de processos movidos contra mais de 13 mil réus, entre civis e militares (Arquidiocese, 1985; Silva, 2011).

Outro aspecto que também demonstra a complexidade da sua atuação política pode ser observado quando analisamos a produção de decisões pelo STM, por exemplo. Percebe-se que o tribunal dispunha de, e utilizou com rigor, um manancial punitivo que incluía penas como prisão perpétua, banimento, perda dos direitos políticos, condenações duplas que somavam 54 anos de reclusão, por exemplo. Ao mesmo tempo, a sistematização quantitativa das suas decisões nos mostra um número considerável de absolvições e de acórdãos que indicavam algum problema na condução do inquérito policial militar, que dava início ao processo judicial (Silva, 2011).

Definida por seus ministros como "Poder desarmado", "sentinelas da segurança nacional", "trincheira invencível da justiça democrática", a Justiça Militar se manteve até 1984 julgando, simultaneamente, crimes militares e políticos. O processo de crise da ditadura e início da "abertura política" (Silva, 2013), em 1974, alterou pouco o expediente da Justiça Militar na década de 1970. Julgando uma quantidade razoável de réus até 1979, por crimes políticos (mais precisamente 555), somente a partir de 1980 esse número caiu consideravelmente (para 18), por efeitos da Lei de Anistia publicada um ano antes (Silva, 2011:196), o que não impediu, que continuasse julgando 95 réus incursos na Lei de Segurança Nacional, entre 1981 e 1984.

No processo de redemocratização do país, simbolizado pela promulgação da Constituição de 1988, batizada de "Cidadã", a Justiça Militar foi mantida no âmbito do Poder Judiciário brasileiro, voltando a ter a função de julgamento dos crimes militares, cometidos por integrantes das forças armadas ou por civis. Em uma sociedade como a brasileira, na qual a segurança pública tem sido constantemente militarizada, é necessário continuar acompanhando o trabalho da Justiça Militar, com o intuito de identificar o transbordamento de possíveis dissensos para a arena judicial militar.

Arquivos para pesquisar sobre a Justiça Militar

- Arquivo do STM, em Brasília (DF).
- Repositório Institucional da Justiça Militar da União (https://dspace.stm.jus.br): versão digital de documentos como atas das sessões do STM, acórdão e súmulas, entre outros.
- Arquivo Nacional:
  - Fundo "Comissão Nacional da Verdade" (BR RJANRIO CNV): documentação solicitada pela CNV ao STM.
  - Fundo "Supremo Tribunal Militar" (BR RJANRIO BW).
  - Fundo "Tribunal de Segurança Nacional" (BR RJANRIO C8).

11. Os militares e a abertura política no Brasil (1974-1985)

Carlos Schmidt Arturi

Introdução

Este capítulo versa primordialmente sobre os militares e a liberalização da ditatura brasileira, que se desenvolveu ao longo das presidências dos generais Ernesto Geisel (1974-1979) e João Figueiredo (1979-1985).[1] A liberalização política pode ser definida como "o processo de tornar efetivos determinados direitos que protejam tanto os indivíduos como os grupos sociais de atos arbitrários ou ilegais cometidos pelo Estado ou uma terceira parte" (O'Donnell e Schmitter, 1988:23). Trata-se da vigência dos direitos civis liberais clássicos, como o *habeas corpus*, a liberdade de expressão e de associação, a ausência de censura à imprensa, entre outros. A democratização propriamente dita – a efetivação dos direitos de participação, de igualdade política e de alternância no poder – ocorreu a partir do governo civil de José Sarney (1985-1990), quando foram restituídas as liberdades democráticas com a Constituição de 1988 e foi eleito por sufrágio universal, em 1989, o presidente da República Fernando Collor de Mello (1990-1992).

A tentativa dos detentores do poder de liberalizar gradualmente o regime autoritário, como etapa para institucionalizar uma ordem política em que os militares mantivessem autonomia corporativa e grande influência, se revelou relativamente bem-sucedida nos seus propósitos. Isto posto, o resultado desse longo processo de transição foi certamente mais democrático do que aquele visado pelos dirigentes autoritários quando o iniciaram em meados da década

[1] Para uma análise pormenorizada do período, ver a tese do autor *Le Brésil: une tentative de démocratisation octroyée (1974-1985)*, defendida no Institut d'Etudes Politiques de Paris (Sciences Po), em 1999, e publicada na França com o mesmo título (Arturi, 2000). Este capítulo contém excertos do artigo "O debate teórico sobre mudança de regime político: o caso brasileiro" (Arturi, 2001).

de 1970. Com efeito, a eleição indireta do líder da oposição moderada, Tancredo Neves, como presidente da República, em 1985, contrariava os planos iniciais dos dirigentes autoritários, que almejavam eleger para o cargo um de seus quadros civis. Há que se distinguir, portanto, o projeto de abertura almejado pelos detentores do poder do processo político real, fruto da interação dos atores políticos (Diniz, 1985; Soares, 1994; Mathias, 1995; Arturi, 2000).

Atualmente, a consolidação da democracia no país sofre um grande desafio e, mais uma vez, o protagonismo político dos militares constitui um de seus elementos centrais (Amorim Neto e Acácio, 2020; Martins Filho, 2021; Passos, 2022). Ademais, foi justamente durante a "abertura política" que ocorreram os conflitos mais graves entre as correntes militares que compunham o regime autoritário. Nesta perspectiva, a análise a seguir foi baseada no estudo das elites dirigentes e da oposição no período, bem como em revisão da literatura especializada sobre o tema (Arturi, 2001).

Transições democráticas e militares à luz do caso brasileiro

Muitos estudiosos dos processos de democratização na América Latina destacam uma forte afinidade entre tipos de regimes autoritários precedentes, modos de transição à democracia e dilemas decorrentes das características desses processos para a consolidação dos novos regimes democráticos (O'Donnell, 1994; Nohlen e Thibaut, 1994). Ora, a transição brasileira foi, entre todas aquelas da "terceira onda" de democratizações (Huntington, 1991), a mais controlada pelos dirigentes autoritários e na qual os membros de sua elite civil garantiram não só sua sobrevivência política como ampla participação no poder após a democratização.[2] Nesse sentido, os acordos entre os militares e a oposição, estabelecidos na fase final da liberalização política, puderam persistir longamente, reforçar comportamentos historicamente arraigados e originar uma democracia com "defeitos de nascença" (Karl e Schmitter, 1991).

Uma definição do regime democrático, mesmo que restrita a uma dimensão exclusivamente político-institucional, exige o efetivo controle civil sobre as

---

2 Sob este aspecto, ele é similar ao caso espanhol, como ressaltam Share e Mainwaring (1988). No entanto, uma diferença notável entre os dois países foi a dominância militar no regime autoritário brasileiro (Aguero, 1992; Hermet, 2001).

forças armadas. No caso brasileiro, tal precondição ainda se encontra distante de ser estabelecida. Com efeito, os militares conseguiram prerrogativas políticas extraordinárias, situação praticamente incompatível com um regime democrático (Stepan, 1988a; Oliveira, 1994; Zaverucha, 1994, 2000; Linz e Stepan, 1999; Soares, 2006). Os antigos dirigentes autoritários também obtiveram a garantia de que não haveria "revanchismo" contra os agentes do Estado que cometeram crimes no exercício da repressão política, outro problema candente para a consolidação dos novos regimes democráticos instaurados nas últimas décadas (Winand e Saint-Pierre, 2007).

A partir do início das "transições pactadas" no sul da Europa e na América Latina, ainda na década de 1970, muitos analistas passaram a privilegiar as variáveis tipicamente políticas, como a qualidade das lideranças, as escolhas racionais, os recursos dos atores, bem como os efeitos da interação de suas estratégias para a configuração das transições para o regime democrático (O'Donnell, 1988). Embora relevantes para o estudo das elites políticas e militares, como neste capítulo, não se deve ignorar que essas abordagens implicam o risco da racionalização retrospectiva do passado e a baixa capacidade de capturar a atuação dos movimentos políticos oriundos da sociedade civil (Moisés, 1995).[3]

No que concerne às relações civil-militares, há uma vasta literatura que não poderá ser abordada de forma abrangente neste capítulo;[4] assim nos concentraremos naquela produção diretamente ligada à liberalização política no Brasil. Trata-se aqui de compreender a ação política dos militares como o resultado da convergência de seus interesses corporativos e de sua motivação política. Desse modo, a ação política dos militares, em cada contexto histórico, é determinada tanto pelas demandas organizacionais das forças armadas quanto pelas preferências políticas de sua hierarquia e de suas correntes políticas internas (Peixoto, 1992; Oliveira, 1994).

Na literatura internacional sobre processos de democratização, as principais correntes políticas no seio dos regimes autoritários são resumidamente classificadas em "brandos" e "duros" (O'Donnell e Schmitter, 1988). No caso da

---

3 Para análises da transição política brasileira baseadas nas profundas mudanças econômicas, sociais e na estrutura de dominação de classes ocorridas no período, ver Santos (1985), Sallum Jr. (1996) e Cruz (1995).

4 Sobre abordagens relativas às relações civil-militares, ver Pion-Berlin e Martínez (2017) e Bruneau e Matei (2015).

liberalização da ditadura no Brasil, essas correntes políticas no interior das forças armadas durante o período foram denominadas, respectivamente, de "castelistas" e "linha dura", e conviveram conflituosamente em todos os governos militares (Soares, D'Araujo e Castro, 1995). Os "castelistas", em referência ao marechal Castelo Branco, primeiro presidente do regime (1964-1967), integraram, em sua maioria, a Força Expedicionário Brasileira na Segunda Guerra Mundial, passaram pela Escola Superior de Guerra e realizaram cursos em escolas militares estrangeiras, sobretudo nos Estados Unidos. Muitos deles já haviam desempenhado funções públicas desde os anos 1930, possuíam um projeto de desenvolvimento para o país baseado na associação com o capital estrangeiro e eram politicamente liberais-conservadores. Entretanto, economicamente, divergiam quanto a serem mais privatistas, o próprio Castelo e Figueiredo, ou mais estatistas, como Geisel (D'Araujo e Castro, 1997).

Em contrapartida, a "linha dura" é uma corrente mais difícil de definir. Eles são fundamentalmente oficiais cujas carreiras se desenvolveram nas casernas e não possuíam um projeto político definido. Em sua maioria, eram oficiais mais jovens que os castelistas e muito mais sensíveis aos discursos radicais que pregavam a transformação da vida política do país mediante a erradicação política da esquerda e da corrupção. Com efeito, os militares considerados "duros" se concentraram em boa parte nos órgãos de inteligência do regime e naqueles voltados diretamente para as operações de repressão política, como é o caso dos Destacamentos de Operações de Informação dos Centros de Operações de Defesa Interna (DOI-Codi). Deve-se, contudo, frisar que lideranças individuais, civis e militares, podem transitar ao longo do tempo de uma posição para a outra, por vários motivos (decepção com o regime, oportunismo, dissenções internas), especialmente nas conjunturas de grande fluidez e incerteza políticas, típicas das transições (Przeworski, 1984).

Voluntarismo, conflitos militares e controle político sob a presidência Geisel

O projeto de distensão "lenta, gradual e segura", proposto por Geisel no início de seu governo, em março de 1974, deve, primordialmente, sua origem a divergências no seio das forças armadas a propósito do futuro institucional do regime político (Soares, D'Araujo e Castro, 1995; Arturi, 2000; Carvalho, 2005). Com efeito, são pelo menos três os motivos para explicar a adoção desta estratégia pelo governo. Em primeiro lugar, a percepção pelos "castelistas" dos custos ligados à continuidade da ditadura em um contexto de autonomia crescente da "comunidade de informações", isto é, o risco de quebra de hierarquia posto pela estrutura paralela dos órgãos de repressão e pela politização dos militares.[5] Em segundo lugar, é importante destacar a motivação ideológica propriamente dita, isto é, o pensamento liberal-conservador dos "castelistas", que sempre refutaram a perpetuação de uma ditadura militarizada. Finalmente, algumas lideranças autocráticas temiam uma queda da legitimidade do regime quando houvesse uma previsível desaceleração do crescimento econômico do país, como afirmou o general Golbery do Couto e Silva, ministro da Casa Civil e principal estrategista político do governo, em uma palestra na Escola Superior de Guerra (Couto e Silva, 1981).

A estratégia de "abertura" do governo Geisel preconizava o restabelecimento de parte dos direitos civis abolidos pelos governos precedentes, notadamente o fim da censura à grande imprensa, a diminuição significativa das violações dos direitos humanos, a reativação efetiva da arena eleitoral e o afastamento das forças armadas do centro de decisões políticas. Este último objetivo era o mais difícil de alcançar e foi aquele que provocou maior resistência da "linha dura" do regime. As altas taxas de crescimento do então "milagre econômico" e o desmantelamento da contestação armada, na primeira metade da década de 1970, forneceram apoio social considerável ao regime e ao governo Geisel, permitindo-lhe ousar uma estratégia de transição política que ainda não encontrava apoio majoritário no seio da elite dirigente, nem no interior das forças armadas, o que demonstra o caráter altamente voluntarista de sua iniciativa (Stepan, 1986; Cruz e Martins, 1984).

O principal indício de uma abertura política foi a própria escolha do "castelista" Geisel como sucessor de Emílio Médici (1969-1974), em meados de 1973, na menos conturbada das sucessões presidenciais da ditadura (Skidmore, 1988a),

---

5 Uma descrição vivaz e muito bem documentada da ditadura brasileira encontra-se nos cinco livros escritos pelo jornalista Elio Gaspari sobre todo o período. Especialmente no que diz respeito à liberalização política, ver os três últimos volumes (Gaspari, 2003, 2004, 2016). Outra referência é o livro de Ronaldo Costa Couto (1998). No que que concerne à memória dos militares sobre o período, é indispensável a leitura da obra organizada por Soares, D'Araujo e Castro (1995).

embora ela não estivesse associada publicamente a uma liberalização do regime. Por sua vez, a "anticandidatura" do presidente do partido oposicionista – Movimento Democrático Brasileiro (MDB) –, deputado federal Ulysses Guimarães, no Colégio Eleitoral, sinalizou igualmente que a oposição parlamentar estava disposta a agir politicamente dentro da legalidade autoritária, ao participar de uma escolha indireta que já estava assegurada de antemão a Geisel. Todavia, a promessa de Geisel de liberalizar o regime só se tornou credível após a aceitação pelo governo da inesperada derrota que seu partido, a Aliança Renovadora Nacional (Arena), sofreu nas eleições parlamentares de novembro de 1974. A partir do início de 1975, como reação aos resultados da eleição e à abertura política, houve um recrudescimento notável da repressão política patrocinada pelos setores mais radicais do regime, embora as guerrilhas urbanas e rurais já estivessem extintas desde o final do ano anterior (Gorender, 1987).

O conflito entre aqueles militares que se alinhavam com Geisel e seus oponentes foi constante e intenso até o último ano de seu mandato. A primeira batalha dessa "guerra" no seio do regime ocorreu em outubro de 1975, quando o jornalista Vladimir Herzog morreu na sede do DOI-Codi na cidade de São Paulo, em decorrência dos maus-tratos sofridos durante seu interrogatório. Na ocasião, o presidente adverte pessoalmente o comandante do II Exército, general Ednardo D'Ávila, e o ministro do Exército, general Sylvio Frota, que não admitiria que outro caso semelhante se repetisse. Todavia, em janeiro de 1976, morre, em circunstâncias similares e no mesmo local, o operário Manoel Fiel Filho. Desta vez, a reação de Geisel é imediata, pois ele demite o general Ednardo sem consultar a hierarquia militar nem o ministro Frota, atitude impensável desde 1964.

No intuito de evitar outra derrota eleitoral em 1978, o governo utilizou o AI-5 para fechar o Congresso por duas semanas, em abril de 1977, e promulgar uma série de medidas constitucionais que alteravam profundamente a legislação eleitoral e constrangiam a oposição democrática. O denominado "Pacote de Abril" garantiu para a Arena a maioria do Congresso e no Colégio Eleitoral encarregado de escolher o próximo presidente da República, bem como adiou para 1982 as eleições diretas para governador dos estados, entre outras medidas "casuísticas". Geisel procurou, assim, controlar firmemente o processo de liberalização ao golpear alternadamente a oposição, incluindo a cassação de vários mandatos parlamentares, e a "linha dura" militar.

O maior risco, no entanto, para a continuidade do processo de liberalização encontrava-se na campanha movida pelo general Sylvio Frota visando tornar-se sucessor de Geisel, contra o desejo deste último. O ministro do Exército buscava impor-se ao presidente, à semelhança do que Costa e Silva fizera com Castelo Branco uma década antes. No dia 12 de outubro de 1977, Geisel o demite, de surpresa, escolhendo como seu substituto o comandante do III Exército, general Belfort Bethlem. O general Frota, embora tenha tentado esboçar uma resistência na sede do ministério, terminou por aceitar o fato consumado (Góes, 1978; D'Araujo e Castro, 1997; Frota, 2006). Esse desfecho favorável ao governo foi o resultado de uma manobra ousada de Geisel e constituiu o maior risco de enfrentamento entre militares durante toda a ditadura. Por sua vez, o general Hugo Abreu, chefe da Casa Militar, ficou revoltado quando soube que o general João Figueiredo, ministro-chefe do Serviço Nacional de Informações (SNI), seria escolhido como o próximo presidente da República (Abreu, 1979). A demissão de Hugo Abreu, em janeiro de 1978, foi a última crise militar que Geisel enfrentou.

A partir desse episódio, todos os atores políticos envolvidos na transição percebem que há uma segurança relativamente alta em sua continuidade. Outro fator de importância capital para a aceitação desse processo político foi a hegemonia dos setores liberais e conservadores no interior das forças de oposição. Nesse sentido, o fato mais significativo do alinhamento da oposição em geral às regras da transição impostas pelo regime, bem como das dissensões políticas entre os militares, foi a candidatura pelo MDB, no Colégio Eleitoral em outubro de 1978, da chapa presidencial composta pelo general Euler Bentes Monteiro, membro atuante do Alto-Comando do Exército durante a maior parte da presidência Geisel, e pelo senador oposicionista Paulo Brossard. Eles foram derrotados pelo candidato do regime, general Figueiredo, que tinha como vice o ministro das Minas e Energia Aureliano Chaves.

A escolha de Aureliano Chaves por Geisel para tornar-se vice-presidente de Figueiredo foi muito significativa, pois o último civil a ocupar esse posto, Pedro Aleixo, foi impedido de assumir pela hierarquia militar quando o presidente Costa e Silva (1967-1969) ficou gravemente doente e faleceu no segundo semestre de 1969. Na época, esse "golpe dentro do golpe" originou uma efêmera Junta Militar, entre agosto e outubro daquele ano. A transição passou por esse teste de fogo por ocasião da cirurgia cardíaca que o presidente Figueiredo realizou nos EUA, em 1983, quando se afastou do cargo por algumas semanas e foi normalmente substituído por Aureliano.

Em 31 de dezembro de 1978, Geisel revoga, após 10 anos em vigor, o principal instrumento jurídico e o símbolo maior da ditadura militar, o Ato Institucional nº 5, que permitia ao presidente da República alterar unilateralmente a Constituição e cassar mandatos parlamentares. Assim, ele impôs seu projeto político e neutralizou tantos os "duros" quanto as vitórias eleitorais da oposição, mantendo o controle e o "*timing*" da agenda política no período. Há que se ressaltar que Geisel, no período compreendido entre a demissão de Frota, em outubro de 1977, e a revogação do AI-5, em dezembro de 1978, foi o chefe de Estado que maior poder concentrou na história republicana brasileira. Mesmo Vargas, durante a ditadura do Estado Novo (1937-1945), dependia dos militares para se manter no poder. É nessa perspectiva que deve ser entendida a frase de Geisel de que ele procurou "governar como um civil", ao valorizar o cargo de presidente da República e distanciá-lo da hierarquia militar (Stepan, 1986; Oliveira, 1994).

Em suma, durante a presidência Geisel, o processo político foi dominado pelo governo e restrito, de fato, às forças conservadoras e à oposição parlamentar. A existência de um apoio político significativo ao regime, a fragilidade da oposição frente aos recursos coercitivos do governo e a *virtù* dos dirigentes autoritários permitiram que estes últimos fossem muito bem-sucedidos na implantação e controle de seu projeto de "distensão". Geisel legou a seu sucessor a tarefa de aprofundar a liberalização política como parte de sua estratégia de transição conservadora (Arturi, 2000).

Autonomização e aprofundamento da transição durante a presidência Figueiredo

O general João Figueiredo assume a presidência da República em março de 1979, designando o restabelecimento da democracia como o grande objetivo político de seu governo. Entretanto, a ausência da principal legislação autoritária (AI-5), o ressurgimento, ainda no governo anterior, do movimento estudantil, em 1977, e das greves do "novo sindicalismo", no ano seguinte, bem como a recessão econômica a partir de 1981, vão acelerar fortemente o processo político. Apesar desses constrangimentos, o governo Figueiredo, em agosto de 1979, faz aprovar pelo Congresso uma anistia politicamente conveniente ao regime, pois seu alcance concernia tanto aos prisioneiros e exilados de esquerda quanto, preventivamente, a todos aqueles indivíduos ligados aos órgãos de segurança que cometeram crimes durante as atividades repressivas. A denominada anistia "recíproca" foi acolhida pela Constituinte de 1988 e, posteriormente, mantida pelo Poder Judiciário, o que impediu a efetivação da denominada justiça de transição no país (Torelly, 2012).

No que concerne à utilização do processo eleitoral para pautar a transição, este recurso praticamente se esgota com a última reforma institucional do regime autoritário, no final de 1979: a extinção do bipartidarismo e a implementação do sistema multipartidário. A anistia e a reforma partidária se inscreviam na estratégia do regime de dividir a oposição para acabar com o caráter plebiscitário, crescentemente desfavorável ao governo, das eleições bipartidárias. Tal manobra foi parcialmente vitoriosa, pois a oposição dividiu-se inicialmente entre vários partidos (PMDB, PP, PTB, PDT e PT) e os quadros do regime permaneceram majoritariamente no novo partido governista, o Partido Democrático Social (PDS).

Quanto às forças armadas, Figueiredo, diferentemente de seu antecessor, escolheu os titulares dos ministérios militares entre aqueles oficiais com os quais mantinha relações de amizade e longo convívio profissional. Assim, para ministro do Exército ele nomeia o general Walter Pires, colega de academia e amigo. Para ministro da Força Aérea, o escolhido foi o brigadeiro Délio Jardim de Mattos, também do círculo de relações do presidente, tido como "moderado". O almirante Maximiano da Fonseca, da Marinha, foi o único dos ministros militares que não era próximo de Figueiredo. Quanto à chefia do SNI, cargo de crucial importância no regime autoritário, Figueiredo nomeou o general Otávio Medeiros, outro amigo íntimo. É importante salientar que o SNI permitiu que Geisel e Figueiredo contassem com um canal de informações independente dos serviços de inteligência das forças armadas – Centro de Informações do Exército (CIE), Centro de Informações da Marinha (Cenimar) e Centro de Informações de Segurança da Aeronáutica (Cisa) – possibilitando-lhes manter sob relativa vigilância as atividades repressivas.

A explosão, ao que tudo indica acidental, de uma bomba no interior de um automóvel ocupado por militares do DOI-Codi, no estacionamento do centro de convenções Riocentro na noite de 30 de abril de 1981, no Rio de Janeiro, acarretou a morte do sargento e ferimentos no capitão do Exército que nele se encontravam e teve consequências importantes para o futuro político do país. Em primeiro lugar, o episódio significou o fim dos atentados perpetrados pela extrema direita inconformada com a transição, certamente em troca da impunidade de seus autores.[6] O segundo efeito importante deste caso foi a inviabilização de uma suposta candidatura do general Medeiros, chefe do SNI, à sucessão de Figueiredo. A terceira consequência política do episódio foi a demissão do general Golbery de seu cargo de ministro-chefe da Casa Civil, que ocupava desde a presidência Geisel, já que ele exigia a apuração completa dos atentados.

A substituição do estrategista-mor da "abertura política" pelo ex-ministro do governo Médici, Leitão de Abreu, em agosto de 1981, enfraqueceu o projeto estratégico original de Geisel e Golbery. Com efeito, logo após assumir o cargo, o novo ministro fez aprovar pelo Congresso, em novembro, uma reforma eleitoral que notadamente proibia as coligações partidárias e impunha o voto vinculado a um mesmo partido para todos os cargos eletivos, sob pena de sua anulação. As medidas adotadas enrijeceram o quadro partidário, ocasionando o retorno do caráter plebiscitário que as eleições expressavam desde 1974. Com efeito, nas eleições de 1982 para parlamentares e para governadores estaduais, estas realizadas pela primeira vez desde 1965, a oposição conquistou 10 governos entre os estados mais importantes do país e a maioria dos deputados federais. Esses resultados foram diretamente responsáveis pela perda do controle do processo de transição pelo regime e pela multiplicação das estratégias de todos os atores políticos relevantes para alcançar a presidência da República em 1985.

É nesse contexto que surge a surpreendente mobilização pelas eleições diretas à presidência da República em 1984, conhecida como "Diretas-já". Liderado por Ulysses Guimarães, foi o único episódio realmente democrático da transição e mobilizou milhões de pessoas em todo o país, mas não conseguiu impedir a rejeição, em abril de 1984, do projeto de emenda constitucional que visava restituir as eleições diretas. Esse foi o momento mais delicado para a oposição em toda a transição, mas suas principais lideranças uniram-se e conseguiram a proeza política de legitimar a candidatura indireta à presidência da República

6 Estes atentados visaram bancas de revistas que vendiam publicações de esquerda, explosão de bombas na Câmara de Vereadores de São Paulo e na sede da OAB, no Rio de Janeiro, onde provocou uma vítima fatal, a secretária da entidade, em agosto de 1980. Para uma esclarecedora visão do grupo civil-militar de extrema direita autor desses atentados, ver Argolo, Ribeiro e Fortunato (1996).

de Tancredo Neves, então governador de Minas Gerais, no Colégio Eleitoral em janeiro de 1985.

A divisão no seio do governo e das forças armadas atingia seu ápice, pois o presidente Figueiredo aparentemente se recusava a articular sua própria sucessão e as pré-candidaturas oriundas dos quadros civis do regime se multiplicavam para disputar, pelo PDS, a eleição indireta no Colégio Eleitoral. O vice-presidente Aureliano Chaves contava com o apoio de Geisel, mas tinha a oposição de Figueiredo; o ministro dos transportes, Mário Andreazza, era apoiado por boa parte do núcleo do governo, todavia não obteve o apoio explícito do presidente. Finalmente, o ex-governador paulista Paulo Maluf derrotou seus concorrentes nas prévias do partido governista, em agosto de 1984, mas, como tinha fama de corrupto e era impopular, sua vitória provocou uma debandada de integrantes do próprio governo para a Frente Liberal, movimento dissidente do regime capitaneado pelo vice-presidente Aureliano Chaves.

A base do acordo que fundou a Aliança Democrática, junção da Frente Liberal com a grande maioria da oposição parlamentar que apoiou a chapa Tancredo Neves e José Sarney, ex-presidente do PDS, no Colégio Eleitoral, em janeiro de 1985, foi a participação no poder e não o "revanchismo". A primeira condição satisfazia os quadros civis do regime, a segunda, a maioria dos militares. Geisel deu apoio público a Tancredo, entretanto Golbery manteve-se solidário a Maluf: a divisão entre os militares fraturava até mesmo os "castelistas", bem como as próprias forças armadas singulares. Com efeito, o almirante Maximiano pediu sua demissão do cargo de ministro da Marinha, em virtude de declarações suas que consideravam democráticas as manifestações da época em favor da campanha "Diretas Já".

Face à eventualidade de uma aventura golpista, Tancredo e Aureliano intensificaram discretamente os contatos com militares, sobretudo com o comandante do III Exército (atual Comando Militar do Sul), general Leônidas Pires Gonçalves, através do governador do Paraná, o emedebista José Richa, amigo de longa data daquele militar, e garantiam que buscavam tão somente a conciliação nacional (Dimenstein et al., 1985; Arturi, 2000). O general Leônidas foi escolhido como ministro do Exército de Tancredo e exerceu forte influência política durante todo o governo Sarney. Depois da derrota da campanha "Diretas-Já", "os militares enquanto instituição" preferiam se retirar da ribalta política como forma de proteger a instituição do desgaste acelerado do regime ao longo do governo

Figueiredo, contra a relutância dos "militares enquanto governo", na heurística conceitualização de Alfred Stepan (1986).

Os eventos posteriores são bem conhecidos: a eleição indireta da chapa Tancredo Neves e José Sarney em janeiro de 1985; a internação hospitalar de Tancredo gravemente doente na véspera de sua posse; sua morte em 21 de abril. Assim, a *fortuna* e as opções dos príncipes tornaram José Sarney o primeiro presidente civil desde 1964. A longa duração e a evolução extremamente gradual da fase de liberalização política, bem como a utilização da competição eleitoral como recurso institucional privilegiado da transição, criaram no meio político brasileiro uma percepção de "normalização" do processo conduzido pelos detentores do poder (Lamounier, 1988). Nesse sentido, a perda de controle sobre a transição, ao final da presidência Figueiredo, significou a autonomização da lógica desse processo (Lessa, 1989) ao invés de provocar uma ruptura institucional com o antigo regime (Hagopian, 1990).

Quanto às forças armadas, Jorge Zaverucha (1994) qualificou sua ascendência sobre a presidência Sarney de "tutela amistosa", embora outros autores tenham expressado uma opinião mais nuançada a respeito do poder dos militares após a transição, ao destacarem os avanços democratizantes que ocorreram nas relações civil-militares nas últimas décadas (Hunter, 1997; Castro e D'Araújo, 2001; Carvalho, 2019a).

Conclusão

A fase de liberalização do regime autoritário legou uma série de constrangimentos políticos que dificultam a consolidação da democracia no país: (1) a forte presença das elites políticas autoritárias no novo regime democrático; (2) as extensas prerrogativas e a autonomia dos militares; (3) o fortalecimento das oligarquias regionais; (4) a resistência dos dirigentes políticos em fixar as regras institucionais e eleitorais, no intuito de modificá-las frequentemente de forma casuística (Rodrigues, 2001). Todos esses fatores foram potencializados durante a fase de construção das instituições democráticas, em virtude da morte inesperada de Tancredo Neves, da baixa legitimidade do seu sucessor, José Sarney, da ausência de pactos públicos entre os principais atores políticos e da forte crise econômica desde o início da década de 1980.

O caso brasileiro confirma, portanto, a hipótese da dependência de trajetória (*path dependency*), isto é, uma vez adotado determinado padrão institucional, ele tende a estabilizar-se e a enquadrar a atividade política vindoura. A possibilidade de modificações significativas na tradição política e institucional de um país dar-se-ia em certas "conjunturas críticas", como é o caso dos processos de transição de regime. A opção dos atores mais relevantes na liberalização reforçou, entretanto, a tradição brasileira de conciliação "pelo alto" das elites políticas no seio do Congresso e a presença dos militares como um dos atores centrais no sistema político. O continuísmo e o excesso de "garantismo" tornaram-se as marcas da "abertura política" brasileira, cujo êxito se deveu à combinação entre a estratégia voluntarista dos dois últimos governos militares e o autoenquadramento da oposição na lógica e nas regras impostas pelo regime.

A tutela militar sobre o sistema político vigorou durante todo o governo Sarney, quando os ministros militares pressionaram fortemente o presidente e a Assembleia Constituinte no sentido de manter a saliente missão constitucional das forças armadas como garantidoras das instituições nacionais, da lei e da ordem,[7] a forma de governo presidencialista e a duração de cinco anos para o mandato do presidente Sarney. A grande influência das forças armadas nesse período decorreu, em boa medida, de uma característica notável da República brasileira: presidentes politicamente fracos buscam sempre o apoio dos militares.

Embora a democratização do país, o fim da Guerra Fria e a independência do presidente Collor em relação às forças armadas tenham provocado uma forte diminuição de sua atuação política na década de 1990, os legados do processo de liberalização da ditadura contribuíram para que esse interregno durasse pouco. Com efeito, a manutenção da autonomia corporativa, do papel constitucional e da autoimagem das forças armadas como guardiãs das instituições nacionais propiciou o retorno de seu protagonismo político já no início do século XXI (combate à criminalidade organizada, operações de garantia da lei e da ordem, reação à Comissão Nacional da Verdade). A ausência de justiça de transição e o descaso do mundo político a respeito dos assuntos de defesa, após a abertura política, colaboram para a persistência de prerrogativas legais e de um poder informal dos militares que não se coadunam com um regime democrático estável. No que diz respeito diretamente às forças armadas, o incremento da participa-

---

7 Ver art. 142 da Constituição Federal.

ção política de seus integrantes sempre provocou sua politização e sua divisão interna, risco a que se sujeitam novamente, após mais de três décadas de regime democrático. Em suma, o afastamento da ameaça pretoriana e a consolidação da democracia no país continuam a ser apenas uma possibilidade problemática.

12. Uma Constituinte heterônoma frente às forças armadas

David P. Succi Junior
Mariana da Gama Janot
Samuel Alves Soares

O processo constituinte que deu origem à Constituição Federal de 1988 no Brasil foi demarcado por quatro expressivas questões referentes às relações civil--militares. Um quadro de "transição pelo alto", com forte controle das forças armadas, do qual fizeram parte medidas ou eventos a reforçar os mecanismos inibitórios para a redemocratização: a Anistia Política de 1979, as eleições indiretas para o Executivo e o papel garantidor da posse do presidente Sarney, após a morte de Tancredo Neves. Em linhas mais gerais, o que caracterizou o período foi a problemática da *autonomia* das forças armadas frente ao poder político civil.

O que nos ocupa neste texto é revistar aquele período histórico para tratar do seguinte interrogante: Que tipo de relação foi estabelecida entre as forças armadas e o processo constituinte? O argumento central é que, devido às características apontadas, a Constituição Federal de 1988, apesar de seus inegáveis avanços, foi demarcada pela autonomia militar, característica consagrada no art. 142 da Carta.

Os motivos da permanência da autonomia estão vinculados às escolhas, decisões e ações dos atores envolvidos e devem-se basicamente aos seguintes fatores:

1) O tipo de transição que ocorreu no país no período considerado, que preservou o poder militar e o manteve em nível considerável.
2) Por serem as forças armadas a última reserva de poder a ser utilizada quando, no entendimento de determinados atores do sistema político, as instituições democráticas se mostrarem insuficientes para o restabelecimento de uma situação considerada pelos mesmos atores como de entropia social e política. Para que esse papel de preservação da ordem social fosse mantido, o poder civil se abstraiu de adotar decisões que limitassem a autonomia militar em vários campos.

3) As questões relativas à defesa não terem atingido um patamar de relativa prioridade para o sistema político. Em decorrência, a temática nessa área tem sido entendida como exclusiva do meio castrense.
4) O sistema político é bem mais sensível às questões de segurança pública e, com frequência, a atenção se volta às forças armadas como recurso final para emprego na manutenção da ordem pública.
5) As relações entre o Poder Executivo e o Poder Legislativo no sistema político brasileiro assumem determinadas características e, no campo da defesa nacional e outros considerados correlatos, as formas de atuação dos dois poderes permitiram a formação de um vácuo de poder que ambos não ocupam. Nem o Executivo nem o Legislativo atuam em áreas consideradas, erroneamente, de natureza estritamente militar.
6) A história política brasileira consolidou, entre os militares, principal, mas não exclusivamente, a mentalidade de que a instituição militar deve se encarregar da proteção da sociedade e do Estado. Tal mentalidade os arroga no direito, entendido como dever, de proteger a *nação*.
7) Em decorrência, estruturas necessárias à supremacia civil não foram estabelecidas e, dessa forma, as forças armadas consolidaram-se como instituições que detêm poder de decisão e de veto nas definições de estratégias políticas próprias do poder civil e que digam respeito a temas relativos à defesa nacional e outros, indicando que o *papel* militar é mais amplo do que o previsto em sua destinação constitucional.
8) O somatório desses fatores indica que o exercício da *autoridade* do poder civil sobre o poder militar não se estabelece em nível suficiente para caracterizar a supremacia civil.

O conjunto desses fatores sinaliza que, decorridos mais de 30 anos, o processo político confirma a continuidade do papel dos militares no sistema político. Mais do que *esferas de autonomia* mantidas nos anos subsequentes à Constituição, a *questão militar* está distante de ser equacionada de forma minimamente compatível com o estatuto democrático. Se ao longo de algumas poucas décadas os limites de uma autonomia meramente institucional não tenham sido claramente ultrapassados, os acontecimentos da segunda década do século XXI estão a revelar que a dormência castrense foi ilusória. O resultado é que os limites do processo constituinte deixaram marcas até agora permanentes. A principal delas, para o que se direciona este capítulo, é que o aparelho militar goza de autonomia prevalecente e conjuga-se a interesses de preservação de uma ordem social iníqua e excludente.

Para o propósito de indicar algumas respostas à questão formulada, o texto abrange o debate acerca da Constituinte de 1988, incluindo a revisão constitucional em 1993 e elaboração de leis complementares e projetos de lei sobre forças armadas – a referência básica é a *função* das forças armadas na Carta Magna, as *missões* definidas nos textos infraconstitucionais e o *papel*, arraigado na identidade militar e no imaginário de parcela da população brasileira.

As expectativas após os tenebrosos tempos

Iniciada a transição *manu militar*, sua dinâmica contou com mudanças constantes de rumo, devido a sinais de que se iniciava uma deterioração do regime. A constatação do fortalecimento da oposição ao regime, agora *por fora*, teve um preço bastante elevado. A perspectiva de vitória da oposição nas eleições de 1978 levou o governo Geisel a promover o recesso do Congresso Nacional em 1977, a fim de introduzir mudanças significativas nas regras do jogo político. O ato de força permitiu que fosse introduzido um conjunto de dispositivos acautelatórios para o regime: mandato de seis anos para o presidente da República; eleições indiretas dos governadores; eleição indireta de um senador por estado da Federação (senadores biônicos); possibilidade de alteração da Constituição por maioria simples; redução do prazo de inelegibilidade para três meses e extensão da Lei Falcão[1] para todas as eleições diretas. Se por um lado o processo de abertura procurava uma reformulação para o afrouxamento das regras de exceção, por outro criava mecanismos coercitivos dedicados a manter a liberalização sob controle e com repercussões que se estenderam pelo menos ao longo do período de transição. Os atos de força atingiam dois endereços: demarcavam os limites do gradualismo à oposição e sinalizavam aos "duros" que o processo seria controlado pelo núcleo do poder.

1 A Lei Falcão, assim conhecida por ter sido criada por Armando Falcão, ministro da Justiça no governo de Ernesto Geisel, consistia em uma série de medidas estabelecidas para criar dificuldades para o fortalecimento de partidos de oposição. Entre as medidas, para exemplificar, uma restrição significativa de políticos ao rádio e à televisão em períodos eleitorais.

O governo foi percebendo que as medidas corretivas adotadas forneciam uma base suficiente para manter os rumos gerais da abertura, tanto que no final de 1978 o Ato Institucional nº 5 foi revogado, com os devidos cuidados em manter uma versão renovada da Lei de Segurança Nacional.

À descompressão seguiu-se o fortalecimento da sociedade civil como também o surgimento de um "novo sindicalismo". Quanto à oposição política, o quadro também começava a sofrer alterações crescentes. As eleições de 1974, embora tivessem mantido a hegemonia da Arena no total de governadores, fruto da eleição indireta para esse cargo, levaram a um importante fortalecimento do MDB.

A sociedade civil viu-se mobilizada em diversos âmbitos. O segmento mais participativo e mais bem informado possuía seus mecanismos de eco em relação ao regime, mais desgastado no final dos anos 1970 e início dos 1980, devido a fatores de ordem política – como a luta pela anistia, o empenho pelo esclarecimento dos desaparecimentos de presos políticos – e mais diretamente por fatores econômicos, tais como o ressurgimento da inflação, corrosão salarial, aumento da dívida externa – e à política recessiva acordada em 1982 com o Fundo Monetário Internacional, o que redundava em ampliação da taxa de desemprego. Cumpriam esse papel organismos que se constituíam ou passaram a agir mais aguerridamente, como a Associação Brasileira de Imprensa, a Ordem dos Advogados do Brasil e um movimento *ad hoc*, o Comitê Brasileiro pela Anistia.

É, portanto, sob o signo de novas configurações na dinâmica do processo de transição que o governo de João Figueiredo teria um início bastante diverso do de seus antecessores militares. Se o desafio central para a abertura proposta por Geisel havia sido conter a linha dura, agora o regime deparava-se com novos desdobramentos que exigiriam também novas posturas para levar à frente a liberalização, entre elas a capacidade de, efetivamente, negociar os termos da liberalização, sem perder, entretanto, a possibilidade de tomar iniciativas ainda significativas, ou a continuidade da "liberalização controlada da abertura", mas agora adstrita a novas condições.

Em 1979, dois fatos merecem ser mencionados como emblemáticos desta nova fase do processo de liberalização e refletem o tortuoso caminho das concessões e conquistas. O primeiro foi a promulgação da Lei da Anistia, em agosto. Ela refletia a necessidade de conter a mobilização em torno de uma demanda que se estabelecia entre duas dimensões complementares: a celebração de direitos civis – marco imprescindível para a efetiva liberalização –, mas também de direitos políticos, na medida em que ampliava os espaços da participação e, de expressiva importância, pelo reconhecimento dos atores que se empenharam para sua conquista como interlocutores válidos, cuja capacidade de arregimentação atingiu o auge em 1978, quando da criação do Comitê Brasileiro pela Anistia (CBA).

O resultado da votação – com estreita margem de vantagem para a posição do governo – foi uma medida claramente vinculada aos móveis da transição pelo alto. Foi politicamente restritiva para o julgamento de vítimas do terror de Estado e "juridicamente incongruente, eis que a prática de torturas, mortes e desaparecimentos forçados jamais poderia ser considerada conexa à prática de um delito político (Soares e Prado, 2009:359).

Em somatório, a Lei Orgânica dos Partidos Políticos, segundo fato marcante de 1979, promulgada em dezembro, seguia o "plano mestre" dos principais estrategistas políticos do governo Figueiredo (o ministro da Justiça, Petrônio Portela, e o chefe da Casa Civil, Golbery do Couto e Silva). Buscava manter maiorias tanto no Congresso quanto nas assembleias, e assim garantir os resultados do Colégio Eleitoral que indicaria o sucessor de Figueiredo (Mello, 1989).

De maneira sintética, os casuísmos referiam-se, além da extinção do bipartidarismo, à prorrogação dos mandatos de prefeitos e vereadores, sincronizando as eleições municipais com as gerais; ao Pacote de Novembro (1981), que incluía o voto vinculado; à Emenda Constitucional de junho de 1982, que ampliava a filiação partidária; extensão dos prazos para entrar em vigor as cláusulas de barreira, evitando que pequenos partidos se fundissem ao PMDB; à ampliação do número de deputados da Câmara (agravando a distorção da representatividade eleitoral); à nova mudança nos mandatos municipais e nova elevação do quórum para aprovação de emendas constitucionais para 2/3, e à modificação da composição do Colégio Eleitoral que elegeria o sucessor de Figueiredo, pela utilização de um critério "senatorial" para a representação dos delegados das assembleias estaduais (Fleischer, 1994).

Como já aludido, os inúmeros "feitiços" do regime para manter seu controle de forma "legal" acabaram por proporcionar uma sinergia maior entre os partidos de oposição e os movimentos sociais de variadas ordens. As insatisfações reprimidas da sociedade civil agora possuíam um canal duplicado de manifestação, tanto pelos próprios movimentos quanto pela organização partidária. O papel da sociedade civil não foi o de provocar a abertura, mas criou constrangimentos eficazes ao exercício ditatorial do poder. A demonstração do vigor desses sentimentos reprimidos viria à tona no movimento das Diretas Já, que mobilizou milhares de cidadãos ao encontro de parcela de sua cidadania subtraída. Ainda assim, o processo de liberalização controlada acabou por fazer valer sua parca maioria no Congresso e a emenda Dante de Oliveira, pelas eleições diretas, foi derrotada. Se nesse caso o regime manteve seu "plano mestre", as eleições indiretas pelo Colégio Eleitoral tiveram um rumo distinto, embora não colocasse a base governista em pânico, dado que a eleição de Tancredo Neves foi fruto de intensas negociações com figuras-chave do próprio regime, inclusive com os militares enquanto instituição.

O hibridismo institucional na abertura controlada

O longo curso da transição brasileira deu-lhe um caráter de excessivo gradualismo, permitindo uma continuidade das estruturas e instituições políticas do período autoritário. O gradualismo era necessário – na ótica do regime – para que o controle do processo fosse mantido, a fim de preservar a autonomia do aparelho militar, instituindo-se um novo padrão de intervenção. Ao mesmo tempo, constituía um fator de tranquilidade aos setores mais "duros" que insistiam na perenidade da "revolução". Era imprescindível introduzir a transitoriedade "revolucionária", mas de forma a não gerar reações de monta nos setores da repressão. *Transitoriedade do regime* e *gradualismo na liberalização* constituíam os limites da primeira fase da transição, de sorte que ações estratégicas mais audaciosas poderiam provocar desequilíbrios em favor dos "duros", caso os militares, enquanto instituição, sentissem ameaças à instituição militar como um todo.

Pelo seu caráter hermético, por depender de decisões e ações de um grupo restrito de militares, podem-se perceber não só as incertezas, mas mesmo a fragilidade da transição. Ainda mais, o processo de liberalização do regime permitiu que o aparelho militar mantivesse uma posição privilegiada no interior da estrutura do Estado. Os representantes da "Sorbonne" atingiram, com êxito, seus objetivos. Um relativo grau de coesão interna foi mantido na instituição militar, ao lado de uma autonomia institucional e, mais grave, uma autonomia política pouco adequada a um regime democrático.

A *abertura por contenção* foi estabelecida pela série de casuísmos indicados, uma forma de manter a distensão sob controle. A democracia que se seguiu imediatamente à abertura não foi necessariamente restrita, mas se criou uma situação em que os que estavam no poder não podiam perder (Rouquié, 1988). Um retorno lento dos civis ao poder não garantiu, em um primeiro momento, que este poder fosse desmilitarizado.

Para além dos casuísmos, as peculiaridades da transição brasileira podem ser ilustradas pelas prerrogativas militares preservadas. Tais prerrogativas compreendem aqueles espaços sobre os quais, com ou sem contestação, os militares se percebem como legitimados para ocupá-los (Stepan, 1988a). Se menos traumática, decerto nossa transição foi bastante ambígua. Nesse sentido, resultou não apenas na manutenção de prerrogativas institucionais, mas na continuidade de um papel militar – isto é, um conjunto de ideias socialmente difundidas, e cimentadas na identidade militar, sobre os modos aceitáveis de interação entre forças armadas, Estado e sociedade – incompatível com preceitos democráticos.

Devem-se acrescentar outros aspectos da situação brasileira e da interação entre sistema político e forças armadas, tais como a deflagração do golpe militar com acentuado apoio de setores diversos da sociedade civil e política; a busca da legitimidade e institucionalidade – funcionamento de partidos e do Congresso, ainda que com acentuadas restrições, eleições em alguns níveis, manietadas com certeza – e menor institucionalização da repressão, se comparada a outros países sul-americanos.

Nova República: os odores do passado

A continuidade foi a principal marca da passagem de um governo liderado pelos militares para um primeiro governo civil e pode ser explicada por quatro fatores congruentes. Primeiramente, uma explicação de cunho mais estrutural refere-se ao âmbito da política. As possibilidades de modificações aprofundadas no sistema político foram ultrapassadas pelos fatos. As relações políticas tradicionais, de tal forma institucionalizadas, resistiram às expectativas de efetivação de metamorfoses significativas. Dessa forma, a hipertrofia do Executivo e sua contraface na debilidade do sistema partidário e representativo não foram alteradas ao longo da Nova República. A relação assimétrica entre Executivo e Legislativo não significava, porém, que o Estado pudesse corresponder às demandas crescentes da sociedade, principalmente às de cunho econômico e social. Por outro lado, o

Estado patrimonialista permanecia com seu vigor errático, traço que o regime militar falhou em modificar sua estrutura e hábitos – tampouco poderia, visto que o elemento militar se construíra como parte constitutiva da ordem estamental e burocrática enraizada no patrimonialismo (Faoro, 2001).

O segundo fator diz respeito às relações civil-militares e às possibilidades de efetivação de uma supremacia civil sobre o poder militar. Comparativamente, os militares no Brasil retiraram-se do exercício direto do poder com um grau de coesão institucional superior a outros países que emergiram de regimes autoritários militarizados, além de manterem um conjunto de prerrogativas que possibilitavam a permanência de um papel político relevante, ainda que em outros moldes. As circunstâncias conjunturais da posse de José Sarney – enfraquecido politicamente desde o início de seu governo –, a relação que manteve com os partidos e o Congresso e a baixa taxa de aceitação de seu governo pela sociedade civil criaram condições para a consolidação de um espaço político bastante específico dos militares e que se refletiria na elaboração da nova Constituição Federal.

O terceiro fator – de cunho mais conjuntural – é que no início da Nova República havia uma crise acentuada, ampliada pela superposição de demandas políticas, sociais e econômicas, com ênfase nestas duas últimas, daí advindo seu caráter emergencial que sobrestava a necessária reforma política que seria de esperar ao término de um regime autoritário. A situação econômica e social agravava-se pelo menos desde a recessão de 1981-1983 e as alternativas apresentadas ao longo do primeiro governo civil tiveram impacto expressivo perante a opinião pública, mas seus efeitos foram efêmeros.

Um quarto aspecto remete à ordem patrimonial da tradição política brasileira, que compreende a autonomia cumulativa de poder do Estado e uma relação assimétrica em relação às benesses por ele concedidas, já que é reduzida a participação das camadas mais pobres, ao passo que há uma distinção de tratamento para setores específicos da sociedade, o que amplia as diferenças sociais com o beneplácito do Estado. Entretanto, os privilégios concedidos facilitam a constituição desses setores como *classe dominante*, mas, como a estrutura social permanece impermeável, dificulta-se a constituição de uma *classe dirigente*, ocorrendo uma disjunção entre a estrutura de poder e estrutura de dominação.

A agenda de reformas do regime indicava a necessidade de transformação desse quadro e compunha-se do enfraquecimento do populismo, restrição das relações patrimonialistas, redução da corrupção e instituição de novos moldes de comportamento político. Ao revés, essa pauta foi frustrada, além de ser-lhe adicionado o enfraquecimento da esfera de representação, via partidos e Poder Legislativo, mantendo inalterada aquela disjunção entre poder e dominação. A não renovação dos quadros políticos iria se revelar como outra séria debilidade do sistema político na Nova República. A marginalização dos partidos e do Congresso nas graves decisões estratégicas induziu e realimentou a irresponsabilidade partidária, restringindo a atuação parlamentar ao mero jogo eleitoral. A atrofia do Legislativo, como também dos partidos, não era uma novidade do regime autoritário, já que fruto da reserva de poder concentrada no Executivo e da capacidade estatal de produzir, por intermédio de portarias, regulamentos e decretos, a legislação que efetivamente orientava as ações políticas, herança dos anos 1930 e mais ainda da fase populista. O fato pouco auspicioso é que, na Nova República, o corporativismo não deu sinal de debilitamento, o que em nada favorecia a consolidação de uma ordem democrática plena, pois não se rompeu o antigo padrão de articulação Estado-sociedade.

O quadro mais geral da Nova República – fragilidade do governo, neopatrimonialismo, corporativismo e alijamento dos partidos e Legislativo das decisões estratégicas –, não se deu, assim, exclusivamente pelas características específicas da transição. Portanto, não se trata de superdimensionar os aspectos referentes ao processo de transição, tendo em vista que a marca da continuidade decorre de um modelo de formação do Estado que é anterior. Mas não se pode reduzir o impacto transicional sobre a democratização, quer pelo caráter militarizado do regime, quer pela condução do processo pelos próceres do regime autoritário.

Governo civil e prerrogativas militares

As marcas da continuidade ficaram visíveis no primeiro governo civil, após o longo período de governos militares, como no caso da forte presença de militares nos ministérios no governo Sarney. Completavam um time castrense no interior do governo os ministros das três forças, o chefe do Estado-Maior das Forças Armadas, o chefe do Serviço Nacional de Informações e o chefe da Casa Militar da Presidência da República. Principalmente os ministros da "casa" – chefe do Serviço Nacional de Informações (SNI) e chefe da Casa Militar – permaneciam em contato diário com o presidente da República, ampliando a possibilidade de influência direta e constante sobre as decisões de governo. Também era relevante o número de funcionários militares no Palácio do Planalto: 250 de um total de 1.900 (Dreifuss, 1989), nada mais simbólico da militarização da sede civil do poder governamental, tendo em vista que esses militares eram os responsáveis pela segurança da sede do governo, pelas viagens presidenciais e pela produção de informações que alimentavam o cotidiano da Presidência da República. Em 2020, o número de militares em cargos no Executivo chegou a 6.157, segundo publicação preliminar do Ipea (Schmidt, 2022).

Por outro lado, os ministros militares e o chefe da Casa Militar participavam do Conselho de Segurança Nacional, como de resto os demais ministros de Estado, na condição de membros natos. Entre atribuições relativas à segurança propriamente dita, esse conselho – órgão máximo de assessoria direta ao presidente da República – era responsável por "estabelecer os objetivos nacionais permanentes e as bases para a política nacional" (Brasil, 1967; 1969). Importa destacar que a definição ideológica dos objetivos nacionais permanentes era primazia da Escola Superior de Guerra (ESG), a partir de sua doutrina de forte cunho organicista e, por extensão, o privilegiamento da ordem social como princípio e a segurança como norteadora das bases da política nacional. O molde sob os quais as decisões políticas eram estipuladas, além de seguir uma orientação tecnoburocrática, filiava-se a uma perspectiva ainda mais autoritária.

Todavia a mera presença militar na Nova República, ainda que excessiva, não autoriza ampliar o escopo e considerar o governo militarizado. A estratégia da transição por contenção era a saída do exercício direto do poder – sempre mais complexa que a chegada – para uma modificada presença e influência nas decisões políticas. A presença militar começava, nos primórdios da Nova República, a se constituir em base de apoio para um governo desfibrado pelo abandono do exercício direto do poder por uma configuração contestável do regime.

A ação militar, para manter um espaço próprio no cenário político, seguia uma dupla gramática. Por *elisão*, ao manifestar-se a vontade militar pelos vetos explícitos como à convocação de uma Assembleia Nacional Constituinte exclusiva para elaborar a nova constituição ou aos projetos mais ousados de reforma agrária. Por *aditamento*, nas ocasiões em que o aparelho militar agia quer em benefício de seus quadros – em sentido mais corporativo –, quer quando impunha determinada concepção, como no caso da função constitucional das forças armadas na Constituição de 1988 (Soares, 2006).

De um lado houve procedimentos militares voltados para preservar prerrogativas que, à primeira vista, foram meramente corporativas. De outro, questões referentes ao exercício do poder político e barreiras às possibilidades de predominância civil sobre os militares. Cabe, dessa forma, perceber se as prerrogativas institucionais estiveram orientadas, ao se consubstanciarem em ações, para guarnecer os interesses militares meramente corporativos ou consolidar posições de prazo mais longo e que são "estatais" (papel das forças armadas no sistema político, ordem institucional, conformação social, defesa etc.). De maneira geral, a tradição brasileira da inserção dos militares no sistema político tem se caracterizado pela sua abrangência, mas não se destacam posturas castrenses de empenho em defender posições meramente corporativas. Durante a Nova República não houve alteração substantiva desse quadro, embora certo acréscimo de iniciativas mais institucionais pudesse ser observado, tanto em questão de reaparelhamento bélico das forças armadas quanto em ações de cunho salarial.

Transição e função constitucional das forças armadas

Reduzida a exuberância do Executivo após a debacle do Plano Cruzado e enfraquecida sua posição frente ao Legislativo, a fase da transição caracterizou-se por fortes demandas sociais e políticas, desde greves de variados segmentos até a mobilização em torno do processo constituinte, escoadouro de um intrincado plexo de percepções de um novo ordenamento, não apenas jurídico, mas que inaugurasse novos tempos para o país. Cercada de tantos interesses e expectativas, coube aos constituintes plasmar em um documento extenso e muitas vezes errático em sua forma e orientação, a ampliação de direitos sociais e políticos, em um quadro de distintas e mesmo divergentes concepções e orientações ideológicas, o que, se não poderia ser diferente, acabou por forjar uma Carta disforme e, algumas vezes, contraditória.

Possivelmente as expectativas sobre o impacto real da nova Constituição fossem demasiadas, mas é inegável o caráter mobilizador do período, que permitiu uma melhor demarcação do espectro político, de alguma forma esmaecido pela campanha das Diretas Já e pela luta comum de boa parte dos partidos pelo fim do regime autoritário.

No que toca à função das forças armadas, havia uma oportunidade de efetivação de um real avanço nesse tópico, mas o Congresso Constituinte[2] pouco se mobilizou pelo tema, como de resto a sociedade em geral. Outros temas mais candentes acabaram por atrair o interesse e o debate sobre as atividades constituintes. Os temas afins à defesa e à consolidação de um controle civil sobre as forças armadas não mereceram o destaque condizente com sua relevância naquelas circunstâncias, perdendo-se a chance de efetivar-se um melhor delineamento da institucionalização da supremacia civil.

De maneira geral duas posições se destacaram. De um lado, os partidos de esquerda intentaram modificar em maior profundidade a função constitucional das forças armadas, mas de forma desarticulada. De outro, os representantes da tese que acabou por vigorar evitavam modificar profundamente o que já havia se consolidado em constituições anteriores.

Essencialmente, o que se buscava definir nos debates da Constituinte era o caráter das forças armadas, se um sujeito político autônomo, um poder dentro do Estado ou um instrumento militar do poder político civil.

Uma descrença parece que induziu muitos dos constituintes. Se no plano econômico e social havia uma expectativa – respaldada por segmentos vários da sociedade – de alterar em profundidade a situação vigente de desigualdade e uma herança política funesta, a órbita da política ficou presa, em grande parte, a um ideário parlamentarista, que afinal não vingou e, em decorrência, uma reforma política significativa também não se deu, levando a um "travamento" na condução de modificações necessárias à transição. Mas no que se refere às "questões militares", a Constituinte estreitava-se entre o rompimento com o passado próximo da ditadura e uma inação que levaria a um prolongamento das relações civil-militares de acordo com a tradição republicana de elevado peso do papel político militar. À primeira leva, incluía-se a tentativa de barrar outros atentados à ordem democrática pela inclusão de normas constitucionais que proibissem golpes de Estado. Embora surja como uma proposta surrealista, na medida em que a ruptura do arcabouço democrático se faz exatamente contra o estatuto da legalidade, no caso brasileiro não se pode esquecer certa tradição formal-legalista das forças armadas, um dos aspectos que diferenciam o caso

2 Diversos setores da sociedade civil empenharam-se para que fosse convocada uma Assembleia Constituinte para o exclusivo fim de elaborar a nova Carta, sendo dissolvida após a conclusão dos trabalhos. Esta tese não vingou, e os parlamentares, com mandato normal, foram encarregados da tarefa.

brasileiro de outros países com histórias de participação militar direta no poder político. É conveniente lembrar – ainda que se parta de um ponto de vista excessivamente normativista – que também é função da lei seu caráter educativo, que se cumpre via recorrência. Um constrangimento seria criado aos militares, ou àqueles que os seduzem para a ruptura legal, se houvesse uma assertiva explícita de condenação à interferência política direta ao arrepio da lei, como atestam outras constituições subsequentes a regimes autoritários.

De fato, o tom que seria mantido ao longo dos debates, acerca da função constitucional das forças armadas estaria dado pela Comissão de Sistematização, que em seu art. 167 considerava:

> As forças armadas, constituídas pela Marinha, pelo Exército e pela Aeronáutica, são instituições nacionais permanentes e regulares, organizadas com base na hierarquia e na disciplina, sob a autoridade suprema do Presidente da República, e destinam-se à defesa da Pátria, à garantia dos poderes constitucionais e, por iniciativa de um destes, da lei e da ordem [Brasil, 1987].

Em segundo turno, a redação mudava ligeiramente, alterando-se o "por iniciativa de um destes", para "por qualquer destes" (Brasil, 1988b). Salvo esta modificação, em aspecto polêmico e mal articulado que viria a provocar situações graves de limites de competência entre os poderes, a Constituição de 1988 adotou esta redação em definitivo, como atesta o atual art. 142 da Carta em vigor.

De todo modo, algumas tentativas ocorreram no sentido de alterar esse quadro, mas as propostas de emenda apresentadas em plenário – tanto em número quanto em profundidade – indicam a importância do tema na elaboração da constituição: quase nula. Um total de cinco emendas que tratavam da função das forças armadas foram apresentadas (de um total geral de 2.045 emendas) (Brasil, 1988a). Destas, três procuravam restringir ou abolir qualquer menção à possibilidade de utilização das forças armadas para a manutenção da lei e da ordem.[3] Os equívocos se somam na definição constitucional, que nada mais foi do

---

3 São as seguintes propostas de emendas: 2P01227-2, do constituinte José Genoíno (PT); 2P01360-1, do constituinte Haroldo Lima (PC do B); emenda 2P01603-1, do constituinte Waldyr Pugliesi (PMDB). Assembleia Nacional Constituinte. Projeto de Constituição (A). Emendas oferecidas em plenário. Centro Gráfico do Senado Federal, 1988.

que a permanência de dispositivos que se adequavam aos interesses manifestos das próprias forças armadas, mas não exclusivamente, já que a possibilidade de manutenção da "função moderadora" articulava-se a interesses mais conservadores, para os quais o uso da força militar não poderia ser menosprezado em casos mais graves de atentado à ordem estabelecida. Os partidos progressistas, além de minoritários, estavam fragmentados. A soma desses fatores levou a que o Congresso Constituinte tivesse uma marca "conserviológica" (conservadora e fisiológica), dada a preocupação crescente de parcela significativa do empresariado nacional com os rumos da Constituinte no que dizia respeito a direitos sociais e econômicos, que, segundo alguns representantes, inviabilizariam a vida econômica do país, sendo que as reivindicações de partidos e sindicatos pela ampliação de direitos eram consideradas próximas a uma convulsão social. Desse modo, a permanência do dispositivo constitucional da preservação da lei e da ordem não foi surpreendente (Oliveira, 1994).

A defesa da lei foi uma inscrição constitucional decorrente da Proclamação da República e apresentada na Constituição de 1891, distorcendo a ideia de que cabe ao Estado sua defesa e não às forças armadas (Ferreira, 1985). A defesa da ordem, como situação distinta da lei, como ordem *além* da lei, irá surgir com a Constituição de 1934, na qual se estabelece a função das forças armadas de garantir a lei *e* a ordem. Separando lei e ordem e sem definir o que é ordem, a Carta de 1934 viabilizou constitucionalmente a agência militar em interpretar o que é a ordem, como e onde protegê-la, e em quais situações (Mathias e Guzzi, 2010). A ditadura do Estado Novo e a concentração de poder no Executivo, via Carta de 1937, subordinaram formalmente as forças armadas à Presidência da República. Todavia, a subordinação não coibiu a agência militar, apenas a reorganizou nos moldes burocráticos da profissão militar moderna. É nesse período que se inicia o conhecido processo de formulação da política própria da organização militar – que afasta a influência de dissidências partidárias dentro dos quartéis, mas não os quartéis de influenciarem a arena política.

Isso se confirma tanto no período democrático quanto no golpe e instauração da ditadura, quando a intepretação militar da ordem como algo além da lei é agravada pela cristalização da ideologia de Segurança Nacional no art. 89, oficializando o binômio segurança (conservação dos valores tradicionais da nação) e desenvolvimento (aprimoramento e progresso da nação) como orientação para atuação do Conselho de Segurança Nacional (Mathias e Guzzi, 2010). O que se observa pela análise das constituições que antecedem a Carta de 1988 é um processo crescente de autonomia castrense, garantia de sua posição como intérprete da ordem e da nacionalidade brasileira e aquisição de um conhecimento íntimo da operacionalização da burocracia pública a seu favor (Faoro, 2001; Mathias e Guzzi, 2010).

A repetição do dispositivo em 1988 seria mais uma peça-chave na manutenção de uma função das forças armadas de um caráter exacerbado, mantendo a dicotomia entre lei e ordem, embora a ressalva de que o acionamento do emprego militar seria encargo de um dos poderes (posteriormente melhor definida pela Lei Complementar nº 69/1991), o que marca uma restrição à ação autônoma do poder armado.

Pouco se tem analisado, entretanto, sobre outro ponto do mesmo art. 142 da atual Constituição, que versa sobre a garantia dos poderes constitucionais, versão atualizada da expressão inserida no texto de 1891, que às forças armadas incumbia sustentar as instituições constitucionais. Reservar a garantia dos poderes constitucionais – agora não mais constituídos como na Carta de 1967 – é de uma dubiedade jurídica e política nada desprezível. Se para a garantia desses poderes o instrumento a ser empregado é a força, seria preciso que estivesse claramente estabelecida contra quem e, ainda mais, seria relevante verificar o que moveu os constituintes republicanos a manter um mecanismo normativo que, no seu nascedouro, significava a segurança contra investidas que pudessem se efetivar contra a República recém-instituída por ação militar. Mas no caso da Constituição de 1988, qual foi o significado dessa assertiva?

O resultado é que a força armada do Estado se constitua, ou como magistrado, acima dos demais poderes, enquanto não o vincula especificamente a um dos poderes, ou como agente que intenta proteger o Estado a serviço dos três poderes, embora a explicitação de sua subordinação ao presidente da República possa ser foco de crises entre os poderes. Por fim, e mais grave, é preciso voltar à indagação inicial: Garantia contra quem? Pode-se especular que os constituintes não se debruçaram sobre a hermenêutica do tópico, e apenas reproduziram uma proposição que fazia sentido para os detentores do poder em 1891.

Esta pergunta não respondida se metamorfoseia na problemática da aplicação da lei e da ordem por meio das operações de GLO. A tradição autoritária nacional e demandas globais para cidades seguras, contra o terrorismo e o crime organizado, contribuíram para que a interpretação do "quem" se voltasse essencialmente para movimentos sociais e grupos sociais já marginalizados, alvos preferenciais da atuação policial das forças armadas.

É sempre pertinente destacar que a atuação militar como polícia – patrulha nas ruas e engajamento ostensivo contra a população – não era um subproduto desejado do *lobby* pelo art. 142 na Constituinte. Pelo contrário, garantir a lei e a ordem como parte de sua função tinha precisamente o objetivo de manter a entrada para atuar no governo sem assumi-lo publicamente (Mathias e Guzzi, 2010), e a atuação do tipo policial encontrou bastante resistência de início devido a seus possíveis ônus: maior exposição da organização à corrupção e à opinião pública e o despreparo para conflitos clássicos, gerando maior vulnerabilidade para o país contra as "cobiças" de outras potências. Entretanto, o decorrer do século XXI mostrou que a atuação doméstica na segurança pública não foi tão onerosa para a organização militar quanto se anteciparia e, ainda, foi possível revertê-la a seu favor.

A vinculação predominante da noção de garantia da lei e da ordem, perpetuada no art. 142, à atuação militar em tarefas policiais institucionalizou-se nas legislações infraconstitucionais, que deram mais substância a esta expressão excessivamente ampla. Nesse sentido, a Lei Complementar nº 97, de 1999, estabeleceu como condição para o emprego das forças armadas em operações de GLO o esgotamento dos instrumentos de segurança pública, previstos no art. 144 da Constituição, isto é, polícias Federal, Rodoviária Federal, Ferroviária Federal, civis, militares e corpos de bombeiros militares.

O que se depreende do processo constituinte é que a manutenção da função constitucional correspondeu a uma solução de compromisso, embora com medidas levemente atenuantes (Mathias, 1991), correspondendo, acima de tudo, aos interesses militares claramente manifestados ao longo do processo constituinte (Ministério do Exército, 1987) e levado a cabo pela pressão direta e pública na figura dos ministros militares, com destaque para o general Leônidas Pires Gonçalves, ministro do Exército, e por um bem concatenado *lobby*, demonstrando a capacidade das instituições militares em preparar-se previamente para a atuação política e de antecipar-se aos acontecimentos. As forças admitiam alguns retoques superficiais, desde que se mantivessem em essência as prerrogativas políticas que vigoravam desde o final do Império, tendo sido rechaçadas as tentativas que buscavam mudanças mais acentuadas, que, afinal, foram pouco numerosas. Incluem-se, nesse caso, atribuições das forças armadas que ficassem circunscritas à defesa externa, em prejuízo das cláusulas relativas à manutenção da lei e da ordem, como também mecanismos que subordinassem claramente o poder militar ao poder civil.

Também por interesse militar foi mantida a restrição ao voto do conscrito, tal como considera o art. 14, § 2º, da Constituição Federal, excrescência mantida depois de tantas décadas. O temor da politização dos quartéis provocou um sério dano à soberania popular, instituindo cidadãos de segunda categoria, que, obrigados ao serviço militar, estão interditados de exercerem em plenitude o sufrágio, um direito político fundamental,[4] ainda que as limitações tenham sido menos restritivas que as Constituições anteriores. A restrição evoca o temor da politização das bases da pirâmide hierárquica – como no período anterior ao golpe de 1964 –, contudo de modo algum exclui a ingerência das cúpulas militares, como tem ficado bastante evidenciado pelas ações do partido fardado ou partido militar.

A análise do comportamento político militar contemporâneo enquanto partido resgata as contribuições de Rouquié (1990) e Ferreira (2000) para caracterizar a organização da ação militar na arena política como grupo de pressão e articulação que não busca se oficializar enquanto legenda para obtenção de votos, e sim se apresentar como plataforma de aglutinação e promoção de interesses no sistema político brasileiro (Oliveira e Kalil, 2021). Esses interesses podem ser mais próximos aos quartéis propriamente castrenses ou mais amplamente compartilhados com polícias militares, federais, bombeiros e outras agências que também operam a segurança – e por isso Ferreira (2000) utilizara o termo partido "fardado" como sinônimo de partido da "ordem", sinalizando a identificação pelo uso da farda, porém é a cúpula militar que, ao cabo, tem maior capacidade organizacional e por isso assume uma posição de pivô. A coadunação de interesses não é sinônimo de homogeneidade, mas sim de

> forte coesão ao redor da unidade da corporação e da "família militar"; do sentimento de superioridade diante do mundo político-jurídico do sistema partidário; e da sua maneira de ver a ação política, pautada pela ideia de amigos e inimigos, sejam eles reais ou imaginários [Oliveira e Kalil, 2021:71].

---

4 O parágrafo em tela considera: "Não podem alistar-se como eleitores os estrangeiros e, durante o período do serviço militar obrigatório, os conscritos" (Constituição Federal, art. 14, § 2º).

Na prática, a própria Constituinte pode ser observada como uma expressão do partido militar, pois em meio a tensões e divergências intra e entre forças, o *lobby* corporativo foi exitoso. Uma expressão mais visível desse comportamento articulado se manifestaria novamente em reação à Comissão Nacional da Verdade (CNV), aumentando gradualmente com o apoio durante o golpe de 2016 e o alavancar do então deputado Jair Bolsonaro (PL) que lhe viabilizou a posição de governo em 2018.

Quanto à reorganização dos ministérios militares, a criação de um Ministério da Defesa conferiria uma ampliação da capacidade operacional do poder bélico do país, maior racionalização dos custos da defesa, substituição de visões e doutrinas não necessariamente complementares entre as três forças e a criação de mecanismos institucionais que redundariam em maior controle sobre o poder militar. O debate, no entanto, pouco avançou, além da clara manifestação militar contrária à sua criação. Ainda que a definição sobre a criação ou não de um Ministério da Defesa não seja matéria particularmente de competência de uma Carta Constitucional, sua não adoção representa mais um revés na busca de redução da autonomia militar, na medida em que manteve a presença marcante de quatro ministérios militares, sem contar o Gabinete Militar e o Serviço Nacional de Informações.[5]

Sobre as atividades de inteligência, o Congresso Constituinte pouco se referiu ao tema, e o saldo final é que o SNI sairia incólume do processo, o que se verifica pela baixa qualidade dos debates tanto em plenário, na Subcomissão de Defesa do Estado e de sua Segurança, quanto em projetos apresentados. De um lado, partidos e constituintes mais ou menos afinados ao regime autoritário ou que apostaram em uma transição mais indolor possível temiam que movimentos em direção à extinção do SNI soassem às forças armadas como revanchismo. De outro, os constituintes ligados aos partidos de esquerda denotavam, muitas vezes – e não sem razões –, uma visão restritiva às ações de informações pela vinculação com a tortura e perseguição. Dessa forma, os debates não ultrapassaram a superficialidade da questão, ora pela defesa de um serviço de inteligência em outros moldes, com a justificativa de que todos os Estados se fazem valer

5 Em plenário, uma emenda foi apresentada visando à criação do Ministério da Defesa, substituindo os três ministérios das forças singulares, além de pretender extinguir os cargos de ministro do Estado-Maior das Forças Armadas, chefe do Gabinete Militar e chefe do Serviço Militar de Informações (Brasil, 1988a).

de seu uso para antecipar fatos e definir ações, ora pela sua erradicação pura e simples, evitando-se dotar o poder político de instrumentos de inteligência e contrainteligência.[6]

Ainda sobre a forma de organização das forças armadas e a necessidade ou não de profissionalização de seus quadros, vigorou a visão militar de que o serviço militar deveria continuar sob os critérios da convocação obrigatória. Neste ponto, se apresenta uma tese bastante cara às forças armadas, mais particularmente ao Exército, que concebe seu papel como um elemento de integração nacional e de escola de patriotismo. A presença nacional está calcada, entre outros aspectos, na conscrição dita universal, o que os fatos desmentem, já que, na prática, há cidadãos que são dispensados do serviço militar obrigatório não apenas por objeção de consciência, mas são incluídos no excesso de contingente por optarem pela continuação de suas atividades escolares ou profissionais. A definição sobre que tipo de forças armadas o país deve adotar obviamente recai sobre o poder político civil, pois se inscreve em uma temática de defesa. Mas não se pode considerar que este formato tenha sido mantido exclusivamente pelo interesse das instituições militares, senão que mais uma vez se assistiu a uma ausência de propostas minimamente razoáveis por parte dos legisladores que desta feita participavam do processo constituinte.

Ocorre que esse debate, após a campanha civilista durante a República Velha, pouco ou nada afeta a vida nacional, tendo em vista a ausência de conflitos bélicos que efetivamente coloquem a necessidade de defesa do país, o que mantém o tema em letargia. Sendo uma questão pouco sensível ao eleitorado, não é também surpresa que a Constituição Federal, em seu art. 143, defina que às forças armadas cabe a atribuição de serviço alternativo, aos que alegarem imperativo de consciência para eximir-se de atividades de cunho militar, como se o serviço militar não fosse uma prestação ligada ao Estado e sim ao seu poder armado.

No que tange à Justiça Militar, as forças armadas pressionaram pela manutenção de sua estrutura e atribuições, uma vez que estas poderiam impactar diretamente sua autonomia e capacidade de influência política. Enquanto o anteprojeto da Comissão Afonso Arinos propunha ser de competência da Justiça Militar julgar crimes militares perpetrados por militares, retirando, portanto, a

6 Uma emenda de autoria do constituinte Eduardo Bonfim (PC do B), com o número 2P01376-8, apresentada em plenário durante os trabalhos da Constituinte, advogava o fim do SNI (Brasil, 1988a).

possibilidade de esses tribunais julgarem civis, o *lobby* das forças armadas garantiu a manutenção de suas competências (Costa, 1998), o que se cristalizou no art. 124 do Constituição de 1988, segundo o qual à Justiça Militar cabe "processar e julgar crimes militares definidos em lei" (Brasil, 1988b). Ademais, o Código Penal Militar (CPM) atualmente vigente, estabelecido em 1969, momento de forte repressão política, prevê o julgamento de civis, caso cometam crimes que envolvam interesse das forças armadas, como desacato a militares em exercício (D'Araujo, 2018), o que adquire novas dimensões no contexto de recorrente mobilização interna das forças armadas em operações de GLO. Nesse sentido, a atual Constituição pouco modificou o quadro anterior, que permitia que civis fossem julgados por crimes militares tendo sido infrutíferos os esforços da Comissão Afonso Arinos (Oliveira, 1994).

Ao fim, as implicações da função militar nos moldes da Constituição Federal apontam na direção de um modelo de autonomia, pois não rompeu definitivamente com injunções jurídicas que, de alguma forma, foram consideradas pelo próprio aparelho militar como legitimadoras das intervenções e de resto refletem as singularidades do período, marcado pela tutela das forças armadas ao governo Sarney (Oliveira, 1987) e, mais ainda, por uma tradição política que atribui às forças armadas atividades que não lhe caberiam, mas que se institucionalizaram no sistema político enquanto função e se naturalizam na identidade militar e no imaginário social como papel. A Constituinte confirma, assim, a descrição feita na época por João Quartim de Moraes (1989:80), de uma ação política marcada pela "gelatinosamente tradicional solução de passar por baixo das questões de princípio, deixando que o curso das circunstâncias e, quando necessário, o argumento da força, se encarregassem de protegê-las e de resolvê-las".

A autonomia castrense distante do ocaso

A relação entre as forças armadas e o processo constituinte é demonstrativa do peso do passado, constituindo-se no limite como uma "força profunda" que é parte dos condicionamentos que mantêm a autonomia castrense e a desenvoltura com que essas forças se movem no campo político. Os traços das botinas não residem exclusivamente no forjamento de golpes, como o *impeachment* da presidenta Dilma Rousseff, no movimento do partido fardado ou militar para impedir a candidatura de Lula da Silva nas eleições de 2018, ou ainda o locupletar-se de cargos no Executivo federal na presidência da República. Estas são atuações mais visíveis e evidentes.

Mais do que o desembaraço para erigir-se como salvadoras da nação, as forças armadas nutrem-se de espaços ampliados de atuação em variadas frentes, tais como as missões de garantia da lei e da ordem. Um desdobramento relevante de tais operações foram as mudanças jurídicas que protegem os militares de julgamentos pelo Tribunal do Júri por crimes cometidos em missões de Estado. Em situações como essas, os militares serão julgados pela Justiça Militar. Por meio dessas ações domésticas, também praticadas junto às Nações Unidas no exterior, as forças armadas puderam experimentar diferentes modos de agir sobre a população, coordenar polícias e outras agências civis, e angariar para si ainda mais conhecimento sobre meandros da administração pública.

Para além dos aparatos jurídicos protetivos ao desempenho militar, a ocupação de espaço de decisão política confere extraordinária posição aos militares no processo deliberativo nos mais altos níveis. É o caso das políticas de defesa, dotadas de uma orientação preponderantemente militar. Outra forma de manifestação é a insolência em propor projetos de futuro para a nação,[7] não apenas claramente autoritários, mas descabidos para uma instituição armada pela sociedade para protegê-la de ameaças externas.

Passadas tantas décadas, nota-se que as "forças profundas" estão alinhadas a fatos como a Lei de Anistia. A anistia para torturadores e assassinos, em instalações e com meios estatais, rebate na atualidade e favorece segmentos que consideram justificadas ações violentas contra parcelas específicas da sociedade. Insufla atos violentos de aparatos estatais dotados de meios letais e mesmo impele parcelas do Judiciário no estabelecimento de critérios diferenciadores a depender de quem executou atos considerados atentatórios à ordem estabelecida.

Outro formato, e correlato, refere-se aos que intentam reavivar o período ditatorial. Setores sociais sentem-se encorajados a adotar posições contrárias à democracia e insuflam interpretações abjetas acerca do art. 142, como a tese de que cabe às forças armadas a deliberação sobre atos intervencionistas. Nesse sentido, a redação do referido artigo mostra-se equivocada. Outro formato não foi acatado no processo constituinte, que visava restringir a atuação militar

7 Sobre o tema, ver Janot et al. (2022).

exclusivamente para o campo da defesa. A libido golpista alimenta-se de uma interpretação condescendente e que sustenta teses estapafúrdias.

Ressalte-se, contudo, que a autonomia militar não é obra exclusiva da volição castrense. É parte de um processo mais amplo e complexo em que elites diversificadas, partidos políticos e instituições estatais, combinados com suas práticas sociais, políticas, culturais e econômicas, compõem um sistema político de corte autoritário, sexista, racista, colonizado. O resultado é que a *questão militar* ultrapassa os muros dos quarteis e reverbera em distintas camadas sociais. Repercute em posturas avessas aos direitos de minorias, impõe-se como desiderato da continuidade de uma dominação escravocrata.

A superação da autonomia militar e a confirmação da supremacia civil constitui desafio crucial para uma sociedade plasmada pela violência. Passos iniciais para outro patamar de ajustamento político exigem não apenas novas atitudes e audazes decisões. Uma prévia exigência para que não se recaia em postulações estéreis é o empenho devotado a uma revisão histórica e teórica orientada para produzir novas formulações. Formulações que devem atender ao requisito de uma historicidade crítica e distante de posições formalistas que, fomentadas por modelos exógenos, apenas vislumbram problemas conjunturais sem, contudo, romper com estruturas sedimentadas. Até lá, a democracia representativa continuará débil e permanecerá refém dos detentores das armas.

Referências

ABREU, H. *O outro lado do poder*. Rio de Janeiro: Nova Fronteira, 1979.

A "ENCANTADA". *A Noite*, Rio de Janeiro, p. 1-2, 22 mar. 1943.

A ENTREGA do escrínio contendo o coração de Santos Dumont, ontem, no A. C. B. *A Manhã*, Rio de Janeiro, p. 10, 25 out. 1944.

AGUERO, F. The Military and the limits to democratisation. In: MAINWARING, S.; O'DONNELL, G.; VALENZUELA, A. (Org.). *Issues in democratic consolidation*: the New South American democracies in Comparative Perspective. Notre Dame: University of Notre Dame Press, 1992. p. 153-198.

ALBUQUERQUE, Bento Costa Lima Leite de. *A Justiça Militar na campanha da Itália*. Fortaleza: Imprensa Oficial, 1958.

ALLIEZ, Éric; LAZZARATO, Maurizio. *Guerras e capital*. São Paulo: Ubu, 2020.

ALMEIDA, Ângelo Nolasco de. *Ângelo Nolasco de Almeida* (depoimento, 1986). Rio de Janeiro: Cpdoc, 1990. Dat.

ALVES, Maria Helena Moreira. *Estado e oposição no Brasil (1964-84)*. Petrópolis: Vozes, 1985.

______. *Estado e oposição no Brasil*: 1964-1984. Bauru: Edusc, 2005.

AMARAL, Roquinaldo do. Brasil e Angola no tráfico ilegal de escravos, 1830-1860. In: PANTOJA, Selma; SARAIVA, José Flávio Sombra (Org.). *Angola e Brasil*: nas rotas do Atlântico Sul. Rio de Janeiro: Bertrand Brasil, 1999.

AMES, Barry. *Political survival*: politicians and public policy in Latin America. Berkeley: University of California Press, 1990.

AMORIM NETO, Octavio; ACÁCIO, Igor. Presidential term limits as a credible-commitment mechanism: the case of Brazil's military regime. In: BATURO, Alexander; ELGIE, Robert (Org.). *The politics of presidential term limits*. Oxford: Oxford University Press, 2019. p. 123-140.

_____; _____. De volta ao centro da arena: causas e consequências do papel político dos militares sob Bolsonaro. *Journal of Democracy em Português*, v. 9, p. 1-29, 2020.

ARAGÃO, Isabel. *Da caserna ao cárcere*: uma identidade militar-rebelde construída nas prisões (1922-1930). Jundiaí: Paco Editorial, 2012.

ARGOLO, J. A.; RIBEIRO, K.; FORTUNATO, L. A. M. *A direita explosiva no Brasil*. Rio de Janeiro: Mauad, 1996.

ARQUIDIOCESE de São Paulo. *Brasil:* nunca mais. 2. ed. Petrópolis: Vozes, 1985.

ARTURI, C. S. *Le Brésil*: une tentative de démocratisation octroyée (1974-1985). Villeneuve d'Ascq: Presses Universitaires du Septentrion, 2000.

_____. O debate teórico sobre mudança de regime político: o caso brasileiro. *Revista de Sociologia e Política*, Curitiba, n. 17, p. 11-31, nov. 2001.

ASAS e motores. *A Manhã*, Rio de Janeiro, p. 13, 19 out. 1941.

ASSUNÇÃO, Matthias R. El Imperio bajo amenaza. la regência y las revueltas regionales: Brasil, 1831-45. In: PÉREZ, Manuel Santos. *Acuarela de Brasil, 500 años después*: seis ensayos sobre la realidad histórica y económica brasileña. Salamanca: Ediciones Universidad de Salamanca, 2000. p. 51-65

BARANDIER, Antonio Carlos. *Relatos*: um advogado na ditadura. Rio de Janeiro: J. Di Giorgio, 1994.

BARROSO, Gustavo. *Brasil*: colônia de banqueiros. Rio de Janeiro: Civilização Brasileira, 1934a.

_____. Departamento de Milícia: ordens do commando nacional. *Monitor Integralista*, n. 7, 1934b.

_____. Caxias, "O duque de ferro". *A Offensiva*, n. 267, p. 1-5, 25 ago. 1936.

_____; MOURÃO FILHO, Olympio. Departamento da Milícia: Estado-Maior Nacional. *Monitor Integralista*, n. 6, 1934a.

_____; _____. Regulamento Provisório para Instrucção da Milícia Integralista. *Monitor Integralista*, n. 7, 1934b.

_____; SALGADO, Plínio. Secretaria Nacional de Educação (Moral, Cívica e Física): regulamento. *Monitor Integralista*, n. 11, p. 7-11, 1935.

BASILE, Marcello Otávio Neri. *O Império em construção*: projetos de Brasil e a ação política na Corte regencial. Tese (doutorado) – PPGHIS, UFRJ, Rio de Janeiro, 2004.

BENEVIDES, Maria Victória de Mesquita. *A UDN e o udenismo*: ambiguidades do liberalismo brasileiro (1945-1965). Rio de Janeiro: Paz e Terra, 1981.

BEZERRA, Gregório. *Memórias*. Rio de Janeiro: Civilização Brasileira, 1979. v. I-II.

BILAC, Olavo. *A defesa nacional*. Rio de Janeiro: Bibliex, 1965.

BOIX, Carles; SVOLIK, Milan W. The foundations of limited authoritarian government: institutions, commitment, and power-sharing in dictatorships. *The Journal of Politics*, v. 75, n. 2, p. 300-316, 2013.

BONFIM, Ana Paula. Justiça Militar: sentinela da lei na campanha da Itália. *STM em Revista*, ano 2, n. 2, p. 11-13, jul./dez. 2005.

BRASIL. *Decreto nº. 12.167, de 23 de agosto de 1916*. Cria, sem aumento de despesa, as escolas de Aviação e de Submersíveis.

_____. *Decreto nº 13.417, de 15 de janeiro de 1919*. Abre, ao Ministério da Guerra, o crédito especial de 2.000:000$000, para a organização do serviço de aviação militar.

_____. *Decreto nº 16.983, de 22 de julho de 1925*. Aprova o regulamento para os Serviços Civis da Navegação Aérea.

_____. *Decreto-lei nº 2.961, de 20 de janeiro de 1941*a. Cria o Ministério da Aeronáutica.

_____. *Decreto-lei nº 3.047, de 13 de fevereiro de 1941*b. Dá denominação aos postos da hierarquia militar das Forças Aéreas Nacionais.

_____. *Decreto-lei nº 3.141, de 25 de março de 1941*c. Cria no Ministério da Aeronáutica a Escola de Especialistas de Aeronáutica.

_____. *Decreto-lei nº 3.142, de 25 de março de 1941*d. Cria no Ministério da Aeronáutica a Escola de Aeronáutica.

_____. *Decreto-lei nº 3.302, de 22 de maio de 1941*e. Dá nova denominação às Forças Aéreas Nacionais e aos seus estabelecimentos.

_____. *Decreto-lei nº 3.323, de 30 de maio de 1941*f. Aprova os uniformes ao uso dos oficiais e praças da Força Aérea Brasileira.

_____. *Decreto-lei nº 6.101, de 14 de dezembro de 1943*. Dá nova designação aos alunos da Escola da Aeronáutica.

_____. *Constituição da República Federativa do Brasil de 1967*. Disponível em: <www.planalto.gov.br/ccivil_03/constituicao/constituicao67.htm>. Acesso em: 4 nov. 2022.

_____. *Emenda Constitucional nº l, de 1969*. Disponível em: <www.planalto.gov.br/ccivil_03/constituicao/emendas/emc_anterior1988/emc01-69.htm>. Acesso em: 4 nov. 2022.

_____. Assembleia Nacional Constituinte. *Projeto de Constituição (A), da Comissão de Sistematização*. Brasília: Centro Gráfico do Senado Federal, 1987.

_____. Assembleia Nacional Constituinte. *Projeto de Constituição (A). Emendas oferecidas em plenário*. Centro Gráfico do Senado Federal, 1988a.

_____. Assembleia Nacional Constituinte. *Projeto de Constituição (B), 2º turno, da Comissão de Sistematização*. Brasília: Centro Gráfico do Senado Federal, 1988b.

_____. *Constituição da República Federativa do Brasil de 1988*c. Disponível em: <www.planalto.gov.br/ccivil_03/constituicao/constituicao.htm>. Acesso em: 4 nov. 2022.

BRUNEAU, T. C.; MATEI, F. C. *The Routledge handbook of civil-military relations*. Oxon: Routledge, 2015.

BUONICORE, Augusto. *Meu verbo é lutar*: a vida e o pensamento de João Amazonas. São Paulo: Anita Garibaldi, 2012.

CALDEIRA, Jorge (Org.). *Diogo Antônio Feijó*. São Paulo: Ed. 34, 1999.

CALDEIRA NETO, Odilon. *Sob o signo do Sigma*: integralismo, neointegralismo e o antissemitismo. Maringá: Eduem, 2014.

_____. Adeus, verde esperança!: integralismo e a morte de Plínio Salgado. *Locus*: revista de história, v. 25, p. 1-19, 2019.

CALICCHIO, Vera. Atos institucionais. In: ABREU, Alzira Alves de et al. (Org.). *Dicionário histórico-biográfico brasileiro pós-1930*. 2. ed. Rio de Janeiro: FGV Cpdoc, 2001.

CAMARGO, Aspásia de Alcântara. A questão agrária: crise de poder e reformas de base (1930-1964). In: FAUSTO, Boris (Coord.). *História geral da civilização brasileira*. 5. ed. Rio de Janeiro: Bertrand Brasil, 1991. t. III, v. 10.

CAMPOS, Reynaldo Pompeu de. *Repressão judicial no Estado Novo*: esquerda e direita no banco dos réus. Rio de Janeiro: Achiamé, 1982.

CARLONI, Karla. A esquerda militar no Brasil (1955-1964). In: FERREIRA, Jorge; REIS, Daniel Aarão (Org.). *Nacionalismo e reformismo radical*: 1945-1964. Rio de Janeiro: Civilização Brasileira, 2007. p. 279-308.

CARVALHO, Apolônio. *Vale a pena sonhar*. Rio de Janeiro: Rocco, 1997.

_____. Geisel, Figueiredo e a liberalização do regime autoritário (1974-1985). *Dados*, Rio de Janeiro, v. 8, n. 1, p. 115-147, jan./mar. 2005.

CARVALHO, Ferdinando de. *Lembrai-vos de 35*. Rio de Janeiro: Bibliex, 1981.

CARVALHO, José Murilo de. *Os bestializados*. São Paulo: Companhia das Letras, 1987.

_____. *A construção da ordem*: a elite política imperial; *Teatro de sombras*: a política imperial. Rio de Janeiro: Relume-Dumará, 1996.

_____. *Forças Armadas e política no Brasil*. Rio de Janeiro: Zahar, 2005.

_____. *Forças Armadas e política no Brasil*. Ed. rev. e ampl. São Paulo: Todavia, 2019a.

_____. Vargas e os militares: aprendiz de feiticeiro, In: _____. *Forças Armadas e política no Brasil*. Ed. rev. e ampl. São Paulo: Todavia, 2019b. p. 95-148.

_____. Uma república tutelada. In: _____. *Forças Armadas e política no Brasil*. Ed. rev. e ampl. São Paulo: Todavia, 2019c. cap.1.

CASTRO, Celso. *O espírito militar*: um estudo de antropologia social na Academia Militar das Agulhas Negras. Rio de Janeiro: Zahar, 1990.

_____. *A invenção do Exército brasileiro*. Rio de Janeiro: Zahar, 2002.

_____. Revoltas de soldados contra a República. In: _____. *Exército e nação*: estudos sobre a história do Exército brasileiro. Rio de Janeiro: FGV Ed., 2012. p. 13-28.

_____; D'ARAUJO, Maria Celina (Org.). *Militares e política na Nova República*. Rio de Janeiro: FGV Ed., 2001.

_____; LEMOS, Renato (Org.). *O diário de Bernardina*. Rio de Janeiro: Zahar, 2009.

_____ et al. (Org.). *200 anos de Justiça Militar*. Rio de Janeiro: FGV Cpdoc, 2007. Obra não publicada.

CASTRO, Jeanne Berrance de. *A milícia cidadã*: a Guarda Nacional de 1831-1850. São Paulo: Ed. Nacional, 1979.

CEV-RIO (Comissão da Verdade do Rio). *Relatório da Comissão da Verdade do Rio*. Rio de Janeiro: CEV-Rio, 2015.

CHIRIO, Maud. *A política nos quartéis*: revoltas e protestos de oficiais na ditadura militar brasileira. Rio de Janeiro: Zahar, 2012a.

_____. El golpe de Estado de 1964: ¿sobresalto contrarrevolucionario o revolución militar? Estrategias de denominación de los golpistas brasileños. In: PALIÉRAKI, Eugénia; GONZALEZ ALEMÁN, Marianne (Org.). *Revoluciones imaginadas*: itinerarios de la idea revolucionaria en América Latina Contemporánea. Santiago do Chile: RIL, 2012b. p. 73-86.

_____; JOFFILY, Mariana. Moderniser la répression politique: la stratégie formation de "l'homme de reinsegnement" sous la dictature brésilienne. *Histoire @ Politique*, v. 1, p. 1-14, 2018.

CNV (Comissão Nacional da Verdade). *Relatório da Comissão Nacional da Verdade*. Brasília: CNV, 2014. v. 2.

CODATO, Adriano Nervo. O golpe de 1964 e o regime de 1968: aspectos conjunturais e variáveis históricas. *História*: questões & debates, Curitiba, n. 40, p. 11-36, 2004.

COELHO, Edmundo Campos. *Em busca de identidade*: o Exército e a polícia no Rio de Janeiro. Rio de Janeiro: Forense Universitária, 2000.

COITINHO, Angélica do Carmo. *Sob a toga e a farda*: o ministro general de Exército Rodrigo Octávio Jordão Ramos no Superior Tribunal Militar (1973-1979). Dissertação (mestrado em história) – Unirio, Rio de Janeiro, 2012.

_____. *O Superior Tribunal Militar durante a ditadura militar brasileira (1974-1985)*. Tese (doutorado em história, política e bens culturais) – FGV Cpdoc, 2018.

COMPANHEIROS da Marinha de Guerra! *A Offensiva*, n. 454, p. 12, 4 abr. 1937.

CORDEIRO, Janaína Martins. *Direitas em movimento*: a campanha da mulher pela democracia e a ditadura no Brasil. Rio de Janeiro: FGV Ed., 2009.

CORREIA, Leoncio. *A verdade histórica sobre o 15 de novembro*. Rio de Janeiro: Imprensa Nacional, 1939.

COSTA, Arthur Trindade Maranhão. *O lobby militar e as relações civis-militares durante a Assembleia Nacional Constituinte*. 1998. Dissertação (mestrado em ciência política) – UnB, Brasília, 1998.

COSTA, Homero de Oliveira. *A Insurreição Comunista de 35*: Natal – o primeiro ato da tragédia. São Paulo: Ensaio; Rio Grande do Norte: Cooperativa Cultural Universitária do Rio Grande do Norte, 1995.

COSTA, Octavio Pereira da. Compreensão da revolução brasileira. In: CASTELO BRANCO, Humberto de Alencar et al. *A Revolução de 31 de março*: 2º aniversário. Colaboração do Exército. Rio de Janeiro: Bibliex, 1966.

COSTA, Vanda Maria R. *Com rancor e com afeto*: rebeliões militares na década de 30. São Paulo: Anpocs, 1985. p. 360-291. Ciências Sociais Hoje.

COUTINHO, Amélia. Juracy Magalhães. In: ABREU, Alzira Alves de et al. (Org.). *Dicionário histórico-biográfico brasileiro pós-1930*. 2. ed. Rio de Janeiro: FGV Ed.; Cpdoc, 2001.

COUTO, R. C. *A história indiscreta da ditadura e da* abertura. Rio de Janeiro: Record, 1998.

COUTO E SILVA, G. do. *Conjuntura política nacional*: o Poder Executivo e a geopolítica do Brasil. Rio de Janeiro: José Olympio, 1981.

CRUZ, Sebastião C. Velasco e. *Empresariado e Estado na transição brasileira*: um estudo sobre a economia política do autoritarismo (1974-1977). Campinas: Ed. Unicamp, 1995.

_____; MARTINS, C. E. De Castello a Figueiredo: uma incursão na pré-história da Abertura. In: SORJ, Bernardo; ALMEIDA, M. H. T. (Org.). *Sociedade e política no Brasil pós-64*. São Paulo: Brasiliense, 1984. p. 13-61.

CUNHA, Paulo Ribeiro da. Militares e a anistia no Brasil: um dueto desarmônico. In: TELLES, Edson; SAFATLE, Vladimir (Org.). *O que resta da ditadura*: a exceção brasileira. São Paulo: Boitempo, 2010.

_____. *Militares e militância*: uma relação dialeticamente conflituosa. São Paulo: Ed. Unesp, 2020.

DANTAS, Mônica (Org.). *Revoltas, motins e revoluções*: homens livres pobres e libertos no Brasil do século XIX. São Paulo, Alameda, 2011.

DANTAS, San Tiago. O integralismo e as classes armadas. *A Offensiva*, n. 25, p. 1-2, 1 nov. 1934.

D'ARAUJO, Maria Celina. *Sindicatos, carisma e poder*: o PTB de 1945 a 1965. Rio de Janeiro: FGV Ed., 1996.

_____. Segurança nacional e tribunais especiais no Brasil. In: _____. *Militares, democracia e desenvolvimento*: Brasil e América do Sul. Rio de Janeiro: FGV Ed., 2010.

_____. Justiça militar. In: SAINT-PIERRE, Hector Luis; VITELLI, Marina Gisela (Org.). *Dicionário de segurança e defesa*. São Paulo: Ed. Unesp, 2018. p. 611-628.

_____; CASTRO, C. *Ernesto Geisel*. Rio de Janeiro: FGV Ed., 1997.

DIAS, Everardo. *História das lutas sociais no Brasil*. São Paulo: Alfa-Omega, 1977.

DIMENSTEIN, G. et al. *O complô que elegeu Tancredo*. Rio de Janeiro: Ed. JB, 1985.

DINIZ, E. A transição política no Brasil: uma reavaliação da dinâmica da abertura. *Dados*, v. 28, n. 3, p. 29-346, 1985.

DIP (Departamento de Imprensa e Propaganda). *A Força Aérea Brasileira em Rápida Expansão*, ano III, n. 24, Rio de Janeiro, DIP, maio 1943. Arquivo.

DOIS anos de guerra. *Cultura Política*, Rio de Janeiro, ano IV, n. 43, p. 15-31, ago. 1944.

DOLHNIKOFF, Miriam. *O Pacto Imperial*: origens do federalismo no Brasil. São Paulo: Globo 2005.

DREIFUSS, René Armand. *1964, a conquista do Estado*: ação política, poder e golpe de classe. Petrópolis: Vozes, 1981.

_____. *O jogo da direita*. Petrópolis: Vozes, 1989.

DRUMMOND, José Augusto. *O movimento tenentista*: a intervenção política dos oficiais jovens (1922-1935). Rio de Janeiro: Graal, 1986.

DULLES, John W. F. *O comunismo no Brasil*: repressão em meio ao cataclismo mundial. Rio de Janeiro: Nova Fronteira, 1985.

ESCOLA de Especialistas de Aeronáutica do Galeão. *Esquadrilha*, Rio de Janeiro, ano II, n. 10, p. 4-5, jan. 1943.

FACEIRO, Alarico de Andrade. Em defeza da pátria. *A Offensiva*, n. 26, p. 2, 8 nov. 1934.

FALCONI, Paulo Gustavo. *Aviação naval brasileira*: rivalidades e debates (1941-2001). 2009. Tese (doutorado em história) – Unesp, Franca, 2009.

FAORO, R. *Os donos do poder*: formação do patronato político brasileiro. Rio de Janeiro: Globo, 2001.

FARIA, Silvério Cândido de. *Breve história dos felizes acontecimentos políticos no Rio de Janeiro em os sempre memoráveis dias 6 e 7 de abril de 1831*. Dedicada aos ilustríssimos e excelentíssimos senhores Francisco de Lima e Silva e José Joaquim de Lima e Silva. Salvador: Typ. de Moreira, 1831.

FARIAS, Cordeiro de. *Meio século de combate*: diálogo com Cordeiro de Farias. Rio de Janeiro: Nova Fronteira, 1981.

FAY, Claudia Musa. O avião e seu século, uma história contemporânea. In: RUSSOMANO, Thais; CASTRO, João de Carvalho. *Fisiologia aeroespacial*: conhecimentos essenciais para voar com segurança. Porto Alegre: Edipucrs, 2012. p. 9-26.

FEAVER, Peter D. *Armed servants*: agency, oversight, and civil-military relations. Cambridge: Harvard University Press, 2003.

FERNANDES, Florestan. *A função social da guerra na sociedade tupinambá*. São Paulo: Globo, 2006.

FERRAZ, Francisco C. A. *Os brasileiros e a Segunda Guerra Mundial*. Rio de Janeiro: Zahar, 2005.

FERREIRA, Jorge. (Org.). *O populismo e sua história*: debate e crítica. Rio de Janeiro: Civilização Brasileira, 2001.

_____. *João Goulart*: uma biografia. Rio de Janeiro: Civilização Brasileira, 2011.

_____. Crises da República: 1954, 1955 e 1961. In: _____; DELGADO, Lucília de Almeida Neves (Org.). *O tempo da experiência democrática*: Terceira República (1945-1964). O Brasil Republicano 3. Rio de Janeiro: Civilização Brasileira, 2020. p. 341-382.

FERREIRA, Oliveiros S. As Forças Armadas na Constituição. *Política e Estratégia*, v. III, n. 3, 1985.

_____. *Vida e morte do partido fardado*. São Paulo: Senac, 2000

FERREIRA, Roberto Martins. *Organização e poder*: análise do discurso anticomunista do Exército Brasileiro. São Paulo: Annablume, 2004.

FGV CPDOC. *A revolução de 30*. Brasília: Ed. UnB, 1982. Seminário.

FICO, Carlos. *Como eles agiam*: os subterrâneos da ditadura militar: espionagem e polícia política. Rio de Janeiro: Record, 2001.

FIGUEIREDO, Marcus. A política de coação no Brasil pós-64. In: KLEIN, Lucia; FIGUEIREDO, Marcus (Org.). *Legitimidade e coação no Brasil pós-64*. Rio de Janeiro: Forense Universitária, 1978.

FLEISCHER, D. Manipulações casuísticas do sistema eleitoral durante o período militar, ou como usualmente o feitiço se voltava contra o feiticeiro. In: PINTO, Almir Pazzianotto (Ed.). *21 anos de regime militar*: balanços e perspectivas. Rio de Janeiro: FGV Ed., 1994.

FLORENTINO, Manolo. *Em costas negras*: uma história do tráfico de escravos entre a África e o Rio de Janeiro (séculos XVIII e XIX). São Paulo: Unesp, 2015.

FLORES, Jorge Oscar de Melo. *Na periferia da história*: depoimento de Jorge Oscar de Mello Flores. 2. ed. Rio de Janeiro: FGV Ed., 1998.

FLORY, Thomas. *El juez de paz y el jurado en el Brasil imperial*. México: FCE, 1986.

FOI escripta uma pagina da historia! *Anauê!*, p. 52, out. 1937.

FRAGA, André Barbosa. O segredo das asas: a colaboração fílmica do Ince para a construção de uma mentalidade aeronáutica durante o governo Vargas. *Em Tempo de Histórias*, PPGHIS/UnB, Brasília, n. 33, p. 253-274, ago./dez. 2018.

_____. *O Brasil tem asas*: a construção de uma mentalidade aeronáutica no governo Vargas. Rio de Janeiro: 7 Letras, 2021.

FRAGOSO, Heleno C. *Advocacia da liberdade*: a defesa nos processos políticos. Rio de Janeiro: Forense, 1984.

FREYRE, Gilberto. *Ordem e progresso*. Rio de Janeiro: José Olympio, 1962.

_____. *Sobrados e mucambos*. Rio de Janeiro: José Olympio, 1977.

FROTA, S. *Ideais traídos*. Rio de Janeiro: Zahar, 2006.

GAIO, André Moysés. *Em busca da remissão*: os militares contra o regime – uma análise das eleições do Clube Militar em 1984. Dissertação (mestrado em ciência política) – UFMG, Belo Horizonte, 1992.

GALVÃO, Walnice Nogueira (Org.). *Euclides da Cunha*. São Paulo: Ática, 1984.

GAMA FILHO, Nogueira da. Perfil da nossa milícia. *A Offensiva*, n. 45, p. 4-8, 23 mar. 1935.

GARRIDO, Ayra. *O general Pery Bevilaqua no Superior Tribunal Militar*: a transição jurídico-política da repressão (1965-1969). Dissertação (mestrado em história) – UFRJ, Rio de Janeiro, 2019.

GASPARI, Elio. *A ditadura escancarada*: as ilusões armadas. São Paulo: Companhia das Letras, 2002a.

_____. *A ditadura envergonhada*: as ilusões armadas. São Paulo: Companhia das Letras, 2002b.

_____. *A ditadura derrotada*: o sacerdote e o feiticeiro. São Paulo: Companhia das Letras, 2003.

_____. *A ditadura encurralada*: o sacerdote e o feiticeiro. São Paulo: Companhia das Letras, 2004.

_____. *A ditadura acabada*. Rio de Janeiro: Intrínseca, 2016.

GEDDES, Barbara. What do we know about democratization after twenty years? *Annual Review of Political Science*, v. 2, n. 1, p. 115-144, 1999.

_____; WRIGHT, Joseph; FRANTZ, Erica. Autocratic breakdown and regime transitions: a new data set. *Perspectives on Politics*, v. 12, n. 2, p. 313-331, 2014.

GEERTZ, Clifford. *A interpretação das culturas*. Rio de Janeiro: Guanabara Koogan, 1989.

GÓES, W. *O Brasil do general Geisel*. Rio de Janeiro: Nova Fronteira, 1978.

GOMES, Angela de Castro (Org.). *Vargas e a crise dos anos 50*. Rio de Janeiro: Relume-Dumará, 1994.

_____. Segunda República (1946-64): república liberal-democrática. In: SCHWARCZ, Lilia Moritz; STARLING, Heloísa Murgel (Org.). *Dicionário da República*: 51 textos críticos. São Paulo: Companhia das Letras, 2019. p. 382-389.

_____; FLAKSMAN, Dora; STOTZ, Eduardo (Coord.). *Velhos militantes*: depoimentos de Elvira Boni, João Lopes, Eduardo Xavier, Hilcar Leite. Rio de Janeiro: Zahar, 1988.

GONÇALVES, Leandro Pereira. *Plínio Salgado*: um católico integralista entre Portugal e o Brasil (1895-1975). Rio de Janeiro: FGV Ed., 2018.

_____; CALDEIRA NETO, Odilon. O corporativismo e a tríade integralista: Miguel Reale, Plínio Salgado e Gustavo Barroso. In: ABREU, Luciano Aronne de; VANNUCCHI, Marco Aurélio (Org.). *Corporativismos ibérios e latino-americanos*. Porto Alegre: Edipucrs, 2019. p. 209-238.

_____; _____. *O fascismo em camisas-verdes*: do integralismo ao neointegralismo. Rio de Janeiro: FGV Ed., 2020

GORENDER, Jacob. *Combate nas trevas*. 2. ed. São Paulo: Ática, 1987.

_____. *Combate nas trevas*. 6. ed. São Paulo: Ática, 2003.

GRAMSCI, Antonio. *Cadernos do cárcere*: Maquiavel, notas sobre o Estado e a política. Rio de Janeiro: Civilização Brasileira, 2000. v. 3.

GRINBERG, Keila. *O fiador dos brasileiros*: cidadania, escravidão e direito civil no tempo de Antonio Pereira Rebouças. Rio de Janeiro: Civilização Brasileira, 2002.

_____. Emancipación y guerra en el Río de la Plata, 1840-1865: hacia una historia social de las relaciones internacionales. *Historia Mexicana*, v. 69, n. 2, p. 693-742, 2019.

GRINBERG, Lucia. *Partido político ou bode expiatório*: um estudo sobre a Aliança Renovadora Nacional (1965-1979). Rio de Janeiro: Mauad, 2009.

HACKERNHAAR, Clayton. *O integralismo em Santa Catarina e a tentativa de golpe de março de 1938*. Tese (doutorado em história) – UFRGS, Porto Alegre, 2019.

HAGOPIAN, F. Democracy by undemocratic means? *Comparative Political Studies*, v. 23, n. 2, p. 147-170, jul. 1990.

HERMET, G. As transições democráticas no século XX: comparação entre América Latina e Leste europeu. In: ABREU, A. A. *Transição em fragmentos*: desafios da democracia no final do século XX. Rio de Janeiro: FGV Ed., 2001. p. 13-43.

HOBSBAWM, Eric. *Era dos extremos*: o breve século XX: 1914-1991. São Paulo: Companhia das Letras, 1995.

HOLANDA, Sérgio Buarque de. *História geral da civilização brasileira*. II. O Brasil monárquico, v. V: Do Império à República. São Paulo: Difusão Européia do Livro, 1972.

HUGGINS, Martha. *Polícia e política*: relações Estados Unidos/América Latina. São Paulo: Cortez, 1998.

HUNTER, W. *Eroding military influence in Brazil*: politicians against soldiers. Chapel Hill: University of North Carolina Press, 1997.

HUNTINGTON, Samuel. *The third wave*: democratisation in the late twentieth century. Norman: University of Oklahoma Press, 1991.

_____. *O soldado e o Estado*. Rio de Janeiro: Bibliex, 1996.

INAUGURADO pelo chefe do governo o monumento a Santos Dumont. *Diário Carioca*, Rio de Janeiro, p. 2, 24 out. 1942.

INCAER (Instituto Histórico-Cultural da Aeronáutica). *História geral da aeronáutica brasileira*. Rio de Janeiro: Incaer; Belo Horizonte: Itatiaia, 1988. v. 1. Dos primórdios até 1920.

_____. *História geral da aeronáutica brasileira*. Rio de Janeiro: Incaer; Belo Horizonte: Villa Rica, 1991. v. 3: Da criação do Ministério da Aeronáutica ao final da Segunda Guerra Mundial.

JAEGER, Werner. *Paideia*: a formação do homem grego. São Paulo: Martins Fontes, 1986.

JANOT, Mariana et al. Desprojetos de Brasil: o projeto de nação como continuidade de uma tradição militar. *Le Monde Diplomatique Brasil*, 27 maio 2022. Disponível em: <https://diplomatique.org.br/desprojetos-de-brasil/>. Acesso em: mar. 2023.

JOFFILY, Mariana. *No centro da engrenagem*: os interrogatórios na Operação Bandeirantes e no DOI de São Paulo (1969-1975). Rio de Janeiro: Arquivo Nacional; São Paulo: Edusp, 2013.

_____. O aparato repressivo: da arquitetura ao desmantelamento. In: REIS, Daniel Aarão; RIDENTI, Marcelo; MOTTA, Rodrigo Patto Sá. (Org.). *A ditadura que mudou o Brasil*: 50 anos do golpe de 1964. Rio de Janeiro: Zahar, 2014. p. 158-171.

_____. Pra frente Brasil: a utopia autoritária em ação. In: RAMÍREZ, Hernán; FRANCO, Marina. (Org.). *Ditaduras no Cone Sul da América Latina*: um balanço historiográfico. Rio de Janeiro: Civilização Brasileira, 2021. v. 1, p. 539-570.

JUSTIÇA para os militares reformados! *A Offensiva*, n. 325, p. 1, 31 out. 1936.

KALDOR, Mary. The arms trade and society. *Economic and Political Weekly*, v. 11, n. 5/7, 1976.

KARL, T. L.; SCHMITTER, P. Les modes de transition en Amérique Latine, en Europe du Sud et de l'Est. *Revue Internationale des Sciences Sociales*, n. 128, p. 285-302, maio 1991.

KONDER, Leandro. *A derrota da dialética*: a recepção das ideias de Marx no Brasil até o começo dos anos 30. Rio de Janeiro: Campus, 1988.

KOVAL, Boris. *História do proletariado brasileiro* – 1857 a 1967. São Paulo: Alfa-Omega, 1982.

KRAAY, Hendrik. *Política racial, Estado e Forças Armadas na época da Independência*: Bahia, 1790-1850. São Paulo: Hucitec, 2011.

LACERDA, Carlos. Advertência oportuna. *Tribuna da Imprensa*, Rio de Janeiro, 1 jun. 1950.

LAMOUNIER, B. O Brasil autoritário revisitado: o impacto das eleições sobre a abertura. In: STEPAN, A. *Democratizando o Brasil*. São Paulo: Paz e Terra, 1988. p. 92-115.

LAVENÈRE-WANDERLEY, Nelson Freire. *História da Força Aérea Brasileira*. 2. ed. Rio de Janeiro: Ed. Gráfica Brasileira, 1975.

LEMOS, Renato. Por inspiração de dona Tiburtina: o general Peri Bevilacqua no Superior Tribunal Militar. *Locus*: revista de história, Juiz de Fora, v. 9, n. 1, p.113-124, 2003.

_____. *Justiça fardada*: o general Peri Bevilacqua no Superior Tribunal Militar (1965-1969). Rio de Janeiro: Bom Texto, 2004a.

_____. Poder Judiciário e poder militar (1964-69). In: CASTRO, Celso; IZECKSOHN, Vitor; KRAAY, Hendrik (Org.). *Nova história militar*. Rio de Janeiro: FGV Ed., 2004b. p. 409-438.

_____. Parte 2: a Justiça Militar na República. In: CASTRO, Celso et al. (Org.). *200 anos de Justiça Militar*. Rio de Janeiro: FGV Cpdoc, 2007. Obra não publicada.

_____. A Justiça Militar e a implantação da ordem republicana no Brasil (1889-1895). *Topoi*, Rio de Janeiro, v. 13, p. 60-72, 2012.

LESSA, R. Reflexões sobre a gênese de uma democracia banal. In: DINIZ, E.; BOSCHI, R.; LESSA, R. *Modernização e consolidação democrática no Brasil*: dilemas da Nova República. São Paulo: Vértice, 1989. p. 77-190.

LINHARES, Antonio Pereira. *Aviação naval brasileira 1916-1941*. 2. ed. Rio de Janeiro: Gaia, 2001.

LINZ, Juan J.; STEPAN, Alfred. *A transição e consolidação da democracia*: experiência do sul da Europa e da América do Sul. São Paulo: Paz e Terra, 1999.

LOPEZ, Ernesto: *Ni la ceniza ni la gloria*: actores, sistema político y cuestión militar em los años de Alfonsín. Bernal: Universidad Nacional de Quilmes, 1994.

LOTT, Henrique Batista Duffles Teixeira. *Henrique Teixeira Lott*: depoimento, 1978. Rio de Janeiro: FGV Cpdoc, 2002.

LOYOLA, Hollanda. A educação physica no integralismo. *Anauê!*, n. 1, jan. 1935.

MACHADO, Antonio Felipe da Costa Monteiro. As batalhas da Cantareira: a luta dos marítimos em Niterói (1918-1928). *Revista Espaço Acadêmico*, n. 210, p. 50-62, nov. 2018. Disponível em: <http://periodicos.uem.br/ojs/index.php/EspacoAcademico/article/view/44720/751375138575>. Acesso em: dez. 2023.

MACIEL, Wilma Antunes. *Repressão judicial no Brasil*: o capitão Carlos Lamarca e a VPR na Justiça Militar (1969-1971). Dissertação (mestrado em história) – USP, São Paulo, 2003.

MAESTRI, Mário. *Cisnes negros*: uma história da Revolta da Chibata. São Paulo: Moderna, 2000.

MAGALHÃES JÚNIOR, Raimundo. *Deodoro*: a espada contra o Império. Rio de Janeiro: Cia. Editora Nacional, 1957. v. II.

_____. *Três panfletários do Segundo Reinado*. São Paulo: Cia. Editora Nacional, 1968.

MAGALONI, Beatriz. Credible power-sharing and the longevity of authoritarian rule. *Comparative Political Studies*, v. 41, n. 4/5, p. 715-741, 2008.

MAIO, Marcos Chor. *Nem Rotschild nem Trotsky*: o pensamento antissemita de Gustavo Barroso. Rio de Janeiro: Imago, 1992.

MAMIGONIAN, Beatriz. *Africanos livres*: a abolição do tráfico de escravos no Brasil. São Paulo: Companhia das Letras, 2017.

MARINHA e integralismo. *A Offensiva*, n. 466, p. 12, 18 abr. 1937.

MARTINS FILHO, João Roberto. *O palácio e a caserna*: a dinâmica militar das crises políticas na ditadura (1964-1969). São Carlos: Edufscar, 1995.

_____. A educação dos golpistas: as ideias que fizeram a cabeça dos militares nos anos 60. In: SYMPOSIUM THE CULTURES OF DICTATORSHIP: HISTORICAL REFLECTIONS ON THE BRAZILIAN GOLPE OF 1964. 14-16 out. 2004. *Proceedings*... The Center for Historical Studies, College Park: Universidade de Maryland, 2004.

_____. Golpe, Forças Armadas e política: 1945-1964 a antessala do golpe. In: FERREIRA, Jorge; DELGADO, Lucilia de Almeida Neves (Org.). *O Brasil republicano*: o tempo da experiência democrática de 1945 ao golpe civil-militar de 1964. Rio de Janeiro: Civilização Brasileira, 2008. p. 98-126.

_____. Forças Armadas e política, 1945-1964. In: FERREIRA, Jorge; DELGADO, Lucilia de Almeida Neves (Org.). *O Brasil republicano*: o tempo da experiência democrática. Rio de Janeiro: Civilização Brasileira, 2020, p. 97-125. v. 3: Da democratização de 1945 ao golpe civil-militar de 1964.

_____ (Org.). *Os militares e a crise brasileira*. São Paulo: Alameda, 2021.

MATHIAS, S. K. Os militares na Constituição: a construção da autonomia. *Política e Estratégia*, v. IX, 1991.

_____. *Distensão no Brasil*: o projeto militar (1973-1979). Campinas: Papirus, 1995.

_____; GUZZI, André. Autonomia na lei: as Forças Armadas nas Constituições Nacionais. *Revista Brasileira de Ciências Sociais*, v. 25, n. 73, jun. 2010.

MATTOS, Ilmar Rohloff de. *O tempo saquarema*: a formação do Estado imperial. São Paulo: Hucitec, 1990.

_____. Construtores e herdeiros: a trama dos interesses na construção da unidade política. *Almanack Braziliense*, São Paulo, v. 1, n. 1, p. 8-26, 2005.

MATTOS, Marco Aurélio Vannucchi L. de. *Em nome da segurança nacional*: os processos da Justiça Militar contra a Ação Libertadora Nacional (ALN), 1969-1979. Dissertação (mestrado em história) – USP, São Paulo, 2002.

MAUL, Carlos. O exército e a política. In: MOTTA, Aricildes de Moraes (Coord. geral); SILVA, Geraldo Luiz Nery da (Coord. projeto). *A Revolução de 31 de março*. Rio de Janeiro: Bibliex, 1966.

MCCANN, Frank. *The Brazilian-American alliance, 1937-1945*. Princeton: Princeton University Press, 1973.

_____. Origins of the "new professionalism" of the Brazilian military. *Journal of Inter-American Studies and World Affairs*, n. 21, p. 505-529, 1979.

_____. *Soldados da pátria*: história do Exército brasileiro (1889-1937). São Paulo: Companhia das Letras, 2007.

MELLO, Leonel Itaussu Almeida. Golbery revisitado: da abertura controlada à democracia tutelada. In: MOISÉS, José Álvaro; ALBUQUERQUE, José Guilhon. *Dilemas da consolidação da democracia*. Rio de Janeiro: Paz e Terra, 1989.

MENDONÇA, Marina Gusmão de. Rebelião de Aragarças: um tema a investigar. *Revista de Economia Política e História Econômica*, n. 9, p. 5-25, dez. 2007.

MINISTÉRIO da Aeronáutica. *Diário Carioca*, Rio de Janeiro, p. 6, 13 jun. 1941.

MINISTÉRIO do Ar. *O Radical*, Rio de Janeiro, p. 4, 11 dez. 1940.

MINISTÉRIO DO EXÉRCITO. Estado-Maior das Forças Armadas. *Sugestões das Forças Armadas sobre a Constituinte*. Brasília: Ministério do Exército, 1987.

MIRANDA, José Carlos da Rocha. Plano Trienal de Desenvolvimento Econômico e Social. In: ABREU, Alzira Alves de et al. (Org.). *Dicionário histórico-biográfico brasileiro pós-1930*. 2. ed. Rio de Janeiro: FGV Cpdoc, 2001.

MOISÉS, J. A. *Os brasileiros e a democracia*. São Paulo: Ática, 1995.

MONIZ, Edmundo. *A Lei de Segurança Nacional e a Justiça Militar*. Rio de Janeiro: Codecri, 1984.

MONTEIRO, General Góis. *A Revolução de 30 e a finalidade política do Exército*. Rio de Janeiro: Andersen, 1934.

MONTOYA, Alberto. *As guerras de vingança e as relações internacionais*. São Paulo: Ed. Unesp, 2019.

MORAES, Dênis; VIANA, Francisco. *Prestes*: lutas e autocríticas. Petrópolis: Vozes, 1982.

MORAES, João Quartim de. O poder constituinte e a força. *Estudos Avançados* [online], v. 3, n. 7, p. 68-86, 1989.

_____. *A esquerda militar no Brasil II*: da coluna à comuna. São Paulo: Siciliano, 1994.

_____. *A esquerda militar no Brasil*: da conspiração republicana à guerrilha dos tenentes. São Paulo: Expressão Popular, 2005.

MOREIRA, Regina da Luz. Verbete "Salgado Filho, Joaquim Pedro". In: ABREU, Alzira Alves de et al. (Coord.). *Dicionário histórico-biográfico brasileiro pós-1930*. 2. ed. Rio de Janeiro: FGV Cpdoc, 2001. p. 5207-5209. v. 5.

MOREL, Marco. *O período das regências*: 1831-1840. Rio de Janeiro: Zahar, 2003.

_____. *As transformações dos espaços públicos*: imprensa, atores políticos e sociabilidades na cidade imperial (1820-1840). São Paulo: Hucitec, 2005.

MOTTA, Rodrigo Patto Sá. A Intentona Comunista ou a construção de uma legenda negra. *Tempo*, Niterói, UFF, v. 7, n. 13, p. 189-209, jul. 2002a.

_____. *Em guarda contra o perigo vermelho*: o anticomunismo no Brasil (1917-1964). São Paulo: Perspectiva, 2002b.

_____. Sobre as origens e motivações do Ato Institucional 5. *Revista Brasileira de História*, v. 38, n. 79, p. 195-216, 2018.

MOURA, Gerson. *Tio Sam chega ao Brasil*: a penetração cultural americana. São Paulo: Brasiliense, 1986.

MOURA, Nero. *Um voo na história*. Rio de Janeiro: FGV Ed., 1996.

MURICY, General A. C. *Entrevista com Ignez Cordeiro de Farias, Aspásia Camargo e Lucia Hippolito*. FGV Cpdoc, 1981. Disponível em: <www.fgv.br/cpdoc/historal/arq/Entrevista35_6.pdf>. Acesso em: 30 abr. 2018.

NASCIMENTO, Gabriel dos Santos. *A polícia em guerra*: a ditadura e a Polícia Militar em São Paulo (1964-1982). Dissertação (mestrado em história) – Unifesp, São Paulo, 2016.

NEIVA, Pedro; IZUMI, Maurício. Perfil profissional e distribuição regional dos senadores brasileiros em dois séculos de história. *Revista Brasileira de Ciências Sociais*, v. 29, n. 84, fev. 2014.

NICOLAU, Jairo. A participação eleitoral: evidências sobre o caso brasileiro. In: CONGRESSO LUSO-AFRO-BRASILEIRO DE CIÊNCIAS SOCIAIS, VIII., 16-18 set. 2004. Coimbra. *Anais*... Coimbra: Universidade de Coimbra, 2004.

_____. *Sistemas eleitorais*. Rio de Janeiro: FGV Ed., 2012.

NOHLEN, D.; THIBAUT, B. Investigación sobre la transición em América Latina: enfoques, conceptos, tesis. *Arbeitspapier*, Universidade de Heidelberg, n. 11, 1994.

NORTH, Douglass; WEINGAST, Barry. Constitutions and commitment: the evolution of institutions governing public choice in seventeenth century England. *Journal of Economic History*, v. 49, n. 4, p. 803-832, 1989.

NUNN, Frederick. Military professionalism and professional militarism in Brazil, 1870-1970: historical perspectives and political implications. *Journal of Latin American Studies*, v. 1, n. 4, p. 29-54, 1972.

O AUGMENTO dos vencimentos dos militares. *A Offensiva*, n. 49, p. 1-2, 20 abr. 1935.

O BRASIL de hoje, de ontem e de amanhã. *Pilotos para a Força Aérea Brasileira*, Rio de Janeiro, ano IV, n. 38, p. 17-18, 28 fev. 1943.

O'DONELL, Guillermo. *1966-1973 El estado burocrático autoritario*: triunfos, derrotas y crisis. Buenos Aires: Editorial de Belgrano, 1982.

_____. Transições, continuidades e alguns paradoxos. In: REIS, F. W.; O'DONNEL, G. *A democracia no Brasil*: dilemas e perspectivas. São Paulo: Vértice, 1988. p. 41-71.

_____. Delegative democracy. *Journal of Democracy*, v. 5, n. 1, p. 55-69, jan. 1994.

_____; SCHMITTER, P. *Transições do regime autoritário*: primeiras conclusões. São Paulo: Vértice, 1988.

OFFERLÉ, Michel. Retour critique sur les répertoires de l'action collective (XVIIIe-XXIe siècles). *Politix*, v. 1, n. 8, p. 191-202, 2008.

O INTEGRALISMO e as Forças Nacionaes: a importante entrevista do Chefe Nacional à "A Nação". *Offensiva*, n. 24, p. 1-8, 25 out. 1934.

O INTEGRALISMO pugnando por uma Marinha forte e respeitada. *A Offensiva*, n. 644, p. 12, 14 nov. 1937.

OLIVEIRA, Ana Amélia Penido; KALIL, Suzeley. Ação política do partido militar no Brasil sob Bolsonaro. *Anuario Latinoamericano de ciencias políticas y relaciones internacionales*, v. 11, p. 63-82, nov. 2021.

OLIVEIRA, Eliézer Rizzo de. *O aparelho militar*: papel tutelar na Nova República. In: MORAES, João Quartin de; OLIVEIRA, E. R. de; COSTA, Wilma Peres. *A tutela militar*. São Paulo: Vértice, 1987.

_____. *De Geisel a Collor*: Forças Armadas, transição e democracia. Campinas: Papirus, 1994.

_____ et al. *As Forças Armadas no Brasil*. Rio de Janeiro: Espaço e Tempo, 1987.

OLIVEIRA, Maria Luiza Ferreira de. O Exército e a difícil luta contra a independência do homem do campo: embates na construção do Estado brasileiro, 1840-1870. In: SOUZA, Adriana Barreto de et al. (Org.). *Pacificar o Brasil*: das guerras justas às UPPs. São Paulo: Alameda, 2017.

_____. Circulação de saberes e de práticas governativas: caminhos de articulação da política no Brasil, 1845-1860. *Almanack*, São Paulo, p. 248-288, 2018.

PANORAMA da atividade governamental. *Cultura Política*, Rio de Janeiro, ano I, n. 3, p. 219-227, maio 1941.

OS CAMISAS-VERDES desfilaram com os soldados da pátria! *A Offensiva*, n. 497, p. 1, 26 maio 1937.

PARRON, Tâmis. *A política da escravidão no Império do Brasil (1826-1865)*. Rio de Janeiro: Civilização Brasileira, 2011.

PARUCKER, Paulo Eduardo Castello. *Praças em pé de guerra*. São Paulo: Expressão Popular, 2009.

PASSOS, A. M. *Democracies at war against drugs*: the military mystique in Brazil and Mexico. Cham: Palgrave Macmillan, 2022.

PEIXOTO, Antônio Carlos. Exército e política no Brasil: uma crítica dos modelos de interpretação. In: ROUQUIÉ, Alain (coord.). *Os partidos militares no Brasil*. Rio de Janeiro: Record, 1992. p. 27-42.

PEIXOTO, Ernani do Amaral. *Artes da política*: diálogo com Amaral Peixoto. Org. Aspásia Camargo, Lucia Hipólito, Maria Celina Soares D'Araújo, Dora Rocha Flaksman. Rio de Janeiro: Nova Fronteira, 1986.

PENNA, Lincoln. *O progresso da ordem*. Rio de Janeiro: 7 Letras, 1997.

PEREIRA, Anthony. The dialectics of the Brazilian military regime's politicals trials. *Luso-Brazilian Review*, v. 41, n. 2, p. 162-183, 2004.

_____. *Ditadura e repressão*: o autoritarismo e o estado de direito no Brasil, no Chile e na Argentina. São Paulo: Paz e Terra, 2010.

PINHEIRO, Paulo Sérgio. *Estratégias da ilusão*: a revolução mundial e o Brasil – 1922-1935. São Paulo: Companhia das Letras, 1991.

PION-BERLIN, D.; MARTÍNEZ, R. *Soldiers, politicians, and civilians*: reforming civil-military relations in democratic Latin America. Cambridge: Cambridge University Press, 2017.

PORTO, Manuel Ernesto de Campos. *Apontamentos para a história da República*. São Paulo: Brasiliense, 1990 [1890].

PROJETAM-SE no Rio de Janeiro grandes homenagens póstumas a Santos Dumont, por ocasião da transladação dos restos mortais do grande brasileiro. *Correio de S. Paulo*, São Paulo, p. 1, 3 dez. 1932.

PRZEWORSKI, Adam. Ama a incerteza e serás democrático. *Novos Estudos Cebrap*, n. 9, p. 36-46, 1984.

QUEIROZ, Suely Robles Reis. *Os radicais da República*: jacobinismo – ideologia e ação 1893-1897. São Paulo: Brasiliense, 1986.

REALE, Miguel. *Memórias*: destinos cruzados. 2. ed. São Paulo: Saraiva, 1987. v. 1.

REIS FILHO, Daniel Aarão. *Luís Carlos Prestes*: um revolucionário entre dois mundos. São Paulo: Companhia das Letras, 2014.

RIBEIRO, Guilherme Leite. *Unidade na diversidade*: a força das frentes parlamentares no governo João Goulart (1961-1964). Curitiba: Appris, 2017.

RODRIGUES, A. T. Ciclos de mobilização política e mudança institucional no Brasil. *Revista de Sociologia e Política*, Curitiba, n. 17, p. 33-44, nov. 2001.

RODRIGUES, Flávio Luis. *Vozes do mar*: o movimento dos marinheiros e o golpe de 64. São Paulo: Cortez, 2004

RODRIGUES, Leôncio Martins. O PCB: os dirigentes e a organização. In: FAUSTO, Boris (Coord.). O *Brasil republicano*: sociedade e política (1930-1964). 3. ed. São Paulo: Difel, 1986. História da Civilização Brasileira, tomo III.

RODRIGUES, Lysias A. *Brasil aeronáutico*. Rio de Janeiro: DIP, 1944.

ROSA, Felippe Augusto de Miranda. *Justiça e autoritarismo*. Rio de Janeiro: Zahar, 1985.

ROSE, R. S.; GORDON, D. Scott. *Johnny*: a vida do espião que delatou rebelião comunista de 1935. Rio de Janeiro: Record, 2010.

ROUQUIÉ, Alain. *O Estado militar na América Latina*. São Paulo: Alfa Ômega, 1984.

_____. La desmilitarización de los sistemas políticos dominados por militares en América Latina. In: O'DONNELL, G. et al. *Transiciones desde un gobierno autoritario*: perspectivas comparadas. Buenos Aires: Paidós, 1988.

_____. *O Extremo-Oriente*: introdução à América Latina. São Paulo: Edusp, 1990.

_____ (Org.). *Os partidos militares no Brasil*. Rio de Janeiro: Record, 1992.

SAINT-PIERRE, H.; ZIRKER, D. Military subordinations: dream of a night of democracy (forms of military participation in Latin America politics. In: PASHENTSEV, E. (Ed.). *Armies and politics*. Moscou: Ed. Russian Progressive Review, 2002.

SALGADO, Plínio. Departamento de milícia: regulamento aprovado pelo 1º Congresso Integralista Brasileiro e posto em execução pelo chefe nacional. *Monitor Integralista*, n. 6, p. 5-6, 1934.

_____. O paiz que não lê. In: _____. *Despertemos a nação!* Rio de Janeiro: José Olympio, 1935a. p. 173-180.

_____. O problema da ordem. In: _____. *A doutrina do Sigma*. São Paulo: Revista dos Tribunais, 1935b. p. 35-56.

_____. Resoluções da chefia nacional. *Monitor Integralista*, n. 10, p. 5-8, 1935c.

_____. A Lei de Segurança Nacional. *A Offensiva*, n. 38, p. 1, 10 jan. 1935d.

_____. *Manifesto-Programma, de janeiro de 1936*: concretização da doutrina do Manifesto de Outubro de 1932. Rio de Janeiro: Secretaria Nacional de Propaganda, 1936.

_____. *O que é o integralismo*. 4. ed. Rio de Janeiro: Schmidt, 1937a.

_____. Os militares e o integralismo. *Monitor Integralista*, ano V, n. 22, p. 9, 7 out. 1937b.

_____. *Nosso Brasil*. 4. ed. São Paulo: Voz do Oeste, 1981.

SALLUM JR., B. *Labirintos*: dos generais à Nova República. São Paulo: Hucitec, 1996.

SANTORUM, Andrelise Gauterio. *Fascismo à brasileira*: juventude e imprensa como instrumentos de doutrinação da Ação Integralista Brasileira (1932-1937). Dissertação (mestrado em história) – PUC-RS, Porto Alegre, 2017.

SANTOS, W. G. A pós-revolução brasileira. In: JAGUARIBE, Hélio et al. *Brasil, sociedade democrática*. Rio de Janeiro: José Olympio, 1985. p. 223-336.

SCHMIDT, F. *Presença de militares em cargos e funções comissionados do Executivo federal*. Brasília: Ipea, 2022. Nota técnica.

SCHUTZ, Alfred. *Fenomenologia e relações sociais*. Rio de Janeiro: Zahar, 1979.

SCHWAITZER, Lenora de Beaurepaire da Silva. Desmistificando o AI2: a recriação da Justiça Federal a partir da visão dos bacharéis em direito. Tese (doutorado em história, política e bens culturais) – FGV Cpdoc, Rio de Janeiro, 2017.

SEITENFUS, Ricardo. *O Brasil vai à guerra*. São Paulo: Manole, 2003.

SETEMBRINO, Humberto. O coração de A. Santos Dumont. *Diário Carioca*, Rio de Janeiro, 20 out. 1957. 2º caderno, p. 7.

SHARE, D.; MAINWARING, S. Transições através da negociação: a democratização no Brasil e na Espanha. In: SELCHER, W. A. *A abertura política no Brasil*. São Paulo: Convívio, 1988. p. 233-283.

SILVA, Angela M. D. da. A Justiça Militar e a Revolta da Armada: suspeitos inocentados. In: CASTRO, Celso et al. (Org.). *200 anos de Justiça Militar*. Rio de Janeiro: FGV Cpdoc, 2007. Obra não publicada.

______. Justicia militar y cuestiones de género: un estudio a ser desarrollado. In: RIAL, Juan. *La justicia militar*: entre la reforma y la permanencia. Buenos Aires: Resdal, 2010. p. 137-146.

______. Ditadura e Justiça militar no Brasil: a atuação do Superior Tribunal Militar (1964-1980). Tese (doutorado em história) – PPHPBC, FGV, Rio de Janeiro, 2011.

SILVA, Antônio de Morais. *Dicionário da língua portuguesa*. Lisboa: Tip. Antônio José da Rocha, 1858.

SILVA, Francisco Carlos Teixeira da. Crise da ditadura militar e o processo de abertura política no Brasil, 1974-1985. In: DELGADO, Lucília de Almeida Neves; FERREIRA, Jorge (Org.). *O Brasil republicano*: o tempo da ditadura – regime militar e movimentos sociais em fins do século XX. 6. ed. Rio de Janeiro: Civilização Brasileira, 2013. p. 245-282.

SILVA, Hélio. *1938*: terrorismo em campo verde. Rio de Janeiro: Civilização Brasileira, 1971.

SILVA, Lígia Osório. Desenvolvimentismo e intervencionismo militar. *Ideias*, v. 12/13, n. 1, p. 11-40, 2006.

______. Projeto nacional e politização das Forças Armadas, 1944-1964. In: BARBOSA, Jefferson R. et al. (Org.). *Militares e política no Brasil*. São Paulo: Expressão Popular, 2018.

SILVA, Luiz Geraldo. Gênese das milícias de pardos e pretos na América portuguesa: Pernambuco e Minas Gerais, séculos XVII e XVIII. *Revista de História*, v. 169, p. 111-144, 2013.

SIMAS, Mário. *Gritos de justiça*. São Paulo: FTD, 1986.

SIMÕES, Renata Duarte. Hollanda Loyola e a milícia integralista: escola de civismo e "disciplina inteligente". In: DOTTA, Renato Alencar; SIMÕES, Renata Duarte (Org.). *Matizes da direita*: as várias peças de um quebra-cabeça político. São Paulo: Todas as Musas, 2019. p. 211-226.

_____; GOELLNER, Silvana Vilodre. A educação do corpo para o "soldado integral", "forte de físico, culto de cérebro e grande de alma". *Motriz*: revista de educação física, v. 18, p. 327-337, 2012.

SKIDMORE, Thomas. *Brasil*: de Getúlio Vargas a Castelo Branco (1930–1964). Rio de Janeiro: Paz e Terra, 1982.

_____. *Brasil*: de Castello a Tancredo. 3. ed. Rio de Janeiro: Paz e Terra, 1988a.

_____. *The politics of military rule in Brazil, 1964-1985*. Nova York: Oxford University Press, 1988b.

SMALLMAN, Shawn C. *Fear and memory in the Brazilian army and society, 1889-1954*. Chapel Hill: The University of North Carolina Press, 2002.

_____. A profissionalização da violência extralegal das Forças Armadas no Brasil (1945-64). In: CASTRO, Celso; IZECKSOHN, Vitor; KRAAY, Hendrick. *Nova história militar*. Rio de Janeiro: FGV Ed., 2004. p. 389-408.

SOARES, G. A. D. O golpe de 64. In: _____; D'ARAUJO, M. C. *21 anos de regime militar*: balanços e perspectivas. Rio de Janeiro: FGV Ed., 1994.

_____; D'ARAUJO, M. C.; CASTRO, C. (Org.). *Os anos de chumbo*: a memória militar sobre a repressão. Rio de Janeiro: Relume-Dumará, 1994a.

_____; _____; _____ (Org.). *Visões do golpe*: a memória militar sobre 1964. Rio de Janeiro: Relume-Dumará., 1994b.

_____; _____; _____ (Org.). *A volta aos quartéis*: a memória militar sobre a abertura. Rio de Janeiro: Relume Dumará, 1995.

SOARES, Macedo. Província do mar. *Anauê!*, n. 1, jan. 1935.

SOARES, Samuel Alves. *Controles e autonomia*: as forças armadas e o sistema político brasileiro (1974-1999). São Paulo: Ed. Unesp, 2006.

_____; PRADO, Larissa Brisola Brito. O processo político da anistia e os espaços de autonomia militar. In: SANTOS, Cecília Macdowell; TELES, Edson; TELES, Janaína. *Desarquivando da ditadura*: memória e justiça social no Brasil. São Paulo: Hucitec, 2009.

SODRÉ, Nelson Werneck. *Ideologia do colonialismo*. Rio de Janeiro: Iseb, 1961. Col. Textos Brasileiros.

_____. *Memórias de um soldado*. Rio de Janeiro: Civilização Brasileira, 1967.

_____. *A Intentona Comunista de 1935*. Porto Alegre: Mercado Aberto, 1986.

_____. *Memórias de um soldado*: do Estado Novo à ditadura militar. Petrópolis: Vozes, 1988.

SOLDADOS de hontem e de hoje: um grito de alerta a favor dos servidores da Pátria. *A Offensiva*, n. 324, p. 1, 30 out. 1936.

SOUSA, João Vieira de. *Ministros da Aeronáutica*: 1941-1985. Rio de Janeiro: Incaer, 1997.

SOUZA, Adriana Barreto de. *O Exército na consolidação do Império*: um estudo histórico sobre a política militar conservadora. Rio de Janeiro: Arquivo Nacional, 1999.

_____. *Duque de Caxias*: o homem por trás do monumento. Rio de Janeiro: Civilização Brasileira, 2008.

_____. Conselho Supremo Militar e de Justiça e a interiorização de uma cultura jurídica de Antigo Regime no Rio de Janeiro (1808-1831). *Antíteses*, v. 7, n. 14, p. 301-323, jul./dez. 2014.

_____; SILVA, Angela Moreira D. da. A organização da Justiça Militar no Brasil: Império e República. *Estudos Históricos*, Rio de Janeiro, v. 29, n. 58, p. 361-380, maio/ago. 2016.

_____ et al. (Org.). *Pacificar o Brasil*: das guerras justas às UPPs. São Paulo: Alameda: 2017.

SOUZA, José Garcia de. *A verdade sobre a história da Aeronáutica*: II parte. Rio de Janeiro: Leuzinger, 1944.

STEPAN, Alfred. *The military in politics*: changing patterns in Brazil. Princeton: Princeton University Press, 1971.

_____. *Os militares*: da abertura à Nova República. Rio de Janeiro: Paz e Terra, 1986.

_____. As prerrogativas militares nos regimes pós-autoritários: Brasil, Argentina, Uruguai e Espanha. In: _____. *Democratizando o Brasil*. Rio de Janeiro: Paz e Terra, 1988a. p. 521-562.

_____. Caminos hacia la democratización: consideraciones y análisis comparativos. In: O'DONNELL, G. et al. *Transiciones desde un gobierno autoritario*: perspectivas comparadas. Buenos Aires: Paidós, 1988b.

TANAGINO, Pedro Ivo Dias. *A síntese integral*: a teoria do integralismo na obra de Miguel Reale (1932-1939). 2018. Tese (doutorado em história) – UFJF, Juiz de Fora, 2018.

TAVARES, Flávio. *1964*: o golpe. Porte Alegre: L&PM, 2014.

TEIXEIRA, Francisco. *Francisco Teixeira (depoimento, 1983/1984).* Rio de Janeiro: Cpdoc, 1992. Dat.

THOMPSON, Arthur. Revolução Unica. *Anauê!*, n. 1, p. 59-60, jan. 1935.

TILLY, Charles. Les Origines du répertoire d'action collective contemporaine en France et en Grande-Bretagne. *Vingtième Siècle*: revue d'histoire, n. 4, p. 89-108, 1984.

_____. *Coerção, capital e Estados.* São Paulo: Edusp, 1996.

TORELLY, Marcelo D. *Justiça de transição e Estado constitucional de direito*: perspectiva teórico-comparativa e análise do caso brasileiro. Belo Horizonte: Fórum, 2012.

TRINDADE, Hélgio. *Integralismo*: o fascismo brasileiro da década de 30. 2. ed. Porto Alegre: Difel, 1979.

_____. O radicalismo militar em 64 e a nova tentação fascista. In: D'ARAUJO, Maria Celina; SOARES, Gláucio Dillon (Org.). *21 anos de regime militar*: balanços e perspectivas. Rio de Janeiro: FGV Ed., 1994. p. 123-141.

UM GRITO de alerta à Pátria escravizada: o director da Escola Militar e o integralismo. *A Offensiva*, n. 60, 6 jul. 1935.

VANHANEN, Tatu. *Prospects of democracy*: a study of 172 countries. Nova York: Routledge, 1997.

VELHO, Gilberto. *Individualismo e cultura.* Rio de Janeiro: Zahar, 1981.

VIANNA, Marly de Almeida Gomes. *Revolucionários de 1935*: sonho e realidade. São Paulo: Companhia das Letras, 1992.

_____. *Revolucionários de 35*: sonho e realidade. São Paulo: Expressão Popular, 2007.

_____. Rebeliões integralistas: 1938 – março e maio. In: BARBOSA, Jefferson Rodrigues et al. (Org.). *Militares e política no Brasil.* 2. ed. São Paulo: Expressão Popular, 2021. p. 433-471.

VICTOR, Rogério Lustosa. *O labirinto integralista*: o conflito de memórias (1938-1962). Goiânia: Ifiteg; América, 2013.

VIDA militar. *A Offensiva*, n. 47, p. 2, 6 abr. 1935.

VIDIGAL, Armando Amorim Ferreira. As Forças Armadas e a política de defesa no Brasil e na Argentina – 1997. *Revista da Escola Superior de Guerra*, Rio de Janeiro, ano XIII, n. 37, p. 65-91, 1998.

VILLA, Marco Antonio. *História das Constituições do Brasil*: 200 anos de luta. São Paulo: Casa da Palavra, 2011.

VIVEIROS, Custodio de. O espírito militar na história dos povos. *A Offensiva*, n. 416, p. 2, 18 fev. 1937.

WAACK, William. *Camaradas*: a história secreta da revolução brasileira. São Paulo: Companhia das Letras; Rio de Janeiro: Bibliex, 1993.

WEBER, Max. *Economia y sociedad*. México, DF: FCE, 1979.

WIAZOVSKI, Taciana. *O mito do complô judaico-comunista no Brasil*: gênese, difusão e desdobramentos (1907-1954). São Paulo: Edusp, 2005.

WINAND, Érica; SAINT-PIERRE, Hector Luis. O legado da transição na agenda democrática para a defesa: os casos brasileiro e argentino. In: SAINT-PIERRE, Hector Luis. *Controle civil sobre os militares e política de defesa na Argentina, no Brasil, no Chile e no Uruguai*. São Paulo: Ed. Unesp, 2007. p. 33-72.

ZAVERUCHA, J. *Rumor de sabres*. São Paulo: Ática, 1994.

_____. *Frágil democracia*: Collor, Itamar, FHC e os militares (1990-1998). Rio de Janeiro: Civilização Brasileira, 2000.

Autores

Adriana Barreto de Souza. Professora do Departamento de História da Universidade Federal Rural do Rio de Janeiro (UFRRJ). Pesquisadora do CNPq (PQ/CNPq), pesquisadora da Faperj – Cientista do Nosso Estado (CNE/Faperj) e coordenadora do Núcleo de Estudos da Política e História Social (NEPHS/UFRRJ). Entre outros trabalhos, publicou *Duque de Caxias, o homem por trás do monumento* e *O Exército na consolidação do Império: um estudo sobre a política militar conservadora*, e organizou o livro *Pacificar o Brasil: das guerras justas às UPPs*, em colaboração com Angela Moreira, Luís Edmundo de Sousa Moraes e Maud Chirio. E-mail: <adrianaabarreto@gmail.com>.

André Barbosa Fraga. Doutor e mestre pelo Programa de Pós-Graduação em História Social da Universidade Federal Fluminense (UFF), além de ter realizado estágio pós-doutoral no mesmo programa. Bacharel e licenciado em história pela Universidade Federal do Rio de Janeiro (UFRJ). Atualmente, é pós-doutorando em história no Programa de Pós-Graduação em História da Universidade do Estado do Rio de Janeiro (PPGH/Uerj), professor de história do Cefet e da Secretaria de Estado de Educação do Rio de Janeiro. Autor dos livros *Os heróis da pátria: política cultural e história do Brasil no governo Vargas* e *O Brasil tem asas: a construção de uma mentalidade aeronáutica no governo Vargas*. E-mail: <andrebfraga@yahoo.com.br>.

Angela Moreira Domingues da Silva. Graduada em história pela Universidade Federal da Bahia (UFBA), mestre em história social pela Universidade Federal do Rio de Janeiro (UFRJ) e doutora em história, política e bens culturais pela FGV Cpdoc. Professora do Instituto de História da Universidade Federal Fluminense (UFF), é especialista em história da Justiça Militar e funcionamento de tribunais políticos no Brasil republicano. E-mail <angela.moreira@fgv.br>.

Carlos Schmidt Arturi. Professor do Programa de Pós-Graduação em Ciência Política da Universidade Federal do Rio Grande do Sul (UFRGS), pesquisa atualmente sobre política internacional, democracia e cooperação securitária. Doutor pelo Institut d'Etudes Politiques de Paris (Sciences Po), realizou seu pós-doutoramento na Universidade de Lisboa. Já exerceu a chefia do departamento e a coordenação do Programa de Pós-Graduação em Ciência Política da UFRGS e foi também diretor da Associação Nacional de Pós-Graduação em Ciências Sociais (Anpocs) e coordenador de área da Associação Brasileira de Relações Internacionais (Abri). Sobre o tema política e militares, publicou sua tese *Le Brésil: une tentative de démocratisation octroyée (1974-1985)*. E-mail: <carlos.arturi@uol.com.br>.

Celso Castro. Bacharel em ciências sociais pela Universidade Federal do Rio de Janeiro (UFRJ), mestre e doutor em antropologia social pelo Museu Nacional/UFRJ. Desde 1986, é pesquisador do Centro de Pesquisa e Documentação de História Contemporânea do Brasil, a Escola de Ciências Sociais da Fundação Getulio Vargas (FGV Cpdoc), da qual é diretor. É também diretor da Escola de Relações Internacionais da Fundação Getulio Vargas (FGV RI). É professor titular na FGV e tem experiência nas áreas de antropologia e história do Brasil, dedicando-se principalmente ao estudo dos militares. Nessa linha de pesquisa, publicou diversos livros, destacando-se: *O espírito militar*, *Os militares e a República*, *A invenção do Exército brasileiro*, *Antropologia dos militares*, *Exército e nação* e *A família militar no Brasil*. Ganhou os prêmios Inovação no Ensino de Antropologia (ABA e Fundação Ford, 2006) e Divulgação Científica em Ciências Sociais (Anpocs, 2021). E-mail: <celso.castro@fgv.br>.

David P. Succi Junior. Pesquisador de pós-doutorado no Instituto de Políticas Públicas e Relações Internacionais da Universidade Estadual Paulista (Ippri/Unesp). Doutor em relações internacionais pelo Programa de Pós-Graduação San Tiago Dantas (Unesp, Unicamp, PUC-SP), com período sanduíche na Graduate School of Public and International Affairs da Universidade de Ottawa. É membro do Grupo de Estudos de Defesa e Segurança Internacional (Gedes) e do Grupo de Elaboração de Cenários e Estudos de Futuro (Gecef). E-mail: <david.succi.jr@gmail.com>.

Hector Luis Saint-Pierre. É professor livre-docente pela Universidade Estadual Paulista (Unesp), licenciado em filosofia pela Universidad Nacional de La Plata, mestre em lógica, epistemologia e filosofia da ciência pela Universidade Estadual de Campinas (Unicamp) e doutor em filosofia política pela mesma universidade. Possui pós-doutorado pela Universidade Autónoma de México (1999) e pelo Instituto Universitário General Gutierrez Mellado (Espanha, 2011). É coordenador-executivo do Instituto de Políticas Públicas e Relações internacionais (Ippri) da Unesp e fundador do Grupo de Estudos de Defesa e Segurança Internacional (Gedes) da mesma universidade. Fez parte das diretorias da Associação Brasileira de Estudos de Defesa (Abed, 2012-2014) e da Associação Brasileira de Relações Internacionais (Abri, 2013-2015). Pesquisador emérito de Security and Defense of the Americas (Sede Americas). Recebeu diversos prêmios e/ou homenagens, entre elas a medalha da Ordem do Mérito Militar no grau de Cavaleiro. E-mail: <saint.pierre@unesp.br>.

Igor Acácio. Doutor em ciência política pela Universidade da Califórnia, *campus* de Riverside (UCR), mestre na mesma área pelo Instituto de Estudos Sociais e Políticos da Universidade do Estado do Rio de Janeiro (Iesp-Uerj) e bacharel em relações internacionais pela Universidade Federal Fluminense (UFF). É professor assistente na Universidade do Estado da Califórnia, *campus* de Fullerton (CSUF). Foi pesquisador de pós-doutorado na Universidade Tulane, no Center for Inter-American Policy and Research, entre 2022 e 2024. Especializa-se em política comparada, particularmente em política latino-americana. Tematicamente, concentra-se nas relações civil-militares, com interesse nas causas e consequências das missões atribuídas aos militares, e em questões de segurança e defesa. É coautor do *Atlas da política brasileira de defesa* (Clacso/Latitude Sul, 2017) e coorganizador de *Forças Armadas na segurança pública: a visão militar* (FGV Editora, 2023). Seu trabalho recente foi publicado em revistas como *Comparative Politics*, *Democratization*, *Journal of Democracy*, *Public Opinion Quarterly* e *Armed Forces and Society*. E-mail: <igoracacio@fullerton.edu>.

José Murilo de Carvalho (1939-2023). *In memoriam*. Foi historiador, professor emérito da Universidade do Rio de Janeiro, doutor *honoris causa* pela Universidade de Coimbra, membro da Academia Brasileira de Ciências e imortal da Academia Brasileira de Letras, tendo sido o primeiro historiador a ocupar uma cadeira na instituição. Fez o doutorado na Universidade de Stanford e publicou livros sobre o Império e a República, como *A construção da ordem*, *Os bestializados* e *A cidadania no Brasil: o longo caminho*. Publicou, em 2005, *Forças armadas e política no Brasil*, reeditado em 2020.

Leandro Pereira Gonçalves. Professor de história da América contemporânea do Departamento de História da Universidade Federal de Juiz de Fora (UFJF), com atuação no Programa de Pós-Graduação em História. Bolsista de produtividade em pesquisa do CNPq e pesquisador Fapemig. Doutor em história pela Pontifícia Universidade Católica de São Paulo (PUC-SP), com estágio no Instituto de Ciências Sociais da Universidade de Lisboa e pós-doutoramento pela Universidad Nacional de Córdoba (Centro de Estudios Avanzados/Argentina). Membro do Conselho Administrativo da International Association for Comparative Fascist Studies (ComFas) e coordenador da Rede de Investigação Direitas, História e Memória. Autor de *Plínio Salgado: um católico integralista entre Portugal e Brasil, 1895-1975*, coautor de *O fascismo em camisas verdes: do integralismo ao neointegralismo* e coeditor de *Fascismos ibero-americanos*. E-mail: <leandropgoncalves@gmail.com>.

Lucas Pereira Rezende. Professor do Departamento de Ciência Política da Universidade Federal de Minas Gerais (UFMG). Possui doutorado em ciência política pela Universidade Federal do Rio Grande do Sul (UFRGS), mestrado e bacharelado em relações internacionais pela Pontifícia Universidade Católica de Minas Gerais (PUC Minas). Foi professor da Universidade Federal de Santa Catarina (UFSC) na graduação e no Programa de Pós-Graduação em Relações Internacionais. Pela Associação Brasileira de Estudos de Defesa (Abed), foi secretário executivo (2014-2018) e, no mesmo período, editor da *Revista Brasileira de Estudos de Defesa*, posição que voltou a ocupar como diretor de publicações para o biênio 2023-2024. Foi *visiting fellow* do German Institute of Global and Area Studies e fez pós-doutorado pelo Instituto de Relações Internacionais da Universidade de São Paulo (USP). E-mail: <lucasprezende@fafich.ufmg.br>.

Maria Celina D'Araujo. Doutora e mestre em ciência política pelo Iuperj. Atualmente é pesquisadora visitante na Pontifícia Universidade Católica do Rio de Janeiro (PUC-Rio). Foi pesquisadora e professora titular da FGV Cpdoc, professora da Universidade Federal Fluminense (UFF) e visitante em algumas universidades do Brasil e do exterior. Foi editora da revista *Estudos Históricos*, membro do Comitê Assessor do CNPq na área de antropologia, arqueologia, ciência política, direito e sociologia de junho 2015 a julho 2017, coordenadora da área de sociologia da Faperj de setembro de 2018 a agosto de 2022. Publicou dezenas de livros e artigos sobre militares, partidos políticos e era Vargas. Cientista do Nosso Estado (CNE) pela Faperj e bolsista de produtividade do CNPq. E-mail: <mariacelina@daraujo.net>.

Mariana da Gama Janot. Doutoranda (bolsista Capes) em relações internacionais pelo Programa de Pós-Graduação San Tiago Dantas (Unesp, Unicamp, PUC-SP) com estágio-sanduíche na Queens University Belfast. Mestre em estudos estratégicos e bacharel em relações internacionais pela Universidade Federal Fluminense (UFF), com mobilidade acadêmica na Université Paris 8 Vincennes Saint-Denis. Atualmente, é membro do Grupo de Estudos de Defesa e Segurança Internacional (Gedes), onde colabora com a Rede de Pesquisa em Autonomia Estratégica, Tecnologia e Defesa (Procad-Defesa) e com o Grupo de Elaboração de Cenários e Estudos de Futuro (Gecef). Também é membro do Laboratório de Análise em Segurança Internacional e Tecnologias de Monitoramento (LASInTec) da Universidade Federal de São Paulo (Unifesp). Pesquisa formas contemporâneas de intervencionismo militar, operações domésticas e ações subsidiárias, práticas de vigilância e o nexo segurança e desenvolvimento. E-mail: <mariana.janot@unesp.br>.

Mariana Joffily. Professora do Departamento e do Programa de Pós-Graduação em História da Universidade do Estado de Santa Catarina (Udesc). Possui *maitrise* e *diplôme d'etudes approfondies* pela Universidade Paris IV Sorbonne, doutorado pela Universidade de São Paulo (USP) e pós-doutorado pela Universidade de Brown (bolsa Capes/Fulbright). É autora do livro *No centro da engrenagem* (prêmio Memórias Reveladas), além de artigos e capítulos publicados no Brasil e no exterior. É pesquisadora de produtividade do CNPq. E-mail: <mariana.joffily@gmail.com>.

Maud Chirio. É historiadora e especialista do Brasil contemporâneo, em particular das forças armadas, da extrema direita, da ditadura militar e da repressão de Estado. Tem doutorado em história pela Universidade Panthéon Sorbonne e é atualmente *maîtresse de conférence* na Universidade Gustave Eiffel. É membro do laboratório Analyse Comparée des Pouvoirs (ACP) e, desde 2021, do Institut Universitaire de France. É autora do livro *A política nos quartéis: revoltas e mobilizações de oficiais na ditadura brasileira*, também publicado em francês e inglês. Organizou diversos livros, como *Pacificar o Brasil: das guerra justas às UPPs* e *Crise política e virada conservadora no Brasil*. Recentemente, organizou a proteção e valorização do fundo de arquivos das cartas enviadas ao presidente Lula durante os meses de prisão, que resultou no livro: *Mon cher Lula: lettres à un président en détention*, também publicado no Brasil e na Argentina. E-mail: <maud.chirio@gmail.com>.

Octavio Amorim Neto. Doutor em ciência política pela Universidade da Califórnia, *campus* de San Diego, é professor titular da Escola Brasileira de Administração Pública e de Empresas da Fundação Getulio Vargas (FGV Ebape), no Rio de Janeiro. É autor de *Presidencialismo e governabilidade nas Américas* e *De Dutra a Lula: a condução e os determinantes da política externa brasileira*. É organizador de *New studies on civil-military relations and defense policy* in Brazil. E-mail: <octavio.amorim.neto@fgv.br>.

Odilon Caldeira Neto. É professor adjunto de história contemporânea e professor permanente do Programa de Pós-Graduação em História da Universidade Federal de Juiz de Fora (UFJF). Coordenador do Observatório da Extrema Direita e do Laboratório de História Política e Social (Lahps-UFJF). Editor da *Locus: revista de história*. É doutor em história pela Universidade Federal do Rio Grande do Sul (UFRGS), com estágio no Instituto de Ciências Sociais da Universidade de Lisboa. Seus focos de pesquisa são o neofascismo, o extremismo de direita, assim como as cooperações transnacionais das direitas radicais. E-mail: <odilon.caldeira@ufjf.br>.

Paulo Ribeiro da Cunha. Livre-docente em ciência política pela Universidade Estadual Paulista (*campus* de Marília), professor adjunto nessa instituição, bem como líder do grupo de pesquisa Democracia, Militares e a Esquerda Militar. Tem pós-doutorado realizado no Instituto de Estudos Estratégicos da Universidade Federal Fluminense (Inest/UFF). É autor e organizador de vários livros, entre os quais *Militares e militância* e *Um olhar à esquerda: a utopia tenentista na construção do pensamento marxista de Nelson Werneck Sodré*, tendo atuado entre 2012 e 2014 como consultor da Comissão Nacional da Verdade (CNV). E-mail: <prrcunha@uol.com.br>.

Samuel Alves Soares. É mestre e doutor em ciência política pela Universidade de São Paulo (USP). Pós-doutor em relações internacionais pela Georgetown University e Instituto Gutierrez Mellado, Espanha. Professor associado (livre-docente) da Universidade Estadual Paulista (Unesp) e do Programa de Pós-Graduação em Relações Internacionais San Tiago Dantas (Unesp, Unicamp, PUC-SP) e do curso de relações internacionais da mesma instituição. Pesquisador do Grupo de Estudos em Defesa e Segurança Internacional (Gedes/Unesp) e coordenador do Grupo de Elaboração de Cenários e Estudos de Futuro da Unesp. Foi presidente da Associação Brasileira de Estudos de Defesa (Abed, 2010-2012), membro da diretoria da Associação Brasileira de Relações Internacionais (Abri, 2021-2022), coordenador adjunto acadêmico da área de ciência política e relações internacionais da Capes (2022-2026), coordenador da Rede Development, International Politics and Peace (Capes-Print) da Unesp e da Rede de Pesquisa em Autonomia Estratégica, Tecnologia e Defesa (Procad-Defesa). Bolsista de Produtividade 2 pelo CNPq. Foi assessor da Comissão Nacional da Verdade (CNV). E-mail: <samuel.soares@unesp.br>.

Este livro foi impresso nas oficinas gráficas da Editora Vozes Ltda.,
Rua Frei Luís, 100 – Petrópolis, RJ.